MÁS ALLÁ DEL
ESTILO

ANTONIO GONZÁLEZ DE COSÍO

MÁS ALLÁ DEL ESTILO

UNA MIRADA ÍNTIMA A LA ELEGANCIA COMO FORMA DE VIDA

OCÉANO

MÁS ALLÁ DEL ESTILO
Una mirada íntima a la elegancia como forma de vida

Diseño de portada: lookatcia

D. R. © 2025, Editorial Océano de México, S.A. de C.V.
Guillermo Barroso 17-5, Col. Industrial Las Armas
Tlalnepantla de Baz, 54080, Estado de México
info@oceano.com.mx

Primera edición: 2025

ISBN: 978-607-584-102-1

Impreso en México / Printed in Mexico

A Marc, por los primeros veinte años más hermosos de mi vida.

A Raúl Quirós y los amigos del taller de los jueves, porque gracias a ellos no he dejado un solo día de escribir.

A Ceci Barragán por creer en mí y regresarme al redil.

Índice

prólogo

Conocí a Antonio González de Cosío a través de las redes sociales, hace diez o doce años, y uno de los primeros comentarios que me hizo fue: "Me recuerdas mucho a mí cuando yo tenía tu edad". Lo tomé como un cumplido, no vengo de una formación académica en la industria de la moda (soy contador), por lo que cualquier logro en mi carrera profesional ha sido por intuición, insistencia o suerte, y aquí estaba uno de los jueces de *Mexico's Next Top Model*, que editaba revistas con título internacional, que se sentaba en los desfiles de moda de París, elegido como uno de los diez hombres mejor vestidos por GQ, diciéndome que veía algo de él en mí.

Hoy, especialmente después de leer este libro, entiendo mejor que nunca a lo que se refería. Mientras leía estas páginas, me di cuenta de que tenemos puntos de vista, opiniones y gustos diferentes (¡en especial con respecto al arte contemporáneo!). Pero nuestras experiencias en el mundo de la moda resultaron sorprendentemente similares, y en una industria que a veces puede sentirse solitaria, me dio mucha tranquilidad saber que compartía sentimientos con alguien más. Lo hizo sentir universal. Me hizo sentir acompañado.

La similitud más evidente es la emoción con la que Antonio se acercó en sus inicios al mundo de la moda y a sus ídolos, especialmente a Karl Lagerfeld. Mi interés por la moda inició más tangencialmente: no tenía muchos amigos mientras crecía, entonces desarrollé una relación cercana con las estrellas pop y los protagonistas de los shows de televisión que veía. Compraba revistas porque ahí salían mis "amigos", y empecé a acercarme a la moda de esa manera: mi amiga Buffy la Cazavampiros usa unos pantalones de Hermès, mi amiga Posh Spice es fan de Gucci.

Cuando empecé a acceder a eventos de moda, me sorprendía estar rodeado de estas personas que había visto en las revistas, con las que había crecido. Siempre he dicho que el día que deje de ponerme nervioso entrar a un desfile lleno de estas personalidades será quizá el momento de dejar de asistir. Encontrarme a Victoria Beckham me sigue causando mucha emoción, y de la misma manera que Antonio veía a Karl, yo también veo en ella a un ícono que desde mi juventud representaba un mundo fuera de las circunstancias donde crecí, donde soy muy bien aceptado a pesar de mi poca gracia para los deportes y mi afición por los pantalones de cuero. Es como encontrar a tu tribu, a muchos kilómetros de distancia de donde naciste, sin que se haya planeado, pero donde encajas perfectamente y donde sientes la versión de ti más auténtica.

Una similitud más que descubrí al leer el libro fue que ambos usamos nuestras definiciones de estilo para acercarnos a la vida en general, y no solamente a la manera en la que vestimos. Aunque no lo revela, se notan en estas páginas los autores y géneros que prefiere leer, los lugares que le gusta visitar cuando viaja y, en general, cómo su apreciación estética permea en todas las áreas de su vida. Originalmente, me había pedido entrevistarme para un capítulo dedicado a "Viajar con estilo". Me siento halagado, y me imagino que significa que piensa que tengo estilo en mi vida en general y no solamente en mi manera de vestir. (Espero que nadie lo desmienta, en este momento, mientras voy en un avión sin peinar porque se me hizo tarde, pero, eso sí, con un suéter de crochet de JW Anderson que, junto con el pelo, podría marketear como un look *hippie chic.*)

Otra vivencia en común es que ambos hemos atravesado la transformación de un mundo en continuo movimiento. Antonio vivió cambios radicales en la industria editorial: desde la escasa presencia de editores mexicanos en las semanas de la moda globales hasta la necesidad de pagar sus propios viáticos. Sin embargo, poco a poco, fue abriéndose camino mediante accesos al *backstage* gracias a las marcas de belleza. Seguramente, cuando yo empecé a ir a Fashion Week, alrededor de 2013, no entendía por qué, después de todo el esfuerzo que él había hecho para ganarse su lugar, de pronto había personas que tenían acceso a un espacio por la cantidad de seguidores en sus redes sociales, con ningún tipo de experiencia previa en la industria editorial, y cuya única cualidad rescatable era un evidente interés por la moda.

De la misma manera, pero varios años después, yo sentí cambios similares. Yo fui el que llegó a los asientos de Fashion Week cuando existía sólo un lugar para creadores de contenido digital para el mercado mexicano, y mi interés por la moda y la historia de los diseñadores, y mi conocimiento de las referencias de las colecciones me permitieron conseguir ese asiento. Les pedía a los editores de las revistas que conocía que me dejaran escribir para sus sitios web una nota digital acerca de los desfiles —en ese entonces los sitios web de las revistas estaban muy descuidados, y lo único que les importaba era la edición impresa, por lo que aceptaban a colaboradores sin experiencia— y con eso convencía a las marcas para que me invitaran a los desfiles, con todo el viaje pagado por mí. Eso me ayudó a mostrar mi trabajo, y poco a poco parte del viaje era pagado por algunas marcas.

En 2018 abrí mi propio medio para no tener que escribir para alguien más, y así *BADHOMBRE* me aseguró el acceso a los desfiles internacionales. Pero eso no significa que, de la misma manera en que Antonio probablemente se sorprendía por los cambios en la lista de invitados con el paso del tiempo, yo ahora, especialmente en la época post-pandemia, no me pregunté si el resto de los invitados —*tiktokers* famosos principalmente por hacer bailables, estrellas de K-pop, *influencers* con ningún interés por la moda— se han esforzado tanto por estar ahí como yo. Como Antonio.

La respuesta es, fundamentalmente, que no hay que resistirse al cambio. Las redes sociales han modificado la manera en la que nos comportamos y convivimos, pero probablemente la industria que más ha cambiado es la moda. Negar que la presencia de ciertos invitados se convierte en *awareness* e inevitablemente en ventas para las marcas, es no entender la industria de la moda. Y seguramente esas personas también enfrentan nuevas inseguridades y atravesarán por transformaciones, de la misma manera en la que las generaciones anteriores lo hicimos.

Recientemente, en Milán, un publirrelacionista me invitó a cenar después de un desfile de Dolce & Gabbana junto con dos *tiktokers* de moda —Juanpa Gordoa y Jorge Patiño— quienes también fueron al desfile. Ellos denegaron la invitación, porque tenían que ir a editar sus videos y tomar más fotos, porque llevaban ya varias horas en Italia y no habían actualizado sus redes sociales. Notaba una visible ansiedad porque finalmente lograran las tomas que tenían planeadas en su cabeza. “Me recuerdan tanto a mí cuando tenía su edad”, les dije. Me convertí en Antonio González de Cosío.

•••

Lo que más me gusta de este libro es lo que no van a encontrar en ningún otro lado, y eso es la historia de vida de Antonio. ¡Ojalá algún día escriba una autobiografía! Porque las reglas de la moda, los tipos de zapatos, las diferentes tribus de moda, las personalidades según tu marca favorita... todo eso, en mi opinión, es muy subjetivo. Tanto que, si me lo preguntan, mi conclusión acerca de alguien que tiene estilo es quien se ve cómodo con lo que trae puesto y cuya personalidad resalta sobre la ropa, sin importar si es de mi gusto personal o no. (Y conforme crezco, honestamente pienso que está bien que la gente se ponga lo que quiera. Es su cuerpo, no el mío. Eso sí, no los publicaré en *BADHOMBRE*.) Está muy bien si compraron este tomo para aprender e informarse, pero mi recomendación es que no lo sigan al pie de la letra. Lo que sí deben tomar como verdad absoluta es la pasión con la que Antonio se acerca a la moda y cuenta sus historias. Muy pocas personas en México han tenido la fortuna de sentarse con Karl Lagerfeld a tomar el café en repetidas ocasiones, de platicar con Catherine Deneuve, de asistir a los shows de Chanel en París, de ir de compras con damas de sociedad en Shanghái, de contar anécdotas de los pasillos de la época de oro de Editorial Televisa... Cada una de estas historias refleja lo que, idealmente, me gustaría creer que es en lo que más me parezco a Antonio: la personalidad divertida y relajada con la que nos acercamos a la moda. Nos tomamos muy en serio nuestro trabajo, sí, y hay mucha pasión detrás de lo que hacemos, pero sabemos que tenemos que divertirnos con la moda, al vestirnos y al trabajar en esta industria. ¡Es ropa! Y muchas veces, ropa llena de flores, cristales, encajes, colores, lentejuelas, volúmenes... ¿Por qué nos lo tomaríamos en serio?

Juan Pablo Jim

La moda… ¿acomoda o incomoda?

capítulo 1

Vista así la frase, impone y sobrecoge, ¿verdad? LA MODA —en mayúsculas— suena tan potente como una religión, una filosofía política, un reino o una potencia mundial. Y para muchas personas sí que lo es: no en balde es un negocio que mueve tanto dinero a nivel mundial y que, además de la comida y los viajes, es la industria que más estimula y alegra a las masas... y a las élites, por supuesto. Admito que, para mí, alguna vez la moda fue mi religión y patria. A pesar de que mis inicios como periodista fueron en otras áreas —fui crítico de teatro (premiado incluso por la UNAM) y luego reportero de sociales— cuando realmente me sentí en mi sitio fue en el momento en que empecé a escribir sobre moda. Debo decir que sabía bastante poco del tema, pero comenzar a hablar de ello surgió como algo orgánico, natural. Sin embargo, cuando quieres ser un buen pianista, no es suficiente con tocar los "changuitos", hay que prepararse para tocar a Chopin. Entonces había poca literatura sobre el tema, pero eché mano de toda la que pude encontrar y, mejor aún, leí, seguí y hasta me hice amigo de los periodistas de moda que entonces me parecían válidos. Al profundizar en la moda, me atraparon sus valores. Entendí que en una prenda había mucho más que tela, botones y zippers: estaba la idea, más o menos brillante, de un creador. Había un concepto, una intención, las ganas de decir algo. Y esto me tocó profundamente porque me di cuenta de que la moda era un lenguaje, una forma de comunicar. Y yo la elegí como mi idioma. Para hablarlo y transmitirlo. Para enseñarlo y perfeccionarlo. Suena exagerado, lo sé, pero así lo sentía. Siempre que podía afirmaba que vivía y moría por la moda y podía llegar a criticar tan acérrimamente a aquellos que la profanaban que parecía que me pagaban por defenderla. Hoy, con la perspectiva de los años, me hace gracia reconocer cuán inocente e inmaduro era. En primer lugar, no vivía en ninguna gran capital de la moda como París o Nueva York, sino en México, donde la moda era bastante incipiente en los años noventa. Empezaba mi carrera como periodista de moda y en ese entonces éramos sólo unos cuantos, como mi querida Lucy Lara, Fernando Toledo, Marco Corral, Lina Holtzman o Tony Salamanca... Ellos, al igual que yo, casi pagábamos —más que ser pagados— por trabajar.

Esto de la moda como motivo de vida me viene desde que comencé a escribir para *ELLE*, siendo aún muy joven. ¡Nada menos que *ELLE*! Una de las revistas más fascinantes e icónicas en el mundo de la moda. Referente de estilo, modernidad y *coolness*, y cuyos editoriales hasta la fecha siguen siendo legendarios. Entonces, colaborar para un título internacional era en verdad un *big deal*. Al ser freelancer, trabajaba también para otros medios locales, pero la joya de mi rudimentaria coronita de debutante, era ser parte de *ELLE*. Como la moda me había interesado desde pequeño, tener un trabajo en una revista de esta dimensión fue lo que me hizo tomar en serio esta industria y comenzar a aprender de ella lo más que pudiera. Leí cuantos libros estaban a mi alcance, hice un diplomado de diseño de moda y me relacioné con otros periodistas de trayectoria que ya habían picado mucha piedra en el medio antes de que llegara yo. Y sí: al acogerte en sus brazos, la moda te hace sentir único, especial, como si hubieras sido aceptado en un club muy exclusivo al que no cualquiera tiene acceso. Pero lo malo de formar parte de una élite es que comienzas a ver al resto del mundo en un sitio diferente al tuyo. Y ojo, no hay nada malo en tener un sitio y sentir que perteneces a él, lo malo es ser extremadamente consciente de ello y utilizar tu ubicación para hacer sentir mal a los demás con respecto de la suya. Creo que yo nunca llegué a hacerlo y, si lo hice, me disculpo por ello. Sólo puedo decirles que era juventud y no arrogancia. Hoy me hacen gracia cosas como el haberme sentido insultado las veces que me dijeron en un desfile: "Usted no está sentado aquí, su lugar es atrás... o de pie" o que alguien me "mirara feo" por llevar una prenda de *fast fashion* en lugar de una de diseñador. Tan tonto es hacerlo como sentirte ofendido por ello. Pero esto lo sé ahora... y ojalá lo hubiera sabido entonces.

En fin. Si estás leyendo estas líneas es porque la moda te interesa, o te sientes familiarizado con lo que te he contado antes. Por eso, me gustaría compartir contigo en este libro anécdotas, hechos y algunas historias que se han quedado en el tintero —fuera de publicación— de las entrevistas con celebridades que he hecho a lo largo de mi vida. Mi intención, modestamente, es bajar a la moda de su pedestal y tratar de hacerla nuestra; que lejos de ser un ente que imponga y atemorice sea algo que conceda seguridad, que te empodere, te haga sentir y reflejar una mejor y más depurada imagen de ti mismo.

Una de las cosas más valiosas que me ha enseñado la moda a lo largo de estos años ha sido a divertirme. Ya lo dijo Karl Lagerfeld, el diseñador a quien más admiro hasta ahora: "*Relax, it's just fashion*". Sí, no hay que tomarla tan en serio y, mejor aún, no tomarnos tan en serio a nosotros mismos con respecto a ella. El común de los mortales no tenemos que vestirnos todo el tiempo para *red carpets*, galas o *soirées* y, por lo tanto, creo que podemos darnos el lujo de tomar la moda con un poco menos de seriedad. Otra de las cosas que me ha dado la moda es la posibilidad de elevar en gran medida mi autoestima, cosa que no era fácil si ustedes me hubiesen conocido de adolescente. Yo era el típico gordito torpe, cuatrojos y, encima, gay. Tenía todo lo necesario para que se metieran conmigo... y se metieron. En mis tiempos te defendías como podías: con la lengua —yo ejercité mi ingenio desde edad temprana y jamás me quedaba callado ante una agresión— o con los puños cuando era necesario. Ni mis maestros fueron capaces de detener las agresiones. Aún recuerdo a mi maestra de sexto grado que, al decirle que un chico estaba esperándome afuera para pegarme, me dijo: "Lo que pase de las puertas de la escuela para afuera no es mi problema", y la muy indolente permitió que me dieran una paliza. En mi adolescencia la moda fue un refugio, porque me sirvió para evadirme y esconderme. En mi vida profesional fue un arma y una herramienta que me ayudó a forjarme un lugar notorio en mi carrera y, hoy día, la moda para mí es un placer, un lenguaje que me ayuda a expresar lo que siento y soy feliz de usarla y más feliz de que ella ya no me use a mí.

¿Me estoy poniendo muy profundo? Espero que no, porque no es mi intención. Simplemente quiero compartir con ustedes algunos puntos de vista propios y de algunos otros —que saben más que yo— en este libro. Y, quizá, también que ustedes logren ver a la moda como lo que es: una aliada, un arma, un divertimento, una herramienta para darte unos "ajustes" de estilo y un pretexto para reírte del mundo y hasta de ti mismo, ¿por qué no?

Creo que la moda puede lograr mucho. Al ser tan popular, puede ayudar a transmitir un mensaje determinado y llegar a nuevas generaciones.

—Maria Grazia Chiuri

A pesar de que la ropa existe desde los inicios de la humanidad, el concepto de moda como sistema, tal como lo percibimos nosotros, nació en el siglo XIX con el surgimiento de la democracia. Por ello, no es extraño que la moda haya aflorado en Francia e Inglaterra. La moda, antes de esto, se consideraba adorno de los poderosos, signo de prestigio y muestra de exceso relacionada con la clase social aristócrata. Pero después de la Revolución francesa, se decretó en Francia la prohibición de obligar a nadie a vestir de una determinada manera: "Cada uno es libre de llevar ropa o adorno de su sexo que desee".* Entonces, la moda dejó de ser de uso exclusivo de la nobleza, comenzó a crecer y llegó a una población más vasta. Así es como nació *la moda* como la entendemos hoy en día. Es curioso, porque entonces la moda dejó de ser un elemento de identificación pública y pasó al entorno

* Frédéric Monneyron, *50 respuestas sobre la moda*, Barcelona, Gustavo Gili, 2006.

privado; los pobres no tenían "obligación" de vestir de pobres ni los ricos de ricos. Sin esta libertad, la moda jamás hubiera llegado a ser lo que es. Seguramente estarás pensando que tal libertad es bastante relativa, ya que acceder a la moda tiene —y tuvo en aquella época— una importante condición: el nivel económico necesario para poder adquirirla. En efecto, la moda nació con una premisa un tanto tramposa, porque ya no estabas obligado *por ley* a vestir de cierta forma; sin embargo, sería tu economía la que determinara cómo podías vestirte. Pero al mismo tiempo de nacer la restricción, surgió otro aspecto fundamental inherente a la moda: el deseo. ¿Qué sucede con aquello que no podemos tener? Lo deseamos, y en ocasiones con tal vehemencia que ese anhelo puede volverse *leitmotiv* de la existencia de muchos individuos. El gran juego de la moda había nacido.

Desde entonces, la moda comenzó a ser parte de nuestras vidas teniendo una gran cantidad de significados y posibilidades. ¿Recuerdan a personajes de la literatura que se vuelven adoradoras de ella, como Emma Bovary (*Madame Bovary* de Gustave Flaubert) o Denise Lovett (*El paraíso de las damas* de Émile Zola)? Sin embargo, aún faltaba un paso más: volverla masiva. La moda, hasta la primera mitad del siglo xx, era percibida como lo que hoy conocemos como "alta costura". Ya muchos diseñadores lo han dicho: "La alta costura de hoy era el *prêt-à-porter* de ayer", es decir, ropa a medida que nacía en los talleres de los creadores. Era exactamente como se representa en esas series de Netflix que vemos hoy, donde un diseñador atormentado intenta crear, con trozos de tela y tules, una obra maestra en el cuerpo de una modelo con cara de susto. Pero es con el *prêt-à-porter* que nació la nueva era de globalización de la moda; inició con Christian Dior en los años cincuenta, cuando el diseñador, venciendo su desconfianza y resquemores, accedió a que sus diseños fueran replicados —con su venia— en Estados Unidos. El concepto no vio su plenitud hasta los años setenta, cuando las grandes casas de moda realmente empezaron a producir ropa de forma masiva, a maquilar y confeccionar industrialmente, a fin de que la ropa de diseñador llegara a todos los rincones del mundo.

La moda, desde entonces, ha pasado a formar parte de nuestro patrimonio cultural y es uno de los negocios más rentables del mundo, y no hablaríamos tanto de ella ni se estudiaría tan sesudamente si no nos importara tanto. Admitámoslo, aunque sea de forma mínima y hasta con remilgos, pero en algún momento te has preocupado por lo que llevas puesto, y por el efecto que causa aquello que te pones. ¿Me equivoco? Aunque sea sólo el día de tu boda o tu primer día de trabajo. Verdad que fue emocionante, ¿no?

Aunque no lo parezca, la moda tiene mucho que enseñarnos o bien, podemos aprender mucho de ella, de sus efectos y sus poderes. Y desde este momento aclaro que no hablo necesariamente de la alta moda, la que es bastante cara y a la que sólo pueden acceder unos cuantos. No, hablo de la moda como espíritu y fenómeno, como color, forma y emoción. La moda puede ser tan contradictoria en sí misma que sus creaciones pueden ser efímeras lo mismo que eternas. También podría hablarte de lo que es una tendencia, de cómo nace y se vuelve moda —muy cercano a los conceptos del marketing—, pero no quisiera aburrirte. Quizá lo puedo resumir diciendo que una tendencia nace como una idea constante en varios diseñadores en una temporada, y entonces despierta interés en la industria. Pongamos como ejemplo el color verde flúor. De pronto aparece en Dior, Vuitton, Jacquemus, Versace y un puñado más de creadores. Llama la atención de los asistentes —la prensa, compradores, *influencers*— que comienzan a promoverlo y unos cuantos a usarlo. Cuando un pequeño grupo comienza a usar el verde flúor y se vuelve un éxito, entonces estamos hablando de un *fad*, y después, cuando un grupo más grande de personas adopta esta tendencia, se vuelve moda. Pero como lo único constante en la moda es el cambio, lo que sucede entonces es que, una vez que la masa ya ha adoptado y está usando una tendencia, por detrás, las mentes maquiavélicas de la moda ya están pensando en algo nuevo que desbanque lo que ya se ha aceptado, el verde flúor en este caso. ¿Injusto? Sí. Ya lo dijo Karl Lagerfeld: “El mundo de la moda es efímero, peligroso e injusto”.

La moda nace para dejar de estar de moda.

—Coco Chanel

Hace algunos años tuve la suerte enorme de conocer a Catherine Deneuve. La archidiva del cine francés había lanzado una colección de maquillaje para MAC a principios de los años 2000 y yo iba a entrevistarla para *Marie Claire*. Por supuesto, me moría de los nervios: uno no va entrevistando a figuras del cine mundial todos los días. Me preparé lo mejor que pude para hacer un trabajo impecable, pero con todo, los nervios del entrevistador y la reticencia a hablar de ciertos temas del entrevistado suelen hacer un poco tensos los inicios de cualquier encuentro. Recuerdo que la Deneuve acababa de estrenar entonces la película *Ocho mujeres* en la que actuaba con un grupo de actrizazas, entre ellas Fanny Ardant, con quien hacía una escena de un beso lésbico. Recuerdo que la pregunta con la que conseguí "suavizarla" fue: "¿Quién besa mejor, Marcello Mastroianni o Fanny Ardant?". Ella rio y me dijo: "Oh, son cosas muy diferentes". Entonces, la charla se relajó y ambos entramos en confianza. Yo llevaba un cinturón de Karl Lagerfeld cuya hebilla era la palabra "Karl". Al reparar en él, la Deneuve me dijo: "Ugh, ¿este hombre ahora ha comenzado a poner su nombre en las cosas que diseña? *Quelle horreur*". Con esto, además de saber que Lagerfeld no le gustaba nada, supe que era el momento para hablar de moda. ¿Quién mejor que ella, musa de Saint Laurent, para compartir conmigo su forma de pensar acerca de este mundillo?

Al preguntarle si su disgusto era sólo con Karl o también con Chanel, cauta pero honesta me dijo: "Lo que no me gusta es el show, el exceso. En un desfile entiendo que es una puesta en escena, pero teatralizar las colecciones que están destinadas a estar en una boutique, para el consumidor final, me parece convertir la moda en disfraz. Vi el comercial de Chanel No. 5, con toda esta estética de la película *Moulin Rouge*. Le digo algo: yo hice el comercial de Chanel No. 5 hace treinta años y la gente aún lo recuerda. ¿Usted cree que a Nicole Kidman la recordarán en treinta años?".

"La moda hoy día no me parece muy interesante. Creo que está más al servicio del marketing que de la mujer. ¿Diseñadores que me resulten interesantes? Sí, me gustan algunas de las cosas que hace Marc Jacobs para Louis Vuitton. Pero la verdad es que Yves [Saint Laurent] me hizo tantas cosas tan hermosas que aún sigo usando, que con eso siento que no necesito nada más. Creo que para tener estilo no hace falta estar a la última moda."

Y la diva tiene razón: el estilo es una conquista a la que se llega una vez que acabamos de entender la moda, las tendencias y nos servimos de ellas para crear nuestro propio mensaje de estilo. Pero la frase de Coco Chanel con la que inicio este apartado es una verdad que tienes que poner en tu cabeza: la moda nace para dejar de estar de moda, por lo cual hay que mirarla siempre con reservas, dejar que nos seduzca, que nos atrape y hasta que nos victimice en ocasiones, pero al igual que un amante infiel, no hay que creerle todo lo que nos dice.

LOS MOMENTOS DE LA MODA

La moda, más allá de las temporadas y tendencias, tiene lo que yo llamo *momentos*. Éstos tienen que ver directamente con la importancia de una prenda en determinados momentos de tu vida. Pongamos como ejemplo que te compras un vestido negro corto —o un saco en el caso de los chicos— para una ocasión determinada, una cena, una fiesta, una boda. Después de usar la prenda por primera vez pierde novedad y pasa a ser parte de tu guardarropa como una pieza especial que puedes usar de vez en cuando en ocasiones menos importantes para, luego, pasar a ser parte de tu vestimenta cotidiana. Estos momentos los describo de la siguiente manera:

Estreno: es cuando usas una prenda por primera vez. Éste es el momento más importante en la historia individual de la prenda, porque las emociones que despierten en quien la usa no volverán a ser iguales nunca... o casi nunca. Éste es un instante único e irrepetible. Piensa en tu primer uniforme, en tu primer vestido de noche o en ese blazer especial que compraste para tu primer trabajo o una fiesta. Tu vestido o traje de boda, por supuesto. Puedo decirte que éste es el momento más especial de la moda, porque es único e irrepetible. Esta sensación de usar por primera vez una prenda, el efecto que provoca a tu alrededor y, mejor aún, lo que te hace sentir a ti. Es un momento de sueño.

Uso especial: ésta es la ocasión cuando usas tu prenda en el tiempo posterior al estreno. La prenda sigue siendo importante para ti, aunque no como la primera vez. La usarás en ocasiones importantes o fuera de lo común, pero nunca como en la fecha en que te la pusiste por primera vez.

Uso cotidiano: ésta es la fase en que la prenda forma parte de tu guardarropa cotidiano, más aún si la pieza en cuestión no es una prenda de gala. Entonces ya la usas de forma más frecuente e, independientemente de que la ropa siga estando en buenas condiciones, ya no tiene ese toque mágico de la primera vez. Pero atención: esto no significa que la prenda ya no funcione o que el uso la haya demeritado, simplemente ya no representa lo mismo para ti cuando la usas.

Pero toma en cuenta algo importante: estoy hablando de *moda*, no de *ropa*. Aunque están conectadas, son dos cosas muy diferentes. En primer lugar, la ropa es un objeto tangible, mientras que la moda es un espíritu, un concepto. La moda no es algo que se compre automáticamente al adquirir ropa. Puedes comprar ropa sin necesariamente estar comprando moda, ¿me explico? Para poder comprar ropa y moda tiene que haber una predisposición, una conciencia más o menos clara de lo que se está comprando. Para comprar moda tienes que estar informado: conocer las tendencias a través de fuentes informativas como medios de comunicación, redes sociales, televisión o internet. La información puede llegarte de forma directa —a través de canales de moda propiamente dichos— o indirecta, por medio de imágenes que, a pesar de *no promover moda*, están *a la moda*; por ejemplo, un comercial de celulares o de refrescos o un producto relacionado con el mercado joven siempre van a tener implícito un elemento de moda.

De la moda, lo que te acomoda.

—FRASE POPULAR

Sabia como pocas, ésta es una frase que resume cómo deberíamos abrazar la moda en nuestras vidas. A pesar de que hoy día la moda es mucho más inclusiva y se piensa para públicos más amplios en todas direcciones, el factor que más nos fascina de ella sigue presente: lo aspiracional. Siendo absolutamente realistas, cosas nuevas bajo el sol hay bastante pocas, para vestirnos usamos pantalones, camisas, vestidos, camisetas, abrigos, medias, zapatos y alguna cosa más. Lo que hace mágica la moda —aspiracional, vamos— es que cada temporada se las ingenia lo suficiente para mostrarnos todas estas prendas que ya conocemos como si fueran inéditas, nuevas. Hasta la palabra es bonita: brilla y huele bien. ¿Y a quién, en menor o mayor medida, no le gusta lo nuevo? Ése es el éxito de la moda: hacernos sentir que necesitamos cosas nuevas para ser más felices. Y aunque esta sola idea suene siniestra, no deja de tener razón. Ya se los explicaba en el recuadro, el momento de "estrenar" una prenda es irrepetible. Hace un par de años que charlaba con Jean-Paul Gaultier, se quejaba conmigo sobre esta sed de "novedad" en la que nos ha metido el *fashion system*. Desde la explosión y auge de las redes sociales, el ritmo de la moda se ha revolucionado al máximo. Cuando yo era niño, en las tiendas había dos colecciones de moda por año: primavera-verano y otoño-invierno, y en casa se compraba ropa por dos razones: o porque los niños crecían de un año a otro o porque una prenda ya había pasado de una generación a otra y se veía francamente destruida. Comprar por capricho no fue algo que me tocara vivir de niño; es más, yo llegué a heredar ropa de tíos, primos o de mi propio padre. La punzada de la moda me picó en la adolescencia, cuando fui capaz de comprarme ropa con el fruto de mis trabajitos alternativos a los estudios.

Lo que Gaultier me decía era que la difusión de los desfiles y las colecciones es tan inmediata que no dejan espacio para la sorpresa, para el deseo. “La gente ve en línea un desfile, una colección, pero se trata de prendas que tardarán varios meses en llegar a una boutique”. Sin embargo, durante todo este tiempo que le toma a una prenda llegar a una tienda y que pueda ser adquirida por el consumidor final, ya ha sido vista en la pasarela, por los *influencers*, luego en la publicidad... así que cuando llega a la boutique, al cliente ya le parece vieja, “choteada”. Por eso muchas firmas, especialmente las italianas, comenzaron a crear líneas nuevas de forma trepidante: cada dos meses podías encontrar nuevas piezas en las tiendas. “¡Es imposible seguir un ritmo como éste! ¿Qué hacemos con las prendas de hace dos meses?, ¿las ponemos en rebaja a pesar de que sigan siendo de temporada? Es una locura. Por eso dejé de hacer *prêt-à-porter*, porque no pude seguir este ritmo. La gente quiere cosas nuevas, nuevas, nuevas... pero ¿nuevas con respecto a qué?”, me decía Gaultier.

Y es verdad, ¿nuevo con respecto a qué? Las bolsas de las grandes marcas son básicamente las mismas, sólo cambian de color o material por temporada y las “novedades” muchas veces son sólo variaciones de los modelos clásicos. Si se fijan bien, es muy probable que muchos de ustedes, con el frenesí de adquirir algo de moda, terminan comprando una prenda casi idéntica a otra que ya tenían. Es aquí donde los exhorto a no creer todo lo que la moda les dice: no tomen por verdadero todo lo que les cuenta. Les voy a dar unos tips para que puedan tomar a la moda como lo que es: una herramienta maravillosa para lucir espectaculares, exaltar su estilo y comunicar el mensaje personal que ustedes decidan transmitir.

1. Entérate

Si te gusta la moda, observa los desfiles, empápate en las páginas web de las grandes plataformas o revistas especializadas y echa un vistazo a los *influencers* que te llamen la atención. Sigue a los creadores de contenido, *tiktokers* o *youtubers* que propongan cosas nuevas, pero que estén bien enterados. Investiga y sé crítico, porque hay mucho charlatán suelto que no tiene idea de lo que dice.

2. Escoge

Haz una elección de las prendas, accesorios o estilos que te gusten.

3. Analiza

Ve cuáles de esas prendas que has elegido realmente van con tu estilo, personalidad y, más importante aún, si tienen relación con tu guardarropa. ¿Por qué? Porque si te haces de una prenda completamente inusual tal vez la usarás menos y no tendrás oportunidad de mezclarla tan fácil con lo que ya tienes. Por ejemplo, si te gusta un vestido para el que tienes que comprar zapatos, joyería y demás complementos quizá no sea enteramente tu estilo. A menos, claro, que estés comprando un atuendo para una celebración específica, como una boda, un aniversario o un acontecimiento especial.

4. Prueba

No compres sin probarte. No compres sin objetividad. No compres sin un poco de crítica. Sé honesto contigo y piensa si la prenda o accesorio en cuestión te queda bien, te favorece, te representa... te viste. Si hay un "sí" para todas esas preguntas entonces no hay duda: es para ti.

5. Compra

Pero con cautela. Como te decía en mi libro *El arte del shopping*, sé un comprador de las tres C: cabeza, corazón y cartera. Esto significa —en caso de que no lo hayas leído— que hay que pensar si la prenda que compras es práctica, "usable" y vas a sacarle buen partido (cabeza); si la prenda te encanta y te enloquece (corazón) y si puedes pagarla sin endeudarte por años (cartera).

La moda es una forma de fealdad tan intolerable que tenemos que cambiarla cada seis meses.

—Oscar Wilde

Quizá la frase del maestro Wilde nos pueda sonar un poco extrema, pero si analizamos cómo vemos la ropa de otras temporadas tenemos que admitir que alguna razón tiene. Y sin ser *fashion victims* o *fashionistas*, nosotros también en ocasiones juzgamos una pieza en nuestro clóset como espantosa, aunque en el momento en que la compramos nos parecía una gloria. Yo más bien diría que la moda hay que cambiarla cada seis meses porque deja de ser nueva, simple y llanamente. Y esto importa más o menos a las personas de acuerdo a qué tan inmersas en la moda estén. Yo catalogo a la gente según su interés en la moda. A saber:

- ***Fashion victim:*** se trata de la persona que sigue la moda a toda costa y a cualquier precio. Sin importar su clase social, tipo morfológico o situación económica debe tener lo último. Y lo quiere tener aquí y ahora, cuando aún está de moda. Tenerlo en las rebajas es impensable: ya no le sirve para sus fines. Un *fashion victim* va a usar una prenda de moda aunque le quede fatal o no pueda pagarla. Es un individuo que no puede dejar de ver las páginas web lo mismo de Balenciaga que de Bershka. Estrena y desecha ropa con la misma facilidad. Cabe decir que si no se toma muy en serio puede ser divertido, pero si se cree el papel de abanderado de la moda puede ser insoportable.

- ***Fashionista:*** es el punto medio aristotélico que siempre resulta tan agradable. Se trata de alguien con un interés real en la moda, pero que la consume con más cautela. Es una persona que conoce su figura y escoge las prendas que mejor le van. Sabe de paletas de color, tendencias, proporciones, incluso es capaz de darse cuenta de si una tendencia va a durar mucho o será cosa de una temporada. No está cerrado a gastar en prendas de diseñador, pero no lo hace por influencia externa, sino porque está realmente convencido de que le gustan y las quiere. Es hábil para combinar marcas de lujo con prendas de moda masiva. Es una persona que probablemente conoce bien su estilo personal.
- ***Fashion follower:*** se trata de una persona que no está al tanto de las tendencias, pero que cuando compra tiene cierto interés en adquirir algo que esté a la moda. Son en su mayoría hombres que siguen el consejo de sus parejas, de algún amigo con más conocimientos del tema o de un vendedor. Pueden pasar varias temporadas con la misma ropa sin que esto afecte su autoestima, pero siempre están abiertos a escuchar opiniones y estar a la moda de tanto en tanto.
- ***Fashion neófito:*** son aquéllos a quienes la moda les importa un pepino y se visten como les da la gana: con lo que se sienten cómodos (básicamente), con lo que les gusta... o lo que encuentran. Las más de las veces se visten con indolencia y pasándose la estética por el arco del triunfo. Sin embargo, hay para quienes esta indolencia es sinónimo de honestidad y, curiosamente, se vuelven inspiración para la moda. ¿Cuántas veces la alta moda no ha bebido de lo que usan las masas?

En fin... la moda. Estoy seguro de que nunca se le había dado tanta importancia ni había estado en boca de tanta gente como hoy. Es curioso, pero esto de que la moda pasara a formar parte del conocimiento general es bastante nuevo. Hasta hace unos veinte años los periodistas de moda éramos seres raros por nuestra escasez. Cuando alguien preguntaba a que me dedicaba, su siguiente cuestionamiento era: "Ay, qué bien, ¿y qué se lleva esta temporada?". Hoy ya nadie lo pregunta, y qué bueno porque ya no sabría qué contestarle, porque hoy día se lleva todo... y no se lleva nada. Y al decir esto no quiero confundirlos o hacerles pensar que he tirado la toalla en tratar de entender el fenómeno *fashion*. Todo lo contrario, este momento que estamos viviendo es de gran importancia para la industria de la moda por muchas razones: el concepto de lujo se ha transformado (unos tenis pueden costar más que una joya), las tendencias se disuelven como concepto, pero renacen como puntos de referencia; ya no decimos: "esta próxima temporada viene el estilo cowboy" sino "está de moda el estilo cowboy", y lo llevas si te gusta. Las tendencias de moda ya no hablan del futuro, sino del hoy, y la causa de ello es la velocidad que la moda ha adquirido. Por esta dificultad de seguirle el paso es que digo que se lleva todo y no se lleva nada, porque todo puede estar de moda de acuerdo a cómo sepas llevarlo.

Como sabes, éste no es mi primer libro sobre moda. Por lo tanto, el primer reto con el que me enfrenté al escribirlo fue tratar de no repetirme. No quería decirte algo que ya hubiera dicho antes y muy probablemente voy a contradecirme en algunas cosas que haya dicho en el pasado, porque si la moda ha cambiado tanto, ¿cómo no iba a cambiar también lo que pienso de ella? La idea de este libro es hablarte de algunas cosas menos conocidas o reflexiones "no oficiales" y un poco más profundas de la moda. He incluido fragmentos de entrevistas o charlas que he tenido con diseñadores y celebridades a lo largo de mi carrera. También he querido abarcar otros conceptos en los que la moda está involucrada hoy día, como el comportamiento social, las redes, la belleza, cómo regalar con estilo o hasta cómo recibir en casa y poner una mesa. Y algunas cosas más que espero descubras conmigo...

Estilo: el descubrimiento de tu propio lenguaje para vestir y estar

capítulo 2

Aunque se le atribuye a Séneca la frase “El estilo es el vestido del pensamiento”, fue el conde de Chesterfield, un estadista británico del siglo XVII, quien amplió la frase a “El estilo es el ropaje del pensamiento y un pensamiento bien vestido, como un hombre bien vestido, se presenta mejor”. Estas dos frases me vienen perfectas para poder explicarte, en pocas palabras, qué es el estilo. Más allá de los conceptos de moda y elegancia, estilo es aquello que te define, que dice quién eres sin explicarlo con palabras. Séneca tenía razón, porque se trata más de un estado mental y anímico que de una mera vestidura. Y aunque en su momento el pensador romano seguramente se refería a algo más intelectual (la cultura es lo que viste tus pensamientos) también hablaba de cómo tu personalidad es la que forja tu forma de ser... y de pensar.

Hace algunos años escribí *El libro del estilo* en el que hablaba de ese arte maravilloso de indagar dentro de ti, de descubrir quién eres para luego vestir acorde con esa persona que has descubierto. Con el tiempo, he aprendido algunas cosas más que quiero compartir contigo en este capítulo.

PALABRA DE KARL

Como digo cada vez que puedo, Karl Lagerfeld es el diseñador de moda que más he admirado siempre. Siendo muy joven, en una boutique multimarca del recién inaugurado Centro Santa Fe me tocó ver un traje de dos piezas para mujer firmado por él. Se trataba de una chaqueta corta negra de cuello redondo y una falda recta a juego confeccionada con una de las técnicas de sastrería más exquisitas que había visto hasta entonces. Pero lo que hacía único a este traje era que, como botones, tenía unas moscas negras de pedrería. Sí, moscas. Por supuesto que me enamoré del traje y, si hubiera tenido entonces el valor que tengo ahora, quizá me lo hubiera comprado para ponérmelo, aunque fuera sólo la chaqueta. Yo ya sabía que él era el diseñador para Chanel y desde que pisé la redacción de la primera revista para la que trabajé, me puse entre ceja y ceja la idea de que alguna vez tenía que entrevistarlo. Eso me tomó un poco más de tiempo, pero conocerlo se dio más pronto: fue en el otoño de 1996, cuando viajé por primera vez a París. En esa época, las marcas de moda tenían mínima o nula representación en México, por lo que la idea de que te invitaran a un desfile —mucho menos llevarte— era absolutamente falaz. Encima, por parte de las revistas tampoco había presupuesto para mandarte a ningún sitio. Por lo tanto, si un periodista quería ir a cubrir los desfiles tenía que hacerlo por su cuenta... en todos los sentidos. Ese año, en un evento que organizó el diseñador Armando Mafud, Lufthansa rifó un boleto de avión redondo a cualquier destino de Europa, y tuve la suerte de ganármelo. No pensé en vacaciones ni museos, sino en que ésta era, sin duda, la oportunidad de ir a mi primera semana de *prêt-à-porter* en París. Recuerdo que mandé una carta a la Cámara Sindical de la Costura Parisina para inscribirme y pedir, suplicar, que me mandaran alguna invitación. Luego, a través de mis contactos en las casas cosméticas, traté también de conseguir algunas. Nadie nunca me aseguró nada porque, como dije antes, en México había poquísima presencia de marcas y, por ende, no les interesaba gran cosa invitar a la prensa local. De modo que con una maleta llena de expectativas y cayendo de paracaidista en casa de una amiga, llegué aquel otoño a París, la ciudad que desde entonces se convirtió en mi único y verdadero *happy place* del mundo. Y no me importa sonar cursi.

El viaje estuvo lleno de información y emoción. Resulta que la Cámara de Costura se apiadó de mí y me envió un par de invitaciones para diseñadores noveles; gracias a L'Oréal, tuve acceso a un desfile de las grandes ligas: Lanvin. Dos días más tarde, apareció la invitación de Hermès. ¡Wow! Pero una espinita en el corazón no me dejaba vivir: la de Chanel no había llegado. Claudia Azpiri, la encargada de Relaciones Públicas para México de aquel entonces, había hecho todo el trámite, pero no tenía claro lo que la oficina de París decidiría. Todo iba a ser cuestión de suerte. Recuerdo que desde un teléfono público en Champs-Élysées, dos días antes del desfile llamé al departamento de prensa de Chanel —no sé cómo demonios conseguí el número— y amablemente me dijeron que no tenían idea de si estaba invitado o no. A pesar de que para mí había sido ya un logro ir a cinco desfiles —nada mal para un primerizo— estuve bastante de capa caída al día siguiente. Esa noche, al volver al departamento de mi amiga en las afueras de París, me preguntó: "¿Qué tal el día?", y yo le respondí que bien. Que no tenía noticias de la invitación de Chanel, pero que no importaba... ya estaba feliz con los desfiles que había visto. Entonces me dijo: "¿Ah, sí? Pues entonces iré yo al desfile", y me enseñó el sobre que justo había llegado esa tarde con la invitación de Chanel. ¡Justo un día antes del desfile! Fue uno de los días más felices de mi vida. Y claro que al día siguiente estuve en el show. No tenía lugar sentado: estaba de pie en la parte de atrás de las gradas con otros hijos de vecino como yo. Pero me daba exactamente igual, estaba ahí. Ahí. Fue la primera vez que vi a las top: Claudia Schiffer, Helena Christiansen, Cindy Crawford, Stella Tennant y Nadja Auermann que, nada más pisar la pasarela, la hicieron suya. Era una época en que los desfiles eran performances, más divertidos y teatrales, pero no por las escenografías pantagruélicas que se pusieron de moda en los últimos años, sino por el poder de las modelos: eran ellas quienes hacían el desfile espectacular, las que llenaban todo con su personalidad, movimiento y aura. Era gloria pura. Y ésa fue la primera vez que vi, más en carne que hueso, a Karl Lagerfeld, quien aún arrastraba los kilos de su excesivo paso por los años ochenta.

No fue sino hasta un par de años más tarde que pude entrevistarlo. Yo ya era editor de moda para *Marie Claire* y gracias a mi insistencia exasperante a la entonces encargada de Relaciones Públicas para Chanel, Laurence Zanon, consiguió lo casi imposible entonces: que Karl me diera unos minutos después del desfile en París. Era la época en que Karl comenzaba a volverse *rock star*, porque ya estaba bajando de peso y recuperando su "*mojo*". Los desfiles de Chanel comenzaban a volverse espectáculos y la gente mataba por asistir. Éste específicamente fue de los últimos que se celebró en una de las salas del Museo del Louvre, cuando todos los desfiles importantes se hacían ahí. Cuando el show acabó, Laurence y yo fuimos al *backstage* a buscar al máster. Los guardias te pegaban una elegante etiqueta en tela que decía "Chanel backstage" y apuntaban la hora de la entrevista (aún debo tener la etiqueta en alguna parte). Lo vi a lo lejos, impresionante con su cola de caballo blanca y gafas negras, seguro, gesticulando y hablando hasta por los codos. Le gustaba mucho hablar, para fortuna de quienes queríamos escucharlo y de los periodistas que necesitábamos material para escribir sobre él. Yo estaba muriéndome de los nervios. Vimos cómo llegó la Wintour a felicitarlo, Anna Piaggi con uno de sus looks extravagantísimos, Isabella Blow, Glenda Bailey, Anna Dello Russo y otros de los grandes nombres. Siguieron las televisoras y más periodistas del mundo. Y yo seguía esperando... con más nervios. "¿Y si se va?", le dije a Laurence. "No te preocupes: me han dicho que Karl no se marcha hasta que todos se han ido del backstage." Era difícil de creer; sin embargo, más tarde comprobé que era verdad. Fui de los últimos en entrevistarlo, pero él me atendió como si fuera el primero: con entusiasmo, respeto... y apoyo a mis nervios de tenerlo de frente por primera vez. Supongo que le pasaba a menudo. Karl respetaba mucho a los periodistas que se preparaban, y yo lo estaba, desde hacía años. A partir de esa ocasión debo haberlo entrevistado una docena de veces, teniendo con él charlas largas, cortas, a veces no con el mejor de los humores, pero siempre con absoluta disposición por su parte. Karl era un hombre que emanaba un magnetismo apabullante y con una presencia que hacía pequeño todo lo que estaba a su alrededor. Me tocó verlo un par de veces cortar entrevistas de golpe a periodistas que le preguntaban tonterías. Una vez una reportera que lo estaba entrevistando le pidió que le tradujera *savoir faire* al inglés. Entonces, él le respondió: "Si usted quiere trabajar en la moda tiene que saber idiomas", y cortó de tajo la entrevista. Los chicos de seguridad escoltaron a la chica fuera del recinto y Karl continuó con el siguiente periodista. Por fortuna, a mí nunca me pasó algo así. ¿Mi secreto? Hacerle siempre preguntas cuyas respuestas no pudieran encontrarse en el boletín de prensa o en internet. Le gustaba ser sorprendido, que lo retaras con tus cuestionamientos. Seguramente estarán preguntándose por qué les cuento todo esto. Lo cierto es que, para mí, hablar de estilo automáticamente me remite a Lagerfeld, ya por su propia personalidad o porque los acercamientos a conceptos más profundos de moda los tuve de mis charlas con él a lo largo de los años.

¿Amigos? Nah. Ya me hubiera gustado, pero no. Siempre que lo veía se acordaba de mi nombre y me saludaba encantador. Tenía deferencias conmigo, me llegó a mandar un par de notas personalizadas e incluso me regaló una foto suya dedicada, que es uno de mis grandes tesoros, pero nunca hubo nada más allá. No me fui de fiesta o de *shopping* con él, ni dormí en su casa. Qué más hubiera querido. Recuerdo que una vez, estando en una cena con él en Miami, lo vimos entrar al baño. Fernando Toledo y otros amigos periodistas me dijeron: "Anda, ve a hacer cola y así te lo encuentras cuando salga", quizá porque en el fondo no terminaban de creer que el hombre realmente me reconocía. Y sí: ante la mirada atenta de todos ellos, fui al baño y, cuando Lagerfeld salió, me saludó, charló conmigo un momento y se despidió de mí con un golpecito en el hombro diciéndome "*You look good!*". Regresé a mi mesa feliz y con los "jujús" de mis amigos. Toledo desde entonces me apodó "Mini Karl". Pero no: no éramos amigos. Y hubiera sido muy fácil inventármelo para hacerme el interesante, pero ¿a quién quería engañar? Y mentir e inventarse una vida no es nada chic. Y aclaro esto porque creo firmemente que la esencia del estilo es ser honesto con uno mismo, y en un entorno influido por las redes sociales, en donde predomina la apariencia —y pocas veces la realidad— muchas veces tendemos a perdernos en ello y a olvidar quiénes somos, y no se puede tener estilo sin saber quién eres, porque ése es justo su punto de partida.

Ahora, me gustaría mostrarles tres conversaciones que tuve con Lagerfeld en diferentes momentos y que por alguna razón —motivos de espacio en las revistas, principalmente— se quedaron fuera de publicación.

"La elegancia tiene más reglas, el estilo es más libre"

Nueva York, colección Chanel, crucero París-New York, 2006

Sentados en una mesilla de uno de los cafés en lo alto de la Grand Station en NY, Karl y yo comenzamos nuestra charla. Es un hombre todoterreno, pero se ve un poco tocado por el jet lag. Con él está parte de su equipo de Relaciones Públicas, con rostro satisfecho porque el desfile ha ido de maravilla.

Antonio: ¿Por qué elegir New York para una colección de crucero?

Karl: Porque es una ciudad que significó mucho para la historia de Chanel. Cuando volvió al mundo de la moda después de su exilio en Suiza, fue Carmel Snow de *Harper's Bazaar* quien se da cuenta del valor de su nueva propuesta y es su principal promotora, lo mismo para su triunfo en la moda que para su llegada a América.

A: ¿Has querido traer de vuelta ese glamour de la mujer que solía viajar en tren a nuestra época?

K: Sí, pero de forma más moderna. No me gusta crear ropa nostálgica o de museo. La moda no es para eso. La moda es para verte actual...

A: ¿Y elegante?

K: También, pero la elegancia no es necesariamente consecuencia de estar a la moda. Hay mujeres que van a la moda y que no son elegantes.

A: Pero tienen estilo...

K: Sí, aunque ir a la moda tampoco te hace una persona con estilo. Ir a la moda significa dos cosas: que estás informado de lo que el estilo es, ese *je ne sais quoi* que tiene una persona y que la define. Es su sello distintivo.

A: Entonces, por ende, tener estilo no significa ser elegante.

K: No, por supuesto que no. La elegancia tiene muchas más reglas, depende de más aspectos: mesura, saber estar... y el estilo es más libre, más personal. Y sí, puede haber estilos elegantes, pero no necesariamente todos lo son.

"Sería arrogante pedir que la gente tuviera mi estilo"

París, colección Chanel Primavera-Verano 2006

El escenario creado en el Grand Palais en Paris semeja una computadora gigante de la que brotan modelos que, usando el teclado como escaleras gigantescas, comienzan a mostrar una colección mayormente en blanco y negro. Zapatos con polainas y accesorios en fucsia le dan a todo un aire muy eléctrico. Karl comienza a incluir guiños de su propia imagen en las colecciones que crea. Éste es el Karl nuevo, el delgado, el que ya ha comenzado a volverse mítico.

Antonio: Gran colección, Karl. Esta imagen tuya con todas las modelos caminando en grupo detrás de ti daba la impresión como de un ejército chic...

Karl: (*Ríe.*) Me encanta esa imagen. ¡Un ejército Chanel!

A: Bueno, también es un ejército muy tuyo: me encanta la inclusión de cuellos, mitones y chaquetas que se parecen mucho a los que tú llevas.

K: Me pareció divertido mezclar estos toques de sastrería para contrastar un poco con las formas tan fluidas de los vestidos y algunas prendas.

A: Christian Dior dijo en su tiempo: "Tener buen gusto es tener el mío". ¿Tú dirías lo mismo ahora con esta colección?

K: No, de ninguna manera. Yo no le diría jamás a la gente que me imitara, porque sería arrogante por mi parte decir a nadie que adoptara mi estilo.

Dior dijo eso porque en su momento los diseñadores eran más tiranos. Hoy las cosas son muy diferentes. Los diseñadores podemos darnos el lujo de ser más lúdicos, de incluir elementos en las colecciones que tengan un toque de humor. Lo moda no tiene que ser tan seria.

A: Pero no puedes negar que, como un ícono, tu estilo influye en la gente. ¡A mí me has influenciado!

K: (*Risas.*) Puede ser, pero eso ya no depende de mí. Muchos personajes pueden ser influyentes en la gente, pero hay que tener cuidado: la influencia debe tomarse como inspiración y adaptarla a ti mismo, porque si no lo haces así entonces te estás disfrazando.

A: Es decir, evitar la imitación...

K: Exacto, las imitaciones son copias, y las copias nunca son mejores que el original. Ni en la moda ni con las personas. Mejor tratar de ser siempre una versión original.

"El estilo es primero conocimiento, luego es intuición"

Presentación de los perfumes Karl Lagerfeld,

Palacio de la Bolsa, París, 2014

La tribu que acude a la cita de esta noche es mucho más variada que la de los desfiles de Chanel. Aquí hay más mezcla de hombres y mujeres y mucha más gente joven. Las camisetas con el rostro de Karl se ven por doquier, lo mismo que sus prendas más sastreadas. Claro que hay Chanel —no podía ser de otra forma—, pero aquí se lleva de otra forma, con menos solemnidad. Ese día Karl no iba a dar muchas entrevistas, pero con insistencia y la fortuna de conocer a todos sus guardaespaldas, conseguí que me recibiera. Lo que serían cinco minutos se volvieron quince.

Antonio: No es la primera vez que creas un perfume: llevas haciéndolo desde los años setenta. ¿Qué hace especiales a estas nuevas fragancias?

Karl: Que son las de este momento. Un perfume tiene que ser reflejo del momento en que nace. Las otras fragancias fueron representativas de su tiempo y, claro, las notas olfativas cambian, la gente no quiere siempre lo mismo; este negocio sería aburridísimo si así fuera.

A: Tienes, de nuevo, perfumes, ropa con tu marca, relojes, diseñas para Chanel, Fendi y has creado productos para Faber Castell, colaboraciones con Tokidoki, Louis Vuitton y hasta Cola-Cola Light...

K: ¿Qué puedo decirte? Soy un mercenario. (*Risas*).

A: ¿Hay algo a lo que no pondrías tu nombre?

K: Sí: condones. (*Risas.*)

A: ¿Qué sientes al ver a las tribus, como la que está aquí hoy, que se portan como fans contigo, como si fueras un *rock star*...

K: Me hace mucha gracia. Y lo agradezco.

A: ¿Crees que con tu imagen has creado una corriente, una tendencia?

K: Preferiría no ser una tendencia, porque pasan de moda muy rápido. Y que la gente se ponga la ropa que hago significa que estoy haciendo mi trabajo. Y me halaga más cuando veo que es gente con estilo.

A: Me encanta que traigas a colación el tema... ¿Cómo encuentra una persona su estilo?

K: Primero informándose: viendo lo que hay ahí fuera, otras personas, otros estilos... moda. Viajando. El estilo no es sólo exterior: tiene que ser un reflejo de tu interior como persona. Luego, con intuición, elegir lo que más se adecúe a ti.

A: ¿Y hay edad límite para encontrar estilo?

K: De ninguna manera. Se puede encontrar siempre que te lo propongas. Yo jamás hago discriminación por edad porque he conocido mujeres con estilo asombroso a los setenta y gente sin ninguno a los veinte. La edad no tiene nada que ver.

EL MAPA DEL ESTILO

Espero que las charlas con el máster Lagerfeld te hayan entretenido y servido como una buena base para entender, descubrir o afinar tu estilo. Como te decía anteriormente, hace cerca de diez años escribí *El libro del estilo* y a pesar de que considero que sigue siendo muy actual, las cosas siempre cambian con el paso del tiempo y en estos años he aprendido algunas cosas más que me gustaría compartir contigo.

Primeramente, hay que decir que tener estilo no tiene que ver con el poder adquisitivo. Ya lo dijo Chanel: “Las cosas más importantes de la vida no cuestan nada, las segundas más importantes son muy costosas”. Tú puedes desarrollar un gran estilo sin necesidad alguna de echar mano de las marcas de moda de lujo. Simplemente tienes que estar bien informado: de las tendencias, del momento que vives y de las múltiples opciones que ofrece el mercado de la moda. Si Valentino puso en tendencia el color fucsia, piensa que es muy probable que otras marcas más accesibles también lo tendrán en sus colecciones; puedes estar “in” independientemente de cuánto lleves en la cartera.

Pero empecemos primero por saber si tú tienes ya un estilo definido… o necesitas buscarlo. Y que nadie te diga que con estilo o elegancia se nace, eso es ridículo y una tontería gigante. Si eso fuera verdad, la mayoría de la gente estaríamos destinadas a la mediocridad y a lucir anodinos. El estilo se descubre, se desarrolla y se va vistiendo conforme crece. Y cambia, por supuesto. Uno no puede vestirse igual a los veinte que a los cincuenta.

Tú tienes estilo si…

- Tienes claro cuáles son las prendas que te favorecen de acuerdo con tu tipo de figura.
- Cuando vas a una tienda sabes, casi de inmediato, si un tipo de prenda te queda bien o no.

- Conoces los colores que te exaltan.
- Tienes muy claro, al ver una prenda, que es "todo tu estilo".
- Eres de las personas que constantemente recibe comentarios positivos por su manera de vestir. Y a veces negativos, porque la gente estilosa suele ser controversial.
- Cuando te vistes te sientes segura o seguro de ti mismo. Sí te sientes poderoso.

Y si estás en su búsqueda...

Si todo lo anterior no es exactamente tu caso, entonces tienes que descubrir tu estilo. Esto será una verdadera aventura, y seguramente vas a disfrutarlo mucho. Los pasos son los siguientes...

1. Análisis

Éste es el momento de ser honesta y honesto contigo y hacer un análisis justo y lo más desapasionado posible de tus características físicas y circunstancias de vida. Primero, toma en cuenta tu estatura, morfología, color de piel y edad, y determina si la ropa que has estado usando hasta ahora es la más adecuada para ti. En el primer libro que escribí con Lucy Lara, *El poder de la ropa* están todas las reglas para elegir bien las siluetas de las prendas acordes con tu tipo de cuerpo. Pero a modo de resumen, puedo decirte lo siguiente:

La ropa que te pones tiene que realzar tus cualidades y disimular tus imperfecciones. Hoy día, más y más cuerpos resaltan sus cualidades gracias a que estamos volviéndonos más conscientes de la diferencia de las morfologías, no sólo las modelos tienen derecho a lucir maravillosas. Simplemente hay que abrazar y aceptar tus formas y vestirlas con inteligencia.

Escoge ropa de tu talla: a menos que juegues con una silueta *oversize* o encogida —como las de algunos diseñadores masculinos— usa ropa de tu tamaño. Si hay que ajustarla a tu forma, no lo dudes y hazlo porque será inversión en tu imagen. Es muy desagradable la imagen de llevar ropa "prestada", con mangas demasiado largas, pantalones mal ajustados u hombros caídos.

El tema del color siempre me ha parecido controversial, porque no creo en la famosa teoría de las estaciones del año y los tonos de piel ("Yo soy una mujer verano"). Esta teoría es vieja y por demás rebasada, y se ha comprobado que sólo podría aplicarse a las mujeres europeas. Para mí es claro que una mujer u hombre pueden usar los colores que le apetezcan, siempre y cuando estén en el matiz correcto. Las pieles de las personas se dividen básicamente en dos: las que tienen un *subtono amarillo* y las de *subtono rosado*. Se comprueba muy fácilmente con el sol: si te bronceas hacia el dorado es que eres amarillo y si te pones rojo como camarón es que eres rosado; esta regla aplica lo mismo para la gente blanca que para la morena. Por ende, la elección de colores se vuelve más simple: a las personas con subtono amarillo les quedan los colores más cálidos y a las rosadas los fríos. ¿Por ejemplo? El rojo, que es uno de mis colores favoritos, en sus matices más burdeos o quemado es cálido y en tonos más naranja es más frío. El azul eléctrico es más cálido y el pastel es frío.

2. De la teoría al hecho

Es momento de meterte en el armario y hacer una elección concienzuda de tus prendas. Primero, separa esas que son para ocasiones especiales y usaste —o usas— en situaciones muy puntuales, como un smoking o un vestido de noche o *cocktail*. Ésas son las prendas especiales. Luego, separa la ropa de diario que no te pones hace más de seis meses, ya sea porque no te gusta, no te queda o no te sientes a gusto en ella. Entonces, vístete con la ropa que te pones más seguido, con la que te sientes como en una segunda piel y con la que recibes más comentarios positivos. Ésta es la ropa que define tu estilo actual. Lo que debes pensar es si estás satisfecho con ello; si es así, entonces hay que seguir construyendo en la misma dirección, pero si no es el caso, entonces tienes que analizar qué es lo que debes cambiar.

3. Construir y reconstruir

Si lo que has encontrado en tu clóset te gusta y, como dije arriba, te favorece y empodera, entonces *construye* a partir de él. Haz recuento de las prendas más frecuentes en lo que has elegido, si son vestidos, pantalones, faldas, chaquetas. Luego, si tienen una silueta o estilo determinado: faldas rectas, largas, mini, vestidos largos, midi, chaquetas tipo masculinas o cortas estilo torero; si son prendas formales o informales. Entonces, habrás descubierto las claves de tu guardarropa personal. Luego, distingue los colores que son más frecuentes en tu armario, y si son los que más te gustan y resaltan. Ahí tienes tu color fetiche. Luego, analiza en qué dirección quieres ir, para que sobre la base que tienes construyas variaciones de tu estilo o nuevas versiones de éste. Por ejemplo, añade prendas que estén muy de moda, si se llevan las lentejuelas, los satines, terciopelos o bien un estilo de prenda, como pantalones de pata de elefante, chaquetas *oversize*, chamarras de motociclista... Para esto tienes que informarte sobre que está *hot* en este momento, ver si te gusta e incluirlo como parte de tu guardarropa básico. De ahí partimos hacia colores y texturas que quieras agregar y resalten las prendas que ya tienes, lo mismo que accesorios. ¿Cómo saber si estas nuevas prendas le van bien a tu estilo? Prueba, prueba y prueba. Métete a cuanto vestidor encuentres y, con paciencia y buen ojo, seguro que descubrirás piezas que afinarán y reafirmarán tu estilo.

Ahora, si lo que has encontrado en tu armario no te satisface, entonces *reconstruye* tu guardarropa básico.... y si hay que hacerlo desde cero, adelante. En este caso, aplica todos los consejos del inciso superior para que elijas las prendas más adecuadas para ti. Si necesitas ayuda, te recomiendo que eches mano de algún amigo o conocido a quien admires por su estilo o que tenga un poco de idea de la moda, porque su consejo será más honesto y fundamentado. Salvo en contadas excepciones, no te recomiendo hacer esta elección de básicos con tu madre o tu pareja, porque las implicaciones emocionales involucradas pueden traer como consecuencia que su opinión sea sesgada y que escojan lo que ellos creen que te favorece y no lo que realmente te queda bien a ti. Y una vez más, prueba. Pruébatelo todo, mira los tonos que te iluminan y resaltan, los tipos de prendas que te estilizan, resaltan tu pecho, escote, piernas, trasero. Desecha todo aquello que te comprima, que destaque lo que quieres ocultar o que de plano no lo veas para ti. Recuerda: tienes que sentir comodidad y seguridad con lo que lleves puesto.

4. Depurar y exaltar

Ésta es la parte más divertida y disfrutable del proceso, es como elegir un nuevo aderezo para la ensalada cada día, porque la base ya la tienes hecha con cosas deliciosas. Aunque más adelante te hablaré más a profundidad de los accesorios —uno de mis elementos de moda favoritos— ahora te daré una introducción relacionada con la depuración de tu propio estilo. Para lucir contemporáneo y como una persona con "rollo", los accesorios son la clave. No tienes que cambiar de vestuario cada temporada si no quieres o no puedes —no todos somos Kim Kardashian—, solamente hay que incluir guiños de las nuevas colecciones en tu guardarropa básico. Si se ponen de moda las bolsas minúsculas o XXL, la joyería étnica, los zapatos de punta o los bostonianos bicolores, hazte de alguno de ellos para incluirlo en tu guardarropa básico. Y puede ser de marca de lujo o de *fast fashion*, la elección es tuya. Demna Gvasalia, el diseñador de la casa Balenciaga, dijo estar muy contento de darse cuenta de que, después de diez años de crear su propuesta del look Balenciaga, muchas personas, jóvenes de edad y de espíritu, lo han replicado en las calles, aunque no necesariamente sea con su marca. Ésta es una forma muy inteligente de ver la moda contemporánea: las ideas ya no son de una sola persona, sino que una vez fuera le pertenecen a la sociedad para adaptarlas e interpretarlas a su manera. Pierre Cardin lo hizo también en su momento: decidió dar licencias de confección en muchos países para que más personas pudieran llevar ropa de diseñador a precios más accesibles. Las marcas de moda no son democráticas, pero la moda sí lo es.

5. Modificar y evolucionar

Si nosotros no somos los mismos con el paso del tiempo, ¿por qué nuestro estilo tiene que permanecer igual? Es inteligente ir modificando el guardarropa, conforme vayamos haciéndolo también nosotros. Si nuestro cuerpo, profesión o situación geográfica varían, hay que saber adaptarnos a ello. De entrada, si nuestro peso cambia, hay que abrazar nuestra nueva forma y no pretender usar la ropa que nos queda pequeña o enorme. La ropa pequeña constriñe y la ropa muy holgada da sensación de descuido, a menos, claro, que se trate de una propuesta estética de un diseñador. Pero si es porque te ha dejado de quedar, apártala y lánzate a la búsqueda de algo nuevo, aunque sea algo momentáneo en caso de que estés modificando tu peso.

Luego está el tema de la edad. Es lógico que lo que nos quedaba bien a los veinte no se vea tan bien a los cuarenta. Nuestro cuerpo cambia, nuestros gustos y la moda, así que ¿por qué llevar el mismo tipo de prendas toda la vida? Te pongo un ejemplo: si eres una persona muy de jeans, quizá sea momento de cambiar los super skinny por unos slim o rectos. Si solías usar ropa muy ajustada, ¿por qué no evolucionar hacia cortes ligeramente más holgados que sugieran —pero no obvien— que aún tienes buena figura? Más adelante ya te hablaré con más profundidad del tema de la edad, porque soy un firme creyente de que el estilo es lo más democrático del mundo: todo mundo tiene derecho a él, sin importar circunstancia física o social alguna.

6. Conserva

Si hay un elemento muy tuyo, que te identifique y que haya pasado graciosamente por todas las etapas de tu vida, no lo sueltes por nada del mundo. Por ejemplo, si has usado pañuelos y mascadas, eres amante de la joyería enorme o de un tipo de accesorio en especial (yo fui, soy y seré amante de los broches), los zapatos peculiares, los colores brillantes, un tipo de peinado determinado o tono de maquillaje, consérvalos porque ya forman parte de ti. Hay cosas que tienen que cambiar, pero otras que ya son identificables con tu personalidad, consérvalas porque son tu rúbrica. Imagina a Karl Lagerfeld sin sus gafas negras, a Iris Apfel sin su estridencia o a Cher sin sus divertidas pelucas

7. Usa: no guardes

En una sesión de estilismo que hice para Swarovski, una señora me preguntó qué podía hacer con todas esas piezas grandes y llamativas de joyería que tenía en su armario. Sin dudarlo ni un minuto, le dije: "Usarlas". Me miró extrañada, porque eran joyas que había utilizado en ocasiones especiales, como bodas o galas. Pero le dije que un collar es importante puesto con una camiseta y jeans, un brazalete sobre un suéter básico o unos aretes largos con una sudadera y jeans le iban a dar un aire muy *cool* y moderno. No guardes tus cosas lindas para cuando te inviten a cenar al Palacio de Buckingham: llévalas a una cena con amigos, a una fiesta o cuando vas a tomar una copa. Usar nuestras prendas especiales en ocasiones normales las puede volver extraordinarias. Las cosas almacenadas se dañan, guardan polvo e incluso pueden echarse a perder, por eso hay que usarlas con frecuencia, especialmente bolsas y zapatos. Cuando quieras sentirte especial, resaltar, darle alegría a tu vestimenta, ponte una prenda o un accesorio especial para elevar tu atuendo... y tu autoestima.

Termino este capítulo con la proclamación de un principio universal: el estilo es múltiple, no hay uno o dos. En su momento los analistas de moda quisimos encerrarlos en unos cuantos, como el estilo romántico, roquero, *punk*, clásico, sofisticado, *grunge*... pero todos ellos se han mezclado trayendo como consecuencia nuevos estilos híbridos que ya son inclasificables. Y esto me encanta, porque así de dinámica es la moda. Si nos quedáramos sólo con diez tendencias cada temporada o con un puñado de estilos de personas, ya nos hubiéramos muerto del aburrimiento. Una mujer puede verse espectacular con un vestido de noche y botas industriales y un hombre con traje formal y tenis blancos. Un servidor público con un tatuaje ya no nos causa desconfianza y una persona que se viste a la moda ya no se considera frívola, sino contemporánea, que vive el momento que le tocó vivir. Hemos ampliado horizontes en la moda y disminuido nuestros prejuicios sobre ella, aunque aún hay mucho por hacer, como dejar a la gente que vista como le venga en gana... y aplaudir sus aciertos como un hallazgo, como una conquista de su propio estilo.

Elegancia y buen gusto… ¿siguen a la moda?

capítulo 3

Durante los años que viví en Asia, una de mis actividades alternativas a la escritura y el periodismo, fue hacer *personal shopping*. Trabajé mayormente con mujeres, porque en Asia los hombres que echan mano de este servicio lo hacen, por lo general, cuando cambian de trabajo y necesitan un cambio de imagen. Casi siempre, los ejecutivos usaban ropa a medida, o bien, las mismas boutiques les mandaban ropa a sus oficinas para que se probaran y se quedaran con lo que necesitaban. Con ese servicio no se requería asesoría. Pero en el caso de las mujeres, la cosa era muy diferente. Tuve dos clientas chinas, una malaya, una tailandesa y un par de inglesas... y cada una de ellas tenía una relación muy diferente con la moda... y formas de comprar tan variadas como sorprendentes. Sin embargo, lo más interesante eran sus puntos de vista sobre lo que podía ser la elegancia y el buen gusto.

Voy a hablarles de tres de ellas, Tomoko, Yang y Pearl. Tomoko compraba por tres razones de peso: para darle en la cabeza a su marido —al que casi nunca veía—, para poner celosas a otras mujeres de su círculo y mostrarles que era más fabulosa y, la tercera y más importante, porque tenía dinero como para tapizar la Muralla china. Comprar con ella era de lo más entretenido, porque en las boutiques le reservaban las piezas más exclusivas de las colecciones, las más raras, las ediciones limitadas... esas prendas de las que llegaban una o dos a cada país... o a veces ninguna. Mi trabajo era aconsejarle cuál de estas cosas que le ofrecían debía llevarse o no. En ocasiones, juntos escogíamos piezas del desfile, que ella compraba por adelantado. Luego, le ayudaba a escoger el atuendo con el que podía estrenarse sus compras. Cabe decir que Tomoko tenía un estilista que iba a su casa todas las semanas a organizarle la ropa de acuerdo con sus compromisos. Pero el estilista no compraba la ropa: eso lo hacíamos otra chica y yo. Además de la gran experiencia de ir de compras con ella —para mí era como ir a Disneylandia—, ella tenía una forma única de percibir la elegancia. Creía que una mujer elegante siempre tenía que lucir feliz. No le gustaban los colores oscuros —no tenía negro ni azul marino en su guardarropa— porque decía que la alegría se mostraba con el color, que la hacía verse guapa en toda ocasión. Cuando me tocaba trabajar con ella, comenzábamos desde temprano y la veía en su casa. Tomoko bajaba a desayunar ya arreglada a su comedor. Pocas personas la habían visto sin maquillaje o despeinada. Detestaba los tenis. Hacía ejercicio descalza y de ahí se montaba en sus eternos tacones. Un día le pregunté: "Tomoko, esto de ser feliz para ser elegante me parece muy bien, pero ¿qué pasa cuando está triste o furiosa?", y ella me dijo sin dudarlo: "Lo ocultas. Unas gafas oscuras sirven para esconder cuando has llorado y una boca bien pintada de rojo da la impresión de que sonríes siempre. Además, es de muy mal gusto mostrar emociones excesivas en público", me dijo segura. Con ella entendí un principio fundamental de la cultura china: *Never lose face*, es decir, nunca gritar, enojarte, hablar alto o ser agresivo. En el mundo corporativo es fundamental y, si lo haces, quedas en desventaja; y sucede lo mismo en la vida cotidiana. Si eras de los que daban un golpe en la mesa o respondías ante una provocación, automáticamente eras mal visto.

Con Yang la cosa era muy distinta. Era una nueva rica. La verdad sea dicha, fue con la clienta con quien más me divertí y mejor la pasé. Además, era generosa, cosa que las otras no tenían. Yang me contrataba por horas y cuando acabábamos de comprar, venía su marido por ella y pagaba la cuenta, no sin una discusión enardecida con ella y obligándola a dejar un par de cosas de la "cesta de la compra" que a él le parecían idioteces, como una funda de Chanel para el teléfono. "Eso no podrás usarlo más cuando cambies de aparato", le dijo, y no le faltaba razón. Cuando me tuvo confianza suficiente, el hombre me dejaba su tarjeta de crédito para que yo pagara las compras de su mujer. Pero claro, había un límite. "Tiene tanto para gastar. Ni un dólar más. Si se pasa de esa cantidad, lo vas a pagar de tu sueldo." Por lo tanto, debía tener muy controlada a Yang, y mi forma de hacerlo era mentirle con la suma que llevábamos gastada. "¿Cuánto me queda aún?", me preguntaba y yo mentía como un bellaco para que no se extralimitara. Salíamos de Chanel, Dior o Vuitton como del supermercado: cargados de bolsas, sólo que no de frutas ni verduras. Y aunque las boutiques podían mandar las compras a su casa, ella prefería llevarlas consigo y que el mundo entero la viera en la calle llena de bolsas. A ella y a mí, claro está. Una vez que Yang me invitó a comer antes de ir de compras, estuvimos charlando sobre cómo veía la moda. Era muy amante de las marcas con tradición, con prosapia. Por eso adoraba las firmas europeas: porque había historia detrás de ellas, y sentía que ese prestigio se le traspasaba —como por ósmosis— al usar sus prendas. No le gustaban los diseñadores americanos ni mucho menos los emergentes. ¿Diseñadores contemporáneos de su tierra? Ni loca. Yang llevaba hasta la ropa interior de marca. A diferencia de la señora Tomoko, no le gustaba gastar en exceso en una sola pieza: prefería que su dinero le rindiera más en cantidad. Su concepto de elegancia era llevar todo de firma. Mezclaba marcas, sí, pero se sentía fabulosa cuando vestía de pies a cabeza de una sola. Aunque yo no estoy de acuerdo con esta percepción de la moda, respetaba su punto de vista y debo decir que, por su tipo de cuerpo y gracia, la mujer siempre se veía muy bien. Un poco como salida de un escaparate y poco espontánea, pero para el mundo en el que ella se movía le iba bien.

Pearl representó un verdadero reto en mi carrera, pero también aprendí mucho con ella. Me contrató más por necesidad que por gusto, porque a su marido recientemente lo habían ascendido a una posición muy alta en el mundo corporativo y ella tenía que vestir su papel de "mujer de...". Así son estas cosas. La primera sesión con ella fue una tortura... y la segunda también. En Chanel toda la ropa le parecía de institutriz inglesa, en Armani todo era una aburrición y en Vuitton todo era como de cantante pop. "¿Qué pasa con las cosas elegantes y con gracia? ¿No existen más?", me decía. Esta mujer era hongkonesa de madre europea, por lo que su educación era distinta. Tenía antecedentes de una abuela ilustre y a la que admiraba profundamente. Aparentemente ella fue quien se hizo cargo de su educación. Claro, Pearl tenía una idea diferente de lo elegante y que no era necesariamente lo que encontrábamos en las tiendas. Con ella, comprar fue mucho más complicado, porque fue necesario "desarticular" todo el discurso visual de las marcas de moda e ir directamente a lo que nos importaba: la ropa. El poder complacerla se había convertido en un reto para mí, y estaba encantado con ello. A diferencia de mis otras clientas que primero buscaban la última moda, con Pearl tratábamos de encontrar piezas más en el punto medio, que estuvieran en tendencia, pero que no gritaran: "¡Soy de esta temporada y la siguiente me veré vieja!". Logré cambiar su impresión de Chanel cuando encontramos una chaqueta ideal para ella, que la hacía lucir señorial, pero no anticuada. Y lo mismo sucedió con otras marcas, donde encontramos trajes sastres, vestidos y otras prendas que bien combinadas daban el resultado que ella deseaba. Si tuviera que analizar el estilo de Pearl podría decir que era clásico, sin estridencias, pero siempre le gustaba llevar un toque contemporáneo. Pero aclaro, clásico no quiere decir traje de lana, collar de perlas y mocasines. Clásico significa que la mujer era amante de las combinaciones más tradicionales, de cortes de ropa más pulcros, pero siempre estaba abierta a incluir una pieza que pudiera ser motivo de conversación. Yo la convencí a darle un *punch* a sus atuendos con joyería XL: collares, brazaletes, anillos... y después de probarlo le gustó. Al principio se había negado, no le parecía "de buen gusto" y creía que era poco elegante. Y la convencí de que estaba equivocada. "¿Buen gusto con respecto a qué? ¿Quién determina lo que es el buen gusto?" "La sociedad", me respondió ella. Y yo repliqué: "¿Qué sociedad, la de qué época?" y entonces ella no me combatió más. Mi argumento era completamente real: ¿quién decide lo que es el buen gusto? En los años cincuenta seguramente era de mal gusto llevar joyería grande, pero en los sesenta y ochenta, no. Entonces, ¿el concepto de buen gusto está ligado a la moda, a su parte más conservadora? Sí. Entonces, al igual que la moda ha ido cambiando con el tiempo, el buen gusto también. Y sucede lo mismo con el concepto de elegancia. Sí: eran elegantes Greta Garbo y Audrey Hepburn, pero también lo son Nicole Kidman y Ariana Grande. La moda, elegancia, lo clásico y lo chic no son conceptos inamovibles; mudan y mutan con el paso del tiempo y todo lo que esto implica, y hay que estar atentos siempre a su evolución, porque si no corremos el riesgo de quedarnos en el pasado, de volvernos anticuados, que es justo la antítesis de la moda y el estilo. Cuando Pearl se dio cuenta de esto, sintió que el mundo se le abría, y era un mundo con muchas más posibilidades.

EXPURGANDO EL CONCEPTO DE ELEGANCIA...

Primero, les ofrezco la definición que nos da la RAE de la palabra, que no es más que una listita de sinónimos: "distinción, refinamiento, gracia, galanura, estilo, garbo, finura, gentileza, gusto, delicadeza". Y como me quedé en las mismas, busqué la definición de *elegante* y me llevé la misma decepción: "Como adjetivo, que tiene gracia, belleza y armonía. En una persona, que viste con buen gusto y distinción". Entonces para entender la elegancia quizá tengamos que averiguar qué significan cada uno de los conceptos que engloba... y muy probablemente estaríamos dando vueltas en círculo.

Quien habla primero de la elegancia aplicada al estilo de vida es Honoré de Balzac. En su *Tratado de la vida elegante*, escrito en el siglo XIX, menciona los diferentes estilos de vida de la gente: la ocupada, la de artista o la "elegante", que correspondía a la de las personas que no hacían nada. ¿Ven cómo los conceptos van cambiando con las eras? Para Balzac, los aristócratas y ricos, buenos para nada, eran los que vivían la vida elegante. Pero cuando realmente se comienza a aplicar al mundo de la moda es después de la Revolución francesa; se convierte en un concepto más propio del vestir masculino y de las clases poderosas. La idea era diferenciarse de los pobres a través de prendas más sencillas y menos elaboradas; lo estridente y exagerado se vuelve lo opuesto a lo elegante y es considerado vulgar. Este concepto nace probablemente como un rechazo al vestir masculino que había existido en Europa hasta antes de la Revolución francesa: esos estilos recargados y hasta decadentes —barroco y rococó, por ejemplo— que eran poco cómodos e inconvenientes para el nuevo hombre nacido después de la Revolución. Este concepto llega al vestir femenino a principios del siglo xx, cuando la mujer deja de ser un ornamento y comienza a formar parte activa en la sociedad. Recordarán ustedes que la gran liberadora *fashion* de la mujer a principios del siglo xx fue nada menos que Coco Chanel, que eliminó corsés y volúmenes de los trajes para que la mujer tuviera la posibilidad de moverse hacia nuevas actividades.

A partir de aquí, y con los cambios de estilo de cada década, los conceptos de elegancia y buen gusto van transformándose constantemente, pero a veces nos cuesta darnos cuenta de ello. Es como la educación misma, la literatura o el arte: tienen una evolución que a veces es difícil de puntualizar, pero que sabemos que ahí está.

Ahora, me gustaría citarles las descripciones de elegancia que más me gustan y más adelante, les diré cuáles son las reglas de la elegancia en cualquier época.

Una mujer elegante es aquella que puede atravesar un mercado sin despertar un comentario vulgar.

—Giorgio Armani

Cierto. Esto significa que tu atuendo es preciso, tiene un punto medio entre *sex appeal* y señorío. Sin embargo, hoy con la revaloración de los derechos de la mujer, yo apuntaría que ninguna mujer, vístase como se vista, debe despertar un comentario vulgar y punto. Sin embargo, una mujer elegante, quizá los provoque menos.

Viste vulgar y verán el vestido. Viste elegante y verán a la mujer.

—COCO CHANEL

¿Sabes por qué en Las Vegas todas las bailarinas van vestidas con exceso y ostentación? Para que funcionen como un todo, como un grupo anónimo que acompaña a la estrella del show. Lo que usas debe formar parte de ti, representarte, engrandecerte. De otra forma, el vestido está llevándote a ti y no tú al vestido.

Cuando nace, la moda es elegante. Cuando se masifica, se vuelve vulgar.

—MANUEL MÉNDEZ

El recordado diseñador mexicano dio en el clavo: es cierto, cuando una moda nace y está en tendencia tiene grandes posibilidades de alcanzar la elegancia (salvo modas como llevar la tanga por fuera de los pantalones, eso nunca será elegante) y conforme se va expandiendo y popularizando, comienza a volverse vulgar. Mi padre solía decir: “Eso ya está muy ‘choteado’, muy quemado, muy visto”.

¿Mi secreto de elegancia? Menos, es más.

—CAROLINA HERRERA

Yo mismo que soy un fan de estilos más elaborados, reconozco que esta frase de Carolina debería estar grabada en piedra. En esos días cuando no sabes qué ponerte, te miras al espejo y te sientes el más feo del mundo, apuesta por una combinación sencilla que resulte infalible, como un traje y blusa blanca o unos jeans y camisa o camiseta. Eso sí, con tu perfume, los labios bien maquillados y el cabello peinado. Y si puedes, unos zapatos o una bolsa en color interesante. Verás cómo el peor de los días mejora considerablemente.

El hábito no hace al monje.

—Dicho popular

Esta frase, aunque no está relacionada con la elegancia, creo que ilustra el concepto perfectamente. En *Gente fabulosa* de Lee Tulloch, una de mis novelas favoritas de moda, el *leitmotiv* del personaje principal es tener un traje de Chanel. Cuando después de mil peripecias consigue obtenerlo, se decepciona profundamente porque lo siente aburrido... plano. No es para nada su estilo. La moraleja podría ser: no todo lo considerado "elegante" lo será para todo el mundo. Ni lo vulgar o lo barato. Todo es cuestión de *sentir* lo que usas. Se puede tener todo el dinero y la belleza, pero si no proyectas y llevas con orgullo y seguridad tu atuendo, va a lucir como un harapo. Aunque sea Valentino, créeme. Empodérate, cree que eres bella o bello, siéntete fantástico y volverás la prenda más sencilla una pieza de alta costura. Ésta, damas y caballeros, es la base de la elegancia, estilo y buen gusto.

La elegancia no consiste en que lo que usamos nos mejore, sino en mejorar nosotros lo que usamos.

—Francisco Grandmontagne

Ésta es un poco una reafirmación de la frase anterior. Si la gente sólo ve la ropa en nosotros, nos estamos convirtiendo en una percha sin personalidad. Si las personas nos ven a nosotros y luego dicen: "¡Qué bien te ves!" es que estamos haciendo un buen uso de la moda... y que estamos vistiendo de forma elegante.

Elegancia es olvidar lo que llevamos puesto.

—YVES SAINT LAURENT

El maestro que dijo tantas frases tan certeras, no se equivoca en su concepto de elegancia. Yo siempre he dicho que alguien que es muy "*self-conscious*" (autoconsciente) de lo que lleva, que ostenta la bolsa como trofeo, los zapatos como premio y el traje con unas ganas de que todo mundo lo vea, es más vulgar que un chiflido en el cine. Ponte tus mejores galas —o las más sencillas, no importa— y enfócate en ti. Olvídate de todo lo que llevas encima. Es sólo ropa.

Saber estar es un sinónimo de elegancia.

—ELIZABETH HURLEY

La exmodelo y actriz dio en el clavo: saber estar. Qué importante es este concepto. ¿Qué significa? Tener un respeto y concordancia con nuestro entorno y circunstancia, así de simple. Si hace calor, vestir acorde, lo mismo que si hace frío. Si estamos en una fiesta de gala, un *cocktail* de media tarde, un desayuno, una parrillada de fin de semana, hay que saber vestir en concordancia y respetar los códigos de vestimenta que nos piden nuestros anfitriones —en caso de que los haya— o que nos exige la circunstancia. ¿Un ejemplo? No vas a ir a un día de campo con un vestido de gala o a una entrega de premios con jeans y camiseta. Así de sencillo es el saber estar.

Y podría seguir analizando frases de elegancia de grandes pensadores *ad infinitum*. Pero me parece más interesante que lleguemos, juntos, a nuestro propio y personal concepto de elegancia. Como te decía antes, los tiempos cambian, y también la apreciación de la moda y quienes la siguen. ¿Te has parado a pensar en las veces que dijiste "yo nunca me pondría eso" y terminaste haciéndolo, o bien, reconociendo que después de todo no era tan horrible? A mí me pasa todo el tiempo. Las chanclas con calcetín de los turistas me parecían un espanto. De pronto, comenzaron a aparecer en las pasarelas y hoy día muchos jóvenes —y no tanto— las llevan y, aunque no las veo para mí, me parece que tienen rollo. Por lo tanto, van aquí mis consejos para encontrar *tu* elegancia...

1. Enorgullécete de quién eres

Cuesta mucho, pero al final es posible. Cuando somos adolescentes y estamos en la búsqueda de nuestra personalidad, el primer impulso, salvo raras excepciones, es de rechazar todo lo que somos. Nos avergonzamos de nuestra familia: "Mamá, por favor, no irás a dejarme a la escuela con esas fachas...", "¿Oye, qué no es tu hermano ese que se tiró de panzazo en la alberca?", y tú quieres morirte. Luego, tú no te gustas y quisieras parecerte a tal o a cual. En tu primer viaje al extranjero, todo lo ves mucho mejor que en tu tierra. Luego, conforme crecemos nos damos cuenta de que nuestra madre no estaba tan mal como pensábamos, que nuestro hermano sigue siendo un idiota, pero así lo quieres y que tu país no tiene nada que pedirle a ningún otro. Entonces, es cuando sabes quién eres y sientes orgullo por ello. Ésta es la gran base para forjar tu personalidad y estilo.

Cuando entendemos este punto, nos damos cuenta de que la elegancia no es solamente Grace Kelly vestida en Oleg Cassini. Pueden ser muchísimas más cosas, personas y estilos. Una mujer oaxaqueña vestida con un traje típico bordado es una de las imágenes más elegantes que he visto nunca. Hace no mucho, en la portada de la revista *Vogue* de Filipinas publicaron la foto de Apo Whang-Od, una mujer tatuadora de 106 años que siempre ha sido una gran abanderada de su cultura y orígenes. Y debo decir que a su edad y con su belleza madura, la mujer es elegantísima. ¿Entiendes a lo que me refiero? Es en la honestidad contigo mismo donde radica la elegancia.

2. Siente la ropa

Es mucho más fácil ser elegante cuando sientes que la ropa es una extensión de ti mismo, como una segunda piel. Probablemente estas palabras te suenen a mercadotecnia, pero no lo son, créeme. Para que te sientas a gusto con tu ropa, tiene que ser de tu talla, en materiales —preferentemente— que sean suaves al tacto y en colores que te digan algo, que tengan un significado para ti. Una prenda incómoda, que te aprieta o te queda grande y en un tono que detestas no te ayudará a sentirte elegante.

3. Balance

Ésta es la clave, el secreto y la fórmula mágica para la elegancia: el balance, el famoso punto medio aristotélico. A lo que me refiero es que, respetando tu gusto y personalidad, trates de equilibrar tu elección de prendas. Por ejemplo, a menos que tengas una personalidad súper extrovertida, evita los excesos: estampados de los pies a la cabeza o brillos hasta en los dientes, Los elementos importantes de la moda (lentejuelas, plumas, metálicos, *glitter*, estampados dramáticos o joyería muy grandilocuente) deben ponerse como toques y balanceados con prendas más básicas o neutrales. Y, por el contrario, si tu atuendo es muy plano, muy simplón, dale un poco de alegría y de "empuje" con accesorios coloridos o brillantes, joyería, un pañuelo, zapatos o un bolso. La vida es muy corta para vestir aburrido.

4. Escucha... pero no tanto

Bernardo de Balbuena, el cronista histórico del siglo XVI, dijo: "En la Nueva España hay más poetas que estiércol". Pues yo diría que hoy en el mundo hay más críticos y analistas de moda que estiércol. Vivimos en una época maravillosa de libertad de expresión, pero pocas veces nos paramos a pensar en que la libertad, además de ser un derecho, es también una responsabilidad. No deberíamos hablar por hablar; todo el mundo opina de todo, aunque no tenga bases para ello. Hoy día las redes están infestadas de "críticos de moda" que opinan, como si fueran grandes conocedores, de los looks de las alfombras rojas de los premios Oscar, Grammy o la Gala del Met. Lo terrible del tema es que no tienen idea de estilismo de moda, de proporciones, tendencias, ni conocen la obra de los grandes diseñadores. Por ello es que afirmo que hablan sin bases, sin conocimiento de causa. Esta gente, malamente, dice lo que se le ocurre y genera desinformación entre sus seguidores. Por eso, sé cuidadoso a quién le haces caso. A tus abuelos y padres sí, pero recuerda que pertenecen a una época diferente a la tuya y su percepción de la moda habrá cambiado un poco. Pero escúchalos porque la esencia de lo que te aconsejan puede ser una buena base para generar tu propio concepto de elegancia. A la gente en redes o medios de comunicación escúchala, pero cuando tenga un prestigio nacido de su seriedad, de su profesionalidad. Cuando su historia personal haga que sus palabras tengan peso, que valgan. A Anna Wintour hazle caso, a la chica que acaba de abrir su TikTok o canal de YouTube hace un mes... mejor no.

5. Tienes que saber a dónde vas

No hay nada que me parezca más irrespetuoso que esas personas que van a una entrega de premios, una cena o un evento formal vestidos como para ir a comprar el pan. Sí: estas gentes van de "la moda me importa un pepino y yo estoy más allá de estas tonterías". Se creen más inteligentes y válidos que las personas a quienes la moda sí les importa. Pero si realmente fueran inteligentes, entenderían que están faltando al respeto a sus anfitriones, que los códigos de vestimenta existen para honrar un acto al que están siendo invitados. Me parece más honesta la gente que, si no está de acuerdo con las reglas, decide declinar las invitaciones. Es más honorable.

Por eso, es importante que sepas que, si no cumples los requisitos de vestimenta de un sitio o una ocasión especial, estás faltando al respeto de quien te invita e incomodando al entorno. Y venga, si no quieres cumplirlos al pie de la letra, por lo menos adopta los mínimos requeridos: si es un evento de *black tie* —por ejemplo— aunque no lleves vestido largo y smoking, trata de ir con un traje oscuro y un vestido negro. Si te invitan a una cena formal, no vayas con jeans y camiseta, y si asistes a una comida en la playa o una alberca, no te pongas un vestido de *cocktail*. Escoge bien tu atuendo de acuerdo con la ocasión. Ahora, quien decide romper un código de vestimenta como protesta, me parece entendible, pero aquí ya estamos hablando de un tema político, y no tiene que ver ni con la moda ni con el protocolo.

Pero una cosa sí es segura: si estás fuera de lugar, no te verás elegante.

6. Si te ves disfrazado, entonces no eres tú. Y si no eres tú, no serás elegante

Me parece maravilloso que te inspires en grandes personalidades para encontrar tu estilo, porque, en efecto, la imitación es la primera fase de la búsqueda. No obstante, recuerda que, cada vez más, en este mundo pugnamos por la individualidad, así que olvídate de las copias: en las bolsas y las personas. Si te gusta una tendencia especial de moda o te inspira mucho una diva o divo del mundo del espectáculo, toma un elemento, una silueta y hazla tuya. Pero no calques, reinterpreta. Por ejemplo, si te gusta cómo se delinea los ojos Taylor Swift o un ícono más retro como Marilyn Monroe, toma la idea y adáptala a tu forma de ojos, o varía el color de delineador. Si te gusta cómo viste Harry Styles o el diseñador Jacquemus toma una de sus prendas y mézclala con una que sepas que te queda de maravilla. Haciendo estas mezclas es como poco a poco comienzas a encontrar tu estilo sin verte disfrazado de alguien que no eres. Recuerda, bajo la ropa estás tú... y fuera de ella también tendrías que estar tú.

7. Que la elegancia no mate tu estilo

Karl Lagerfeld, en uno de nuestros encuentros, me habló de la diferencia entre estilo y elegancia. Para él, el estilo es eso que define a una persona sin palabras, que la representa. La elegancia es la mesura, es ese momento de girar la cabeza y quedarte sin palabras al ver a alguien. Es suavidad, pero al mismo tiempo poder. Entonces, si tomamos en cuenta estilos como el *leather*, los punks o *dark*, nos damos cuenta de que se trata de perfiles notorios, muy marcados, a veces estridentes que son bastante reconocibles, pero no elegantes. Madonna, por ejemplo, es glamourosa, provocativa, sexy... pero no es elegante. Y estoy seguro de que no le importa serlo en lo más mínimo. No sacrifiques tu forma de ser, tu esencia, por un afán de ser elegante. Además, la elegancia es un "algo" que, a pesar de tener mucho fundamento, tiene una gran parte de espontaneidad. La mayoría de la gente verdaderamente elegante lo es sin proponérselo. Si buscas a toda costa ser elegante, quizá puedas irte al otro extremo y volverte cursi. Por eso te digo: si eres de las personas que tienen un estilo muy definido y estás feliz con ello, olvida la elegancia si no sientes que sea lo tuyo. Tampoco pasa nada.

BUEN GUSTO

Debo decirles que aquí entramos a un terreno resbaladizo, porque éste es el aspecto más subjetivo que puede existir en la apreciación de la moda. Así como existen tendencias que indican lo que se lleva y no, e igualmente hay ciertos parámetros que nos sirven para percibir la elegancia, el tema con el buen gusto es más complejo. Quizá por lógica, podríamos decir que lo elegante es de buen gusto. Sin embargo, si alguien ha conseguido un look elegante a través de un toque extremo (una pieza de joyería grandilocuente, por ejemplo) habrá quien diga que eso "no es de buen gusto", aunque el resultado, estilísticamente, sea positivo. Y en la moda la premisa se vuelve más compleja, porque constantemente la moda y las tendencias del momento son calificadas como de mal gusto.

El tema del buen gusto es tremendamente subjetivo. Analicemos por ejemplo a María Félix. Así como admiradores, también tuvo muchos detractores. Se ha dicho todo de ella, bueno y malo, pero lo que nadie puede discutir es su arrasador estilo. La Félix ha inspirado como personalidad y como diva a muchas mujeres del mundo. En sus películas y en la vida real consiguió momentos gloriosos de elegancia. Vistió ropa de grandes creadores —Dior entre muchos otros— y su joyería se ha vuelto icónica. Sin embargo, la Félix no puede ser considerada una mujer con buen gusto. Ese exceso de joyas en una mujer de estatura media *no es de buen gusto*... Los cocodrilos y las serpientes de piedras preciosas de Cartier son un sueño, una obra de arte, *pero no son de buen gusto*, aunque me exponga a que algún fan enardecido suyo me insulte en la calle cuando me vea. Algunas de las prendas que elegía para su vida cotidiana tampoco eran de buen gusto, por su proporción corporal. Sin embargo, cuando vemos los cocodrilos, las serpientes, el puro, el sombrero y su chaquetón de cuero... automáticamente pensamos en ella. No hay nadie más que pueda usar esas prendas como María Félix. Era su estilo: un estilazo.

Hace un par de años entrevisté a Justin Timberlake cuando hizo una campaña para Givenchy. Aunque nunca he sido prejuicioso, no me esperaba que el cantante apareciera en la entrevista con un look tan elegante, especialmente cuando las estrellas pop son rebeldes respecto a su imagen. Timberlake llegó con un pantalón negro recto, mocasines de piel y una impecable camisa blanca. El detalle impactante era un anillo de diamantes negros que llevaba en el dedo anular. Yo no podía dejar de verlos, ni a él ni al anillo. La entrevista fue bien, pero al final, tuve que preguntar sobre su imagen.

Antonio: Lo que llevas puesto... ¿lo has escogido tú o es trabajo de un estilista?

Justin: La ropa es Givenchy... pero la he elegido yo.

A: ¿Comúnmente vistes así?

J: Cuando no estoy trabajando, diría que sí. Me gustan los looks sencillos.

A: ¿Te consideras elegante?

J: Eso no lo tengo que decir yo. ¿Me consideras elegante?

A: Sí. Por lo que veo, sí.

J: Gracias. Tú también eres elegante. (*Reímos.*)

A: ¿Qué crees que sea el buen gusto?

J: ¿Para mí o en general?

A: Buena pregunta. Para ti, claro.

J: Creo que se trata de no ir demasiado lejos, de no pasarte de la raya. Luego está el *feeling*, siento que es algo magnético que te atrae a ciertas prendas. En mi caso es una inclinación hacia piezas que, en mi sentir, son las adecuadas para verme bien y, si es posible, sentirme cómodo. No sé si sea igual para el resto de las personas.

Y el buen Timberlake dio en el clavo: ¿buen gusto para ti o para los demás? Cuando comencé a trabajar con Lucy Lara en *Infashion*, hace más de veinte años, solía decir que ir a trabajar con tenis era de mal gusto. Hoy ella ya no piensa igual, porque la percepción del buen gusto ha ido cambiando, y aunque es inseparable de sus altísimos tacones, me ha confesado que disfruta mucho de sus momentos en tenis. Claro, sabe cómo y cuándo usarlos: ése es el secreto. Y en efecto, mucha gente lleva tenis al trabajo desde hace ya muchos años. Karl Lagerfeld hizo una colección entera de alta costura para Chanel donde todas las modelos llevaban tenis; hoy día, en la calle, es raro encontrar gente con zapatos: todo el mundo lleva tenis. Hay ejecutivos que van impecables con trajes azul marino o gris... con unos preciosos tenis blancos. Y no podemos decir que tengan mal gusto, sino más bien que están abriendo nuevos caminos hacia la elegancia (¿hacia un nuevo buen gusto, quizás?), a posibilidades inéditas de verse bien. Por ende, su elección no podía considerarse un fallo de gusto, ¿no creen?

Cuando se comenzó a poner de moda llevar sandalias o chanclas con calcetines, el *influencer* español Pelayo Díaz fue duramente criticado por usarlas. Lo que más le dijeron fue "qué mal gusto". Entonces, el fallecido diseñador David Delfín —que fue su pareja por un tiempo— saltó a defenderlo con una frase lapidaria: "El buen gusto está muy sobrevalorado". Y creo que tenía razón. Muchas veces, el famoso buen gusto se vuelve un freno a la creatividad y a la espontaneidad, que son dos de los ingredientes más importantes del estilo. Por lo tanto, resumo lo siguiente: el buen gusto es individual y personal. Una vez que hayas descubierto tu estilo personal, que sepas lo que te queda bien, lo que te resalta y exalta, si eliges una prenda que te representa, entonces la has elegido con buen gusto. Así de simple.

Éstos son, para mí, los cinco pasos al buen gusto... personal:

1. ***Cuando adquieras un artículo, piensa bien si realmente vas a usarlo.*** Suena muy tonto, pero si lo analizas, no lo es tanto. A veces compramos por impulso, por oferta, por moda... pero, en realidad, no estamos seguros de si nos va a nosotros. Si no te ves con ello no será de buen gusto para ti.
2. ***No olvides tu propio balance.*** Si cuando te vistes sientes que llevas "mucho de..." (perfume, maquillaje, accesorios, color, estampados) es momento de quitar un poco.
3. ***No escuches.*** Si estás seguro de las decisiones que has tomado, no hagas caso de quien te diga que tienes mal gusto. Recuerda: el mal gusto de uno puede ser el buen gusto de otro.
4. ***Experimenta.*** Si te aventuras con nuevos estilos, prendas novedosas o un nuevo peinado —por ejemplo— puedes salir de tu zona de confort y quizá caer en el mal gusto.

Pero tal vez de este experimento salga algo interesante que puedas adaptar a tu estilo personal para siempre.

5. *Saber estar.* Coco Chanel decía que una bailarina en medio de la calle sería ridícula lo mismo que una mujer vestida de traje sastre en el ballet. Si respetas los códigos de vestimenta —acorde con tu estilo y personalidad, claro está— siempre tendrás buen gusto.

Belleza, maquillaje y lo que realmente nos hace bellos...

capítulo 4

Cuando iba en la secundaria, leí una novela que, además de encaminarme hacia el mundo de la escritura, me confrontó por primera vez con lo terribles que podían ser las preconcepciones estéticas en el mundo. El libro en cuestión era *Marianela* de Benito Pérez Galdós. El melodrama —muy bien escrito, pero melodrama al fin y al cabo— trata sobre una chica huérfana, maltratada y "fea" que está enamorada de Pablo, el señorito de la casa donde vive acogida. El chico, que es ciego, adora a Marianela y los dos se sienten almas gemelas. Pero un día Pablo recupera la vista y lo primero que ve es a su prima Florentina —que es un bellezón— y cree que es Marianela. Y pues resulta que no. Cuando conoce a la verdadera Marianela se decepciona porque no es guapa, como se la imaginaba. Pablo al final se queda con su prima y Marianela acaba primero humillada y luego muerta. Por supuesto que con este argumento se hicieron telenovelas y películas de ésas para llorar mucho. Estas historias, independientemente de lo bien escritas que puedan estar, siempre me han molestado profundamente porque abanderan un prototipo de mujer victimizada por los prejuicios de la sociedad. Las cosas han cambiado, aunque no tanto como me gustaría. Quizá si yo hubiera escrito *Marianela*, le habría recomendado a la chica un buen *makeover* y buscarse un nuevo amor. La vida es muy corta para sufrir por un hombre. Y haría lo mismo con Madama Butterfly: convertiría a Cio-Cio-San en la primera madre soltera empoderada de Japón.

Pero hablando más en serio, una de las cosas que más me gustan de nuestro tiempo es que hemos conseguido conquistar, aceptar y abrazar nuevas formas de belleza, que se permiten distanciarse de los prototipos clásicos y tradicionales. En Europa y Estados Unidos existen revistas de nicho dedicadas únicamente a maquillaje y cosmética (*System Beauty*, *Beauty Papers*, *N6*, por citar algunas) y en sus páginas se muestran impresionantes y creativas imágenes con maneras inéditas de aplicación de maquillaje que abren paso a la apreciación de nuevas formas de belleza. Las modelos —y modelos masculinos— son de todos tipos, color de piel y edades, de bellezas o incluso "fealdades" sorprendentes. No hay discriminación alguna... y no podría ser de otra forma porque así es el mundo real. Las "Marianelas" de nuestra época ya pueden aparecer en la portada de una revista, y no saben lo feliz que esto me hace.

Pero al entrar en este mundo de la belleza, me gustaría ir un poco más allá de la crema hidratante que debes ponerte o cómo pintarte los labios. Quisiera analizar un poco más el concepto de belleza contemporáneo y, además, cómo ser bello significa ser coherente, ser tú, pero mejorado. Lo he dicho muchas veces: no he conocido a nadie a quien le manden una copa en un bar por su belleza interior. Y es verdad que tu interior se manifiesta en tu apariencia, pero no lo es todo; además de darle forma a la belleza interior, hay que ayudarla a que se refleje en el exterior.

LAS BELLEZAS... EN PLURAL

Umberto Eco comienza la introducción de su libro *Historia de la belleza* con su descripción personal de la misma: "Bello, al igual que bonito, sublime, maravilloso [...] es un adjetivo que usamos para calificar una cosa que nos gusta". En esta misma descripción, Eco dice que "bello" equivaldría a "bueno" y que, en muchas épocas históricas, la relación entre lo uno y lo otro era muy estrecha. No es extraño que la idea de belleza occidental sea la que haya prevalecido, porque ha tomado muchos siglos en forjarse y se convirtió en algo tan normal e inconsciente que, en las últimas décadas, hemos tenido que esforzarnos mucho por abrir la mente y poder apreciar la belleza en otros lugares y formas. Pensemos que los prototipos de belleza del siglo pasado, aproximadamente hasta los años cincuenta, eran las imágenes de mujeres (y hombres) blancas, de ojos y cabellos claros y de una estatura mediana. Si nos ponemos a pensar, este prototipo de persona es un porcentaje bastante bajo en el mundo. ¿Sabías que sólo el 2% de la población mundial es rubio natural?* No obstante, hay una obsesión por este tono de cabello desde que las diosas de platino de Hollywood lo pusieron de moda... y no ha parado de crecer y metamorfosearse. Por lo visto, los caballeros siguen prefiriéndolas rubias: el investigador Nicolas Guéguen de la Universidad de Bretagne Sud, en Francia, publicó un artículo en la revista académica *Psychological Studies* sobre cómo las rubias siguen siendo las más populares en la sociedad. El estudio consistió en poner a un grupo de mujeres con pelucas rubias, castañas, negras y pelirrojas en un bar y ver cuántos hombres se acercaban a ellas para ligar. Y las rubias ganaron por goleo: 127 hombres se acercaron a ellas, mientras que a las castañas sólo 84, 82 a las morenas y 29 a las pelirrojas. Aquí se pueden hacer cientos de interpretaciones, ustedes son libres de hacer la suya. Lo cierto es que, según las grandes compañías de productos capilares, cada año se incrementa el número de personas que se tiñen el cabello, y ¿adivinen cuál es el tono más usado? El rubio en todos sus matices. Y es verdad, rubias y rubios hay por doquier, con tintes más o menos afortunados, pero es lo que más conocemos, lo que más vemos. Según mi opinión, en el estudio las rubias son las más elegidas porque son lo que nos resulta más familiar, lo más conocido, lo que más nos vende el sistema y la mercadotecnia. Las pelirrojas quedan en último lugar porque son lo más diferente, lo más inusual. Recordemos que en la Edad Media se les consideraba hechiceras, justo por ser diferentes. *Diferentes*. ¿No les suena conocida esta mecánica mental? ¿Por qué socialmente ha costado tanto trabajo aceptar a los grupos minoritarios? Porque son diferentes. Es puro

* "La mujer española y el color", encuesta realizada por L'Oréal Professionnel.

miedo a lo desconocido. Pero en el momento en que comenzamos a abrir nuestra mente a la idea de variedad, de diferencia y diversidad, también nos abrimos a la posibilidad de reconocer y apreciar otros tipos de belleza.

Primeramente, hay que entender un principio fundamental: lo opuesto a lo que se considera bello no es necesariamente *feo*: es *diferente*. Conforme más nos hacemos a la idea de esto, comenzamos también a descubrir bellezas poco frecuentes, inéditas. Por fortuna, nuestra percepción de belleza se ha ido volviendo más contradictoria y amplia, porque nos damos la oportunidad de que nos gusten cosas que en otro momento hubiéramos considerado "feas" o que no son apreciadas como bellas por los estándares sociales. Casi todos los tenis de Balenciaga, por ejemplo, si se miran objetivamente son poco estéticos, toscos, enormes, con un aspecto que distorsiona la forma natural del pie y hasta la postura, pero con eso y todo, no sólo son los preferidos de los jóvenes, sino que han sido imitados por otras marcas y se han convertido en una tendencia que ha hecho historia, porque nos ha hecho abrazar y adorar lo "feo".

Observa cuántas bellezas diferentes apreciamos hoy día: la actriz Rossy de Palma y la modelo Winnie Harlow, quien hizo de una enfermedad dermatológica (vitíligo) una cualidad y su sello distintivo, cosa que en otro momento hubiera sido considerado un defecto que le hubiera impedido dedicarse a la moda. Están también la actriz mexicana Yalitza Aparicio, que nos recordó lo magnífica que puede ser la belleza autóctona, o la difunta Maggie Smith, quien para la campaña que hiciera para Loewe apareció sin maquillaje y nos mostró lo hermosa que puede ser la edad llevada con orgullo.

BELLOS: MODO DE EMPLEO

Mi abuela tenía un dicho que me encantaba: "Se obtiene más con la miel que con la hiel", y tenía razón. Una persona que sonríe cuando saluda le ilumina la vida a quien tiene enfrente. El dependiente de una tienda te atenderá mejor si lo tratas con amabilidad; y, por el contrario, si eres tú quien atiende a un cliente, con buena actitud ya has ganado una parte y, si encima eres bello, ya lo tienes todo ganado. La belleza es un arma, sin lugar a dudas; te abre puertas, facilita tu movimiento por el mundo y, válgame la redundancia, hace tu vida más bella. Pero no hablo de la belleza con la que se nace —que es una suerte, como solía decirlo Ingrid Bergman cuando la llamaban hermosa—, sino de la que se conquista, la que se descubre. Y ya que hemos hablado de la Bergman, veamos lo que significa belleza para su legendaria hija, Isabella Rossellini: "El estilo me parece más interesante que la belleza. El estilo para mí es desenvoltura, abrazar tu individualidad. Para mí la belleza es eso: celebrar que eres único y nunca ser conformista". Recuerdo que una de las primeras entrevistas que hice en mi carrera fue a la Rossellini, cuando se lanzó el perfume Trésor de Lancôme. Yo estaba empezando y aún no era un periodista lo suficientemente experimentado como para preguntarle cosas que hoy se me antojaría saber de ella. Por ejemplo, si la felicidad está relacionada con la belleza. Pero según lo muestra en su carrera y vida, seguro que su respuesta sería "sí". Es notorio cómo Isabella Rossellini ha ido abrazando con verdadera plenitud cada etapa de su vida: su juventud en su era Lancôme, su momento de actriz en películas de autor como *Blue Velvet*, de David Lynch, pero también su aparición en comedias como *Death Becomes Her* o incluso en la sitcom *Friends*. Ha sido empresaria —tuvo su propia línea de maquillaje a finales de los noventa llamada Manifesto— y ahora ha vuelto a trabajar como modelo para Lancôme, la firma que le dio la fama en los noventa. En alguna entrevista que leí dijo que se habla poco de lo maravilloso que es envejecer. La actriz-modelo de más de setenta años tiene una granja y en sus redes sociales —en las que es bastante activa— siempre se le ve plena... feliz. Abraza su edad, sus arrugas y su rostro de mujer mayor, que irradia una belleza envidiable, una belleza que viene de la aceptación.

Y aunque en este libro la idea es hablarte más de lo que hay detrás de los fenómenos y lo que hay detrás del estilo, también quisiera darte algunos tips para que sepas por dónde empezar tu viaje hacia la belleza. Según la extraordinaria Bobby Brown, creadora de una de las gamas más amigables de maquillaje y una línea de productos de tratamiento, éstos son los pasos base para comenzar a descubrir tu propia belleza.

1. La belleza empieza por una buena piel

Una piel bella comienza con buenos hábitos de vida. Es verdad que tu carga hereditaria es la que determina cómo luce tu epidermis; sin embargo, con una buena nutrición, dormir, ejercitarse, beber suficiente agua y evitar las toxinas del alcohol y el tabaco se pueden hacer mejorías notables en la tez. Bobby dice que una actividad fácil de seguir es tomar diez vasos de agua al día, porque ayuda a eliminar toxinas y mantiene la piel limpia. Además, recomienda tomar un vaso de agua cada vez que tomes una copa de alcohol o una taza de café.

2. Reconoce tu tipo de piel

La piel no es siempre la misma, porque se modifica con las fluctuaciones hormonales, los cambios de clima, si estás tomando medicamentos o incluso si viajas y hay variaciones en tu entorno. Los tipos de piel más comunes son:

Normal Es una piel que se siente flexible; es generalmente suave y tiene los poros afinados. A veces puede tener poros más dilatados en la frente y nariz, pero sucede más en las pieles masculinas.

Seca Este tipo de piel se siente restirada, especialmente después de la limpieza. Tiene imagen apagada y en ocasiones parece escamosa. Tiende a la sensibilidad, los poros no son tan visibles y, generalmente, muestra arrugas desde edad temprana.

Grasa Es más brillante —pero no hay que confundir brillo por grasa con luminosidad, que son dos cosas distintas— y generalmente el exceso de grasa es notorio en la zona T —frente, nariz y barbilla— a causa del exceso de producción de las glándulas sebáceas.

Mixta Esta piel se caracteriza por ser seca en el área de las mejillas y grasa en la zona T. A veces puede tener algunas zonas secas.

Sensible Es piel muy reactiva a los productos cosméticos. Puede ser grasa o seca y se reconoce porque experimenta picores e irritaciones.

3. El tratamiento adecuado

Es muy importante que desde la adolescencia comiences a cuidar tu piel. La elección de los productos adecuados para tu tipo de piel y necesidades específicas es clave para el éxito: tener una piel de apariencia sana y bella. Primero, debes tener una rutina de limpieza diaria —mañana y noche—, hidratar la piel, protegerla con productos que tengan filtro solar en el día y nutrirla por la noche. Y en el caso de las pieles reactivas o con características especiales, es fundamental que sea un dermatólogo quien te recomiende qué productos usar.

Pero ¿cómo escoger la marca ideal para ti? Depende de tus necesidades y de tu bolsillo. Pero hoy día hay productos de gran calidad en marcas masivas o en firmas de lujo que tienen extraordinarios resultados. Yo personalmente me he vuelto muy fan de las marcas de cosmética *indie* —independiente— porque van mucho más adelante que las grandes casas en lo que se refiere a entender al consumidor, según mi punto de vista. Pero a cada persona le pueden venir bien diferentes cosas. Prueba opciones y quédate con la que mejor te funcione.

UNA NUEVA FORMA DE VER LA BELLEZA

Conocí a Begoña San Juan a principios de los 2000, cuando era la mente creativa detrás de los productos de Natura Bissé. Siempre que había una presentación suya no me la perdía, porque Begoña tenía la enorme cualidad de hablar de los temas científicos y cosmetológicos más sesudos con tal familiaridad y sencillez, que era facilísimo entender la acción que un producto cosmético podía tener en la piel. La entrevisté varias veces para citarla en mis artículos de belleza, porque si alguien podía hablar de las características y necesidades de la piel de forma clara y cercana, era ella. Bego —como siempre le he llamado cariñosamente— dejó Natura Bissé para buscar nuevos caminos creativos y fue así como, junto con la doctora en Química Isabel Ramos, fundó en 2017 la marca Ayuna. Nacida bajo lo que se conoce como "cosmética indie" (independiente), la marca, que inició con un par de productos, ha crecido de tal manera que a la fecha cuenta con una gama que va desde limpiadores, protectores, cremas y curas, hasta perfumes.

Al igual que el mundo de la moda se ha revolucionado frenéticamente en los últimos años, la cosmética ha hecho lo propio. Me pareció interesante que Begoña me explicara más sobre esta nueva percepción de la belleza de la que les he hablado en este capítulo. Más allá de acudir a un gran conglomerado con una visión más establecida —y a veces conveniente— de lo que es la belleza, preferí hablar con ella, porque su visión de la cosmética me parece más cercana al individuo —cualquiera que sea— que a un concepto comercial.

"Creemos en una cosmética con fórmulas más sostenibles, libres de sustancias sospechosas. Por eso nuestra marca se llama Ayuna, porque al igual que se limita la ingesta de alimentos y se ofrece una dieta balanceada al cuerpo, si se elimina la sobreestimulación en la piel automáticamente se reactivan en ella los mecanismos de autorreparación", dice Bego. Para ella, el usuario de productos de belleza es mucho más que un género o una edad: es una persona. Además, el cuidado de la piel va mucho más allá de sólo aplicar un producto: significa amarte. Es verdad que, en principio, nos ponemos cremas para ser más bellos, pero el acto de cuidarse la piel debe verse como parte de un estilo de vida.

En un estudio que Ayuna y la Universidad de Zaragoza realizó con 121 mujeres, se demostró el gran beneficio psicológico que puede tener el acto de cuidarse la piel. Ellas se aplicaron el producto sin tener en mente la idea de "no me gustan las arrugas", sino de "me quiero" y el resultado sobre la autoestima de estas mujeres fue impresionante. Ya está más que probado cómo un producto cosmético ayuda a la hidratación o a mejorar la elasticidad de la piel; pero, hasta ahora, nunca se había hablado del cosmético como una herramienta que, por ejemplo, puede servir como compañero de la meditación. Si se aplica el producto cosmético acompañado de un discurso positivo, el resultado es de autoaceptación y hay un efecto que se refleja a nivel psicológico y mental en el usuario. No es la crema: es *el acto de meditar con la crema*.

"Bienestar, salud, autoestima, pero ¿y ser bello?", le pregunto y Begoña me dice: "La belleza es un poder que está profundamente arraigado en la biología del ser humano y en la de todos los seres vivos. El acto de embellecerte es inherente a nuestra naturaleza y va más allá del mero acto de reproducción. Nancy Etcoff, psicóloga de la Universidad de Harvard, escribió un libro llamado *Survival of the Prettiest* donde demuestra cómo ser bello es realmente un 'arma de supervivencia'".

Pero, por fortuna, no se trata del concepto de belleza que nos han vendido hasta ahora. El nuevo camino de la belleza a través de la cosmética va más encaminado hacia el positivismo corporal, la inclusión de edades y géneros. "El camino —dice Begoña— ya no es mostrar esos cuerpos inalcanzables que hacen que la gente se enferme, no es señalar lo 'feo'. ¿Quién dice que la arruga no es bonita? ¿Quién dice que la mancha no te da personalidad? Necesitamos un nuevo discurso de *wellness*."

Bajo esta premisa, ya no se pretende hacer bella a la gente a partir de una edad, de un color o tamaño. Hay una búsqueda de abrazar más la variedad y diversidad de la belleza. "Para mí la belleza es emanar, proyectar", dice. Tiene que ver con la salud, el estado de ánimo, positividad, calma, bienestar... y todo esto influye en lo que la gente percibe de ti.

Según Bego, lo que ha sucedido con las grandes firmas de cosmética es que se han nutrido de la industria farmacéutica que funciona con la premisa *problema-solución*. Cuando la industria cosmética adopta este formato tiene que crear un problema: ¿la mancha o la arruga lo son? Entonces hay que señalarlas y buscar las soluciones. Además, otro de sus errores es que se ha encargado de vender ilusiones inalcanzables, el *lifting* por ejemplo, que no se consigue con la cosmética o bien mostrar cuerpos de veinte años en productos para señoras de sesenta. Esto ha causado mucha insatisfacción y frustración en los consumidores. Es normal que la industria farmacéutica cure enfermedades y ataque problemas, pero ése no es el papel de la cosmética: su labor tendría que ser la de acompañar el día a día del individuo para hacer su vida más feliz.

Además, la mentalidad acerca de los productos cosméticos debe cambiar. Salvo casos muy específicos, no deben ser vistos como "la solución a..." porque, en principio, la piel no tiene problemas, tiene necesidades. Tener hambre y frío no son problemas, son necesidades del cuerpo y lo mismo sucede con la piel: tener una piel grasa o seca es una condición que necesita atención. Bajo esta misma visión, Bego explica que hay que cambiar la idea de cuidado de la piel: la cosmética no tiene que ser *anti-aging*, sino *well-aging*. Hoy, los usuarios conscientes de productos de belleza ya no buscan dejar de envejecer, sino envejecer bien; aceptan las etapas de la vida, pero lucen bien en cada una de ellas. "Para empezar —dice— hay que entender que biológicamente el ser humano tiene un proceso de evolución que transcurre desde el feto hasta aproximadamente los veinte y pocos años. A partir de este momento, el ser humano involuciona y se inicia el proceso natural de envejecimiento. Tendríamos que aceptar este hecho como parte de la vida y entender que envejecer es un privilegio porque significa vivir; cada año que pasa es un año que ganas. Si asumimos esto, seguramente también nuestra relación con la cosmética va a cambiar para bien." Es importante, de una vez por todas, quitarle la connotación negativa al proceso de envejecer y aceptarlo como parte de una etapa natural de nuestro cuerpo. Lo esencial es acompañar y guiar esta experiencia para conseguir una mejor madurez. "Es antinatura pensar que eres capaz de detener el envejecimiento."

Con un buen estilo de vida y tratamientos cosméticos lo que sí es posible es ralentizar el proceso de envejecimiento, y si se adoptan buenos hábitos de alimentación y *meditación* incluso se puede revertir algún daño de la piel.

Begoña, con su forma fácil de explicar procesos químicos, nos habla de los telómeros. Elizabeth Blackburn, premio Nobel de Fisiología y Medicina, fue su descubridora. Éstos son los capuchones que hay en los cromosomas que, con el paso del tiempo, se acortan y esto es un marcador del envejecimiento, porque ya no es posible hacer mitosis y replicar las células de la piel. Antaño, se pensaba que era imposible reducir el acortamiento de los telómeros, pero Blackburn descubrió que, gracias a la meditación, se puede revertir su acortamiento. Por ello, si la meditación es tan importante, ¿por qué no unirla al acto de aplicar un producto de belleza para mejorar su efecto?

Y ahora, la gran pregunta: ¿cómo se escoge el producto de belleza adecuado para ti? Es muy sencillo: tomando en cuenta tus necesidades, las de tu piel, primeramente, y luego las de tu presupuesto. Pero es muy importante conocer todo acerca del producto que estás comprando, por eso recomiendo, por ejemplo, revisar las fórmulas. Así como hay mucha desinformación y venta de espejismos en el mundo de la cosmética, también hay mucha información confiable disponible para elegir el mejor producto para nosotros. Hay que ser un consumidor maduro y saber que si un *influencer* está promoviendo un producto es porque le pagan por ello, no necesariamente porque haya comprobado sus cualidades. Detrás de una marca seria debe haber información fiable, y en ella debemos basarnos para elegir el tratamiento más adecuado para cada uno de nosotros.

MAQUILLAJE

Para mí, ésta es la parte más divertida de la belleza. Sin embargo, era importante comenzar por la parte de cuidado de la piel, porque un buen maquillaje lucirá impecable en una piel sana. Imagina que quieres hacer una obra de arte y en lugar de hacerlo en un lienzo perfecto, lo haces en una pared descascarada. No sería lo mismo...

Durante seis años tuve la fortuna de ser el encargado de Relaciones Públicas para MAC, la casa de cosméticos nacida en Canadá que después sería adquirida por Estée Lauder. La filosofía de esta firma cambió mi forma de pensar sobre muchas cosas: cómo comunicar; la creación es un don que hay que compartirlo y el maquillaje es verdaderamente un arte. El eslogan entonces era "Todas las edades, todas las razas, todos los géneros, todo MAC", y para el tiempo en que nació fue muy revolucionaria. A México llegó a finales de los años noventa y si bien la gente joven estaba fascinada por su llegada, hubo que conquistar a un público más maduro y conservador. Pero al final, la enseñanza que me dejó fue que jugar con el color y lucir bien no es un asunto sólo femenino ni es privativo de ciertas edades. Hoy día esto está más que asumido y me fascina ver que marcas tan clásicas como Chanel han lanzado líneas de maquillaje masculino. Además, con la apertura mental de la sociedad y la inclusión de géneros, hoy sabemos que jugar con un buen delineado de ojos, llevar una boca sexy o una piel perfecta es un acto realmente democrático y ellas, ellos y elles pueden lucirlo por igual.

Pat McGrath, Bobby Brown, François Nars, Peter Phillips o Charlotte Tilbury son grandes maquillistas que han demostrado con creces que son verdaderos artistas y algunos de ellos son incluso creadores de líneas propias de maquillaje. Firmas como Anastasia Beverly Hills o Haus Labs by Lady

Gaga de alguna manera han tomado la estafeta revolucionaria y, hoy por hoy, son algunas de las casas más propositivas en color del mercado. Todas ellas cuentan con productos innovadores para conseguir cejas impecables, labios espectaculares y ojos como nunca habías visto antes. Además de experimentar en texturas, colores y efectos, estas marcas y maquillistas se han aventurado a probar nuevas formas de aplicación y lograr con ellas nuevos lenguajes de belleza.

No voy a hablar de color o estilos de maquillaje en este espacio, porque eso lo dejo para los profesionales; además, todo esto cambia de forma tan vertiginosa, que es mucho mejor estar atento a los medios y a la vida real para ver qué es lo nuevo y lo que hay que usar. Sin embargo, al igual que en la moda existen los básicos de clóset, en belleza existen los productos básicos de maquillaje, y de éstos sí que quiero hablarte.

1. Tez

Los productos básicos que requiere una piel bien preparada para el color son el corrector, la base de maquillaje y el polvo. Es muy importante elegir primero la base de maquillaje de acuerdo con tu tipo de piel. Escoger el tono tiene que ver con gustos: hay personas que quieren lucir más morenas y hay quienes prefieren verse pálidas. Sin embargo, hay algo que debes tomar en cuenta: un tono más o menos de tu color natural de piel es lo ideal, porque si escoges uno drásticamente diferente a tu tono natural, tendrás un maquillaje de efecto máscara... y es muy desagradable. Luego, elige el corrector, que debe ser uno o dos tonos más claro —máximo— *del color de tu base de maquillaje*; no cometas el error de basarte en tu color natural de piel, porque entonces corres el riesgo de escoger uno demasiado claro que te dará efecto “oso panda” en los ojos. Luego, elige los polvos. Bobby Brown recomienda que hay que usar un polvo más claro para fijar el corrector y uno más oscuro para fijar el maquillaje.

Sin embargo, si no sueles usar estos tres productos juntos, igualmente es importante que, sea el que utilices, te bases en la regla de un tono arriba o abajo. Existen también productos como las cremas BBC que son un producto de tratamiento con color que ayuda a unificar el tono de la piel de forma natural y ligera. Hay quien prefiere únicamente el uso de polvos para dar una textura aterciopelada a la piel; sólo recuerda que no debes aplicarlos solos sobre la piel: utiliza antes tu producto habitual hidratante porque los polvos tienden a resecar la piel si se emplean solos.

Y... ¿el look bronceado? Con el cambio climático, las estaciones extremas cada vez son más pronunciadas en ciertas latitudes del mundo. Pero Latinoamérica tiene la fortuna de ser una región bastante soleada todo el año, de modo que lucir bronceado siempre es un *must*. En efecto, el sol es maravilloso, pero hay que tomarlo con cuidado siempre. Yo soy más partidario de usar —en la cara por lo menos— un buen maquillaje de efecto bronceado. En la actualidad todas las casas cosméticas cuentan con ellos y los resultados son francamente gloriosos. Puedes usar una base que te cubra más si lo prefieres, o bien una más translúcida que te da un velo de color y el efecto de que "has tomado el sol el fin de semana". Los polvos bronceadores son también un arma indispensable en tu cosmetiquera, porque son ideales para ayudarte a lucir mejor cuando has tenido un día cansado, un viaje largo o simplemente quieres verte más alegre.

2. Mejillas

El rubor es una forma natural de verte saludable, plena... ¡feliz! Fred Vellon, maquillista de MAC allá por los años 2000, solía decir que era una forma de hacer que tu rostro sonriera sin hacerlo con los labios, y tenía mucha razón. Mi abuela solía usar betabel para darse un toque de color en las mejillas, porque decía que eso la hacía más coqueta. Como verás, es una gran herramienta de la belleza. Hoy día los rubores existen en polvo, crema, en tubo estilo *lipstick*, gel o incluso en tinte. Aunque las formas de aplicación suelen variar, lo más común es aplicarlo en movimiento ascendente de la mejilla hacia la sien. Ahora, la regla fundamental es siempre difuminarlo a la perfección. Sea cual sea el formato que utilices, mézclalo con tu piel de tal forma que se vea lo más natural posible. Evita las líneas marcadas o las formas redondeadas —si quieres que la aplicación sea natural, claro está— y siempre ten cuidado con la cantidad: si te pasas tendrás el efecto de máscara del que tanto queremos huir.

3. Labios

El lápiz labial es sin duda la herramienta de belleza más adorada del maquillaje. Coco Chanel decía: “Si estás triste, ponte *lipstick* y ataca”. Y no es de extrañar, porque su aplicación le da inmediatamente vida y color al rostro. Hay personas que no necesitan nada más que *lipstick* para lucir espectaculares. Actualmente las paletas de color y textura de lápices labiales son infinitas. Además, con los diferentes acabados —mate, *glossy*, cremoso, traslúcido, nacarado... ¡*glitter*!— las posibilidades de vestir los labios son tantas como mujeres hay en el mundo. La aplicación del lápiz labial es muy personal también, porque hay muchos trucos para dar un efecto diferente a la forma de tus labios. Por ejemplo, el delineado de los labios —que tanta gente odia— es un gran aliado para variar tu forma de labios, si así lo quieres. Por ejemplo, para hacer labios más grandes, los maquillistas recomiendan delinearlos por fuera y entonces aplicar el color por dentro. Si por el contrario quieres dar un efecto de labios más pequeños, delinéalos por dentro. Sin embargo, yo soy más de la idea de que tu forma natural de labios es bella como es: aceptándola y abrazándola te sentirás más segura sin duda. En este caso, la recomendación para una aplicación perfecta del color de labios es hacerlo con pincel: delinea la forma de tus labios y luego rellénalos con el color, sin olvidar las comisuras. Si prefieres hacerlo con lápiz delineador de labios, adelante, sólo trata de que el color que elijas sea lo más parecido al color de *lipstick* que pienses usar. Aunque estuvo de moda hace mucho delinear los labios con un tono más oscuro, la verdad es que nunca se vio bien, parecía que tenías la boca manchada de algo que habías comido.

4. Ojos

Los ojos son la parte más viva de tu rostro, por su movimiento, su brillo y vida. Vestirlos con maquillaje es un placer porque notas lo multidimensional que puede lucir tu mirada. La idea del maquillaje de ojos es resaltarlos, darles más vida, y puede ir desde el sencillo acto de aplicar máscara de pestañas hasta hacerte una obra de arte de color y textura en los párpados o volver tu mirada un arma de seducción con una sombra ahumada alrededor de todo el ojo. Pero vayamos por pasos.

Empezamos con las cejas: son fundamentales, porque son el marco de tu mirada. Darles forma y definición tiene mucho que ver con el gusto personal y cada año hay nuevas tendencias sobre cómo llevarlas. Sin embargo, los estilos naturales son los más favorecedores, y consisten en respetar la forma natural de tus cejas y sólo afinar la forma, darles un poco de color para hacerlas más decididas o bien fijarlas con algún producto especial en el caso de que sean muy rebeldes. Lo chic es maquillarlas imitando con los trazos del lápiz o pincel los pelitos de las propias cejas para que parezcan lo más naturales posible. Rellenarlas de color para hacerlas lucir como si fueran una sola línea ya no se lleva, aunque, repito, es cuestión de gustos. Si decides depilarlas para alterar su forma, adelante; sólo ten cuidado de no hacerlas demasiado finas o con una forma extremadamente artificial porque correrás el riesgo de lucir "caricaturesca". Las grandes marcas de maquillaje cuentan con lápices, ceras, geles y cepillos para dar forma y peinar las cejas. Hoy por hoy son el gran hit del maquillaje.

Sombras: ¡éste es nuestro parque de recreo! Con ellas podemos jugar a vestir los párpados de los colores y efectos fascinantes. Existen en crema, polvo, compactas, en lápiz y hasta líquidas, especialmente las que tienen colores más intrépidos. Los acabados son también muchos: traslúcidas, mate, nacaradas, con *glitter*, *glossy* o hay incluso de efectos de alto brillo que emulan el látex. La aplicación y efectos que quieras conseguir dependerá de tu gusto y pericia al aplicarlas. Te comparto un par de consejos que pueden resultarte útiles, como aplicar una sombra clara como base en todo el párpado y sobre ella aplicar el resto de los colores que quieras; antes de ponerte las sombras en los párpados, prueba hacerlo en el dorso de la mano, especialmente si estás mezclando diferentes texturas, porque hay algunas de ellas que no mezclan bien entre sí y corres el riesgo de emplastarlas. Por último: difumina, difumina, difumina. Que tus sombras parezcan un halo, una nube. Nunca una mancha.

Delineador: es el toque para definir una mirada perfecta. Existen también en diversos formatos: en lápiz —el más común—, líquido —el más sexy—, compactos o en gel. Según sea el efecto que busques, seguramente te convendrá elegir uno u otro. Para looks más sencillos y del diario, el de lápiz es perfecto. Para ese delineado dramático y felino que sale del ojo a lo Cleopatra o Gatúbela, el líquido es ideal; y si quieres un delineado más difuminado que haga las veces de sombra, el compacto que se aplica con pincel es el más adecuado. El delineador también tiene sus trucos: si se aplica por dentro del ojo —en el nacimiento de las pestañas dentro del párpado— hace el efecto de achicar el ojo. Si se aplica por fuera —por debajo del nacimiento de las pestañas— da el efecto de agrandar el ojo.

Máscara de pestañas: el último paso que, en ocasiones, para algunas mujeres es el único. Aplicar máscara de pestañas solamente y un poco de *lipstick* es la forma ideal de lucir bien de forma exprés. La máscara de pestañas es como el accesorio perfecto para la mirada; las hay para engrosar las pestañas, para alargarlas y hasta para colorearlas, si quieres un efecto más *funkie*.

Pestañas postizas: fueron una locura en los años sesenta y desde los dos mil han vuelto con fuerza. Las formas son infinitas: desde las que parecen naturales —ideales para personas que tienen pestañas escasas— hasta para dar un efecto tan dramático y extravagante como desees. Las hay incluso con plumas o cristales, así que tú decides hasta dónde quieres llegar con ellas, si ser clásica... o vestirlas de alta costura.

5. Uñas

Estamos viviendo en el momento más divertido en la historia de las manicures. Hoy las opciones para colorear y vestir las uñas son infinitas. Hasta el diseñador Marc Jacobs se dejó atrapar por esta moda y se ha aventurado a llevar uñas larguísimas acrílicas ornamentadas con cristales. Cortas, largas, con *stickers*, pedrería, con efectos metálicos o de espejo, hoy vestir las uñas es tan divertido como comprarte ropa. Sólo que al igual que con el *fast fashion*, hay que tener cuidado con los manicures baratos. La calidad puede ser pobre y seguramente las uñas se verán despostilladas o defectuosas en un par de días. Además, hay que vigilar muy bien la higiene del lugar donde lo hagas para evitar contagios de enfermedades cutáneas en manos y uñas.

6. Tips

Para un look de día, trata de balancear tu maquillaje eligiendo un punto focal: si te maquillas de forma importante los ojos, entonces haz que la boca tenga menos protagonismo dándole un tono más discreto. Y, por el contrario, si eliges una boca súper fogosa, sé discreta con el maquillaje de los ojos.

Sea lo que sea que decidas hacerte en el rostro, hazlo con calma. No te maquilles corriendo o en el coche —a menos que tengas una pericia especial— porque un maquillaje mal hecho luce terrible. Siempre será mejor una cara lavada que un desastre de color y plastas en la cara.

El truco número uno para un maquillaje impecable —lo dicen los maquillistas y las *drag queens*, que de ello saben bastante— es mezclar y difuminar. Evita las líneas y manchones de producto. Tienes que trabajarlo en tu piel hasta que parezca que has producido el color naturalmente.

Para lucir impecable siempre, retoca el maquillaje un par de veces al día. Si tiendes a brillar, utiliza los *blotting papers*, que son ideales para absorber el exceso de grasa, sudor e impurezas del rostro sin dañar tu maquillaje. Y atención, no confundas el brillo de un cutis graso con un efecto "húmedo" o "glowing", porque son cosas diferentes. El segundo te lo da un producto de maquillaje, el primero es un efecto de la piel que da una apariencia poco pulcra al rostro.

Si te muerdes las uñas... no lo hagas. Y si no puedes evitarlo, una manicure de color semipermanente en gel te ayudará mucho a evitarlo. Puedes hacerlo con color o si lo prefieres, hay acabados naturales y mates que son casi imperceptibles. Tú eliges.

7. Y ahora... haz lo que te dé la gana

Es mi deber decirte cómo se hacen las cosas de manera tradicional; ahora es momento en que tú hagas lo que mejor te parezca. Como dijera mi querida Lucy Lara —autora de varios libros sobre estilo y empoderamiento femenino—: "Conoce las reglas para romperlas". Una vez me dijo John Galliano cuando trabajaba para Dior: "Para poder hacer un vestido asimétrico y que parezca destruido, primero tienes que saber hacer un vestido perfectamente sastreado", y tenía razón. Ahora que sabes un poco más de cómo se hacen las cosas en el maquillaje, decide como quieres maquillarte. Si quieres hacerte las mejillas redonditas como muñequita, ponerte unas pestañas postizas imposibles, aplicar manchones de color en los ojos o en todo el rostro, pegarte pedrería en la cara, los párpados o los labios, adelante. Si es parte de tu forma de expresarte, de sentirte tú misma, no lo dudes ni un momento. Piensa que muchas mujeres rompieron reglas maquillándose a su manera: Lady Gaga y sus locuras en el rostro, Beyoncé con sus brillos y nacarados, Liza Minnelli con sus ojos y pestañas enormes, Verónica Castro con su delineador oscuro en los labios, María Félix con esas cejas en ángulo que le daban tanto poder. Es tu decisión, ensaya, juega, ponte y ve qué sucede. Y si el resultado no es el que esperabas... ¡qué importa! Es sólo maquillaje y se retira de inmediato. Experimenta, juega... porque de aquí nacerán nuevas formas de expresar tu estilo, ya lo verás.

La sazón de todo atuendo: joyería y accesorios

capítulo 5

Toda mi vida he tenido claro lo poderosos que pueden ser los accesorios para la imagen. El atuendo más sencillo o el uniforme más austero pueden lucir espectaculares con la elección correcta de los complementos que lo acompañan. Siempre que he trabajado como asesor de imagen para personas que no son celebridades o artistas, el tema del presupuesto siempre es importante. He conocido mucha gente que tiene una necesidad real de un cambio de imagen, ya sea por exigencias laborales o por un simple deseo de sentirse mejor con ella misma, pero en muchos casos, la cantidad de dinero que tiene para invertir en el cambio de imagen es limitado; pero esto, lejos de ser un impedimento, para mí es un reto. Me encanta trabajar con toda clase de bolsillos. Para quienes gastar no es un problema, la cosa puede ser más fácil, porque accedemos sin mayor dificultad a las cosas que acordamos para el cambio: ropa, accesorios, costo de salón de belleza para tinte, corte y demás. Sin embargo, cuando hay menos dinero, se estimula un músculo que me fascina usar: el de la creatividad. Uno de los consejos que siempre doy a mis clientes con menos recursos es que jamás se debe escatimar en los accesorios: los zapatos primero y luego en las bolsas de mano. Hay muchas otras cosas que pueden usarse de marcas más económicas o *fast fashion* (especialmente prendas femeninas, muchas de las cuales no dependen necesariamente de una buena sastrería para lucir bien); sin embargo, en los zapatos y bolsas es donde de inmediato se distingue un producto de mala calidad. Si la imagen es algo que te preocupa —doy por sentado que sí o no estarías leyendo este libro— esto es algo que debes tener en cuenta.

Y no digo que forzosamente tengas que comprar Louis Vuitton o Christian Louboutin, pero sí hay que tener muy en cuenta la calidad de los accesorios en los que decidas invertir. En los años noventa, celebridades como Gwyneth Paltrow pusieron de moda el uso de prendas en extremo sencillas y económicas. En una *red carpet*, ella iba vestida de Gap (porque Zara o H&M no existían entonces), luciendo sobria e impactante. ¿El secreto?: la mujer llevaba los últimos zapatos de Prada, aquellas *mary janes* de punta cuadrada que parecían pico de pato, que se hicieron icónicas y definieron en gran medida la silueta del calzado de aquella década. Otro ejemplo es Sharon Stone, quien por un imprevisto con su vestido de Vera Wang para la ceremonia de los Oscar en 1996 —el mensajero que se lo llevaba literalmente lo atropelló con su camión, dejando el rastro de los neumáticos sobre la tela— tuvo que echar mano —al igual que Gwyneth— de una camiseta de ¿adivinen quién?: de Gap con una falda de Valentino que tenía en su clóset... y la mujer hizo historia. Claro que como accesorio llevaba unos aretes de diamantes, ideales para la ocasión, hecho que, una vez más, apoya mi teoría sobre la importancia de los accesorios.

Y, por el contrario, una prenda espectacular con los zapatos incorrectos puede dar al traste todo el atuendo. ¿Cuántos hombres no vemos en la calle con trajes bien puestos, camisas impecables y zapatos horrorosos? Decenas. Y lo peor de todo es que al ver los zapatos, se te olvida el resto y automáticamente descalificas a la persona. Aunque debe importarte poco lo que digan de ti en la calle, sí debes tener en consideración lo que puedan opinar sobre ti las personas en un ámbito personal y laboral; recuerda que no hay una segunda oportunidad para una primera impresión. Y con las mujeres pasa igual: zapatos con los tacones torcidos por ser de mala calidad, deformes, sandalias con mala hechura que hacen que se te salgan los dedos de la horma... esto arruina cualquier atuendo. Y repito, no tienen que ser marcas muy costosas, simplemente tienes que fijarte bien en la calidad del zapato, la piel, la hechura y que los estilos estén más o menos en tendencia. Tampoco tienes que comprar los que están a la última moda, pero por lo menos sí deben tener un estilo medianamente moderno. Fíjate en esas imágenes cándidas de celebridades en su vida diaria, que van de pants, jeans o súper informales, pero gracias a su bolsa y zapatos se ven como lo que son: estrellas. Tú puedes serlo también, o por lo menos verte como ellas. Y los accesorios son el camino más directo a ello.

JOYERÍA

Legendaria, la joyería es quizá de los accesorios que más fascinan y seducen al ser humano. ¿Te has detenido alguna vez a pensar por qué? Es simple, por todo lo que una joya puede representar: su significado, el valor implícito y explícito de la misma, es decir, por la carga emocional que le damos, además de su costo material. Piensa que con un anillo se sella la unión en matrimonio de dos personas; que con una medalla se muestra y reafirma la fe religiosa de una persona; con medallas también se reconoce la valía de los militares; con una placa en un collar se resguarda la identidad de un soldado; en un brazalete puedes llevar tus datos vitales en caso de emergencia... Con la joyería también se reconoce la importancia de algunas autoridades del mundo: la corona en los reyes o los anillos en el papa y los obispos.

La joyería es también símbolo de celebración o de logros: así como está el anillo de compromiso, la novia regala al novio un buen reloj para corresponder, por su lado, a la petición de matrimonio. Ahora se usan menos, pero los anillos de graduación eran una cosa muy importante hasta hace algunos años. Con el escudo de la escuela o facultad al frente, llevaban grabados la carrera y año de finalización; esta pieza era muy valorada por la gente. Incluso las novias solían llevar el anillo del novio como un compromiso previo, es decir, antes de recibir su anillo de pedida. Hoy se usa más que a los chicos les den un reloj y a las chicas un collar o aretes de joyería fina cuando acaban la preparatoria o su educación profesional. También están las joyas que nos regalamos a nosotros mismos para festejar una ocasión importante muy personal: el inicio de un nuevo trabajo, un ascenso, el nacimiento de un hijo... Yo, por ejemplo, me compro una pieza de joyería por cada libro que he publicado; así, cada vez que las veo o las siento me acuerdo de mis logros y siento confort en tiempos complicados. Es por esto por lo que las joyas son tan importantes, especialmente las finas, es decir, las de metales y piedras preciosas, porque por su propia naturaleza —dureza y resistencia— están pensadas para afrontar el paso del tiempo e incluso pasar de una generación a otra. Además, el hecho de que duren tanto las hace ser representantes físicos de emociones, de momentos. Gracias a una joya podemos hacer que un momento importante dure para siempre. Por ejemplo, Coco Chanel decía que le fascinaban los diamantes porque era una forma de tener algo enormemente valioso en un objeto tan pequeño.

Luego está la joyería de fantasía o bisutería, que casi siempre está inscrita en las tendencias contemporáneas de moda y que pueden dividirse en dos: las piezas clásicas, que casi siempre tratan de imitar la joyería fina, o las llamadas *statement pieces*, que se trata de piezas de mayor tamaño y que usualmente se usan para dar un cambio más definitivo a un look. A pesar de que las joyas pueden ir bastante de la mano con las tendencias de cada temporada, su cambio y evolución tienen un ritmo diferente, más lento o pausado. En efecto, pueden existir piezas muy del momento, como cuando se pusieron de moda las pulseras tejidas de Dior, las coronitas de pedrería de Dolce & Gabbana o los *bag charms* de ositos de Prada o Burberry. Sin embargo, la mayoría de las tendencias de joyería se quedan en el mercado incluso por años, de acuerdo con la aceptación del consumidor. Por ejemplo, hay piezas de joyería bastante novedosas —que datan de menos de veinte años a la fecha— y que hoy ya se han quedado como clásicas, como es el caso de los anillos para varios dedos, los *hand cuffs* (pulseras para el dorso de la mano) o los *ear cuffs*, que son aretes de diferentes formas para poner en distintas áreas de las orejas.

La joyería, como parte manifiesta de la moda y la cultura, puede agruparse en estilos. Como sabes, su existencia es tan antigua como la del hombre mismo: además de la necesidad de ornamentarse, también tenía que mandar un mensaje al mundo.

Te voy a hablar de los grupos de estilo más representativos de la joyería y de cómo casan con determinados estilos.

Folk: es aquella joyería originaria de un país o de una zona determinada del mismo. Puede ser parte de los trajes típicos o de la cultura e historia de una región específica. Por citar algunos ejemplos, están las joyas de filigrana o de oro de Monte Albán de Oaxaca, las piezas de plata de Taxco en México, los broches tiroleses en Austria (Chanel se inspiró en ellos en alguna colección), los broches penca de Balangandan de Brasil, que son como un manojo de amuletos (Dolce & Gabbana creó unos muy semejantes) o los dragones y símbolos en oro amarillo de China. Mucha gente utiliza estas piezas por convicción y cultura, pero hay muchos otros que las usan por su estilo y porque estas piezas son espectaculares. Como te dije atrás, muchas casas de moda se han inspirado en estas piezas para crear joyas más contemporáneas, como ha sido el caso de Chanel en su momento y ahora Dior, que al hacerlo rinden homenaje a diversos países y culturas recreando, entre otras cosas, su joyería típica.

Este tipo de piezas pueden usarse lo mismo como un elemento de poder en un look sencillo que como parte de estilos más informales, independientemente, claro está, de que las personas las lleven por razones culturales, que es cuando más bellas lucen, cabe decir.

Étnica: son piezas cuyo origen es más autóctono. Por lo general se relaciona con las joyas creadas por los grupos nativos de un lugar determinado y tienen en ocasiones un significado de distinción tribal. En estos casos están las joyas de cuentas africanas, los collares florales de la Polinesia, las joyas hechas con semillas y granos en Latinoamérica y algunas partes de Asia. Están también las joyas de costa hechas con conchas y caracoles que venden los oriundos de algunas playas de todo el mundo.

Se trata del tipo de joyas que se llevan en una actitud más casual, en verano o en época de vacaciones. Sin embargo, muchas personas de look *hippie chic* puede usarlas en su vida cotidiana. Cabe decir que estas piezas, bien escogidas y combinadas, pueden verse ideales en ciertos looks más creativos: por ejemplo, Iris Apfel solía mezclar mucha joyería étnica con piezas más contemporáneas en sus atuendos. Todo es cuestión de experimentar.

Mod: es joyería inspirada en los años sesenta y que, de alguna manera, en mayor o menor medida, sigue presente en la joyería moderna. Todos esos brazaletes de acrílico rígido que están en las colecciones de Chanel de vez en cuando, en Dior o en Armani son pura herencia de este estilo de joyería. Se trata generalmente de piezas en colores lisos con grabados o logos y de formas geométricas. Hay brazaletes de diferentes tamaños para llevarse uno o muchos en cada muñeca, collares de cuentas, *chokers*, anillos o aretes que lo mismo son de botón que colgantes de gran tamaño. Aunque casi siempre se usa plástico, se pueden hacer en aluminio o malla metálica. El rey de este estilo fue y sigue siendo Paco Rabanne, que hasta la fecha ha revisitado muchas de sus creaciones icónicas de los años sesenta. Otro que puede tener inspiración en este estilo es Giorgio Armani.

Estas piezas son muy útiles en el momento de accesorizarte porque funcionan de manera muy fácil. Un collar, un par de brazaletes o unos aretes de buen tamaño dan vida a cualquier atuendo. Son una extraordinaria compañía para un look ejecutivo o uno de fiesta, dependiendo del tamaño y la cantidad de piezas que decidas ponerte.

Clásica: es el tipo de joyería que adorna con discreción y siempre es elegante. Se trata de piezas que, a pesar de aparecer una y otra vez en los desfiles o estar siempre en las joyerías, nunca pasan de moda. Son los collares de perlas; los aretes de gancho o de poste, de tamaños que van de pequeño a mediano, con piedras naturales o cristales; las pulseras finas de cadena; *pendentifs* con cadenas sencillas, o bien cadenas largas de grosor medio que se usan como collares, o los anillos tipo sortija con diseños más bien sencillos y orgánicos. Los mejores ejemplos son la joyería de Tiffany o Cartier en el segmento de la alta joyería, o Swarovski —en sus piezas pequeñas— en el rango de joyas más accesibles.

Éste es el tipo de piezas que encajan con cualquier persona y que son ideales para quienes no gustan llamar demasiado la atención, pero desean verse bien en cualquier situación. La joyería clásica tiene una ventaja: puede mezclarse con otros estilos y nunca se verá fuera de lugar. Incluso si quieres apilar y combinar muchas piezas de joyería clásica, puedes darle un giro a tu imagen hacia algo más atrevido.

Romántica: es aquella que exuda femineidad, que está plagada de iconografía natural: flores, plantas, animales en actitud inocente o insectos como mariposas, abejas o catarinas. La joyería de estilo victoriano es muy romántica. Puede ser más elaborada y barroca o más sencilla. Hay diseñadores como Alessandro Michele —antes para Gucci y ahora para Valentino— que adoran poner toques románticos en sus atuendos con la joyería. Valentino Garavani, Karl Lagerfeld para Chanel, Anna Sui, Betsey Johnson lo han hecho también. Aunque es un tipo de joyería que siempre está presente en el mundo de la moda, generalmente se relaciona con gente muy joven... o muy mayor. Es el tipo de piezas que le quedan bien a las adolescentes o a las abuelitas. Sin embargo, en gente de edad mediana, si no están bien elegidas, pueden verse cursis.

Es la joyería ideal para las chicas que gustan de vestirse con apariencia aniñada o inocente. Las "Lolitas" o las amantes del manga y los cómics muchas veces echan mano de estas piezas. Sin embargo, un broche de estilo romántico en una chaqueta lo mismo en un chico que en una chica puede verse muy *cool*.

Religiosa: como su nombre lo dice, son las piezas que tienen iconografía relacionada con cualquier religión. Muchas firmas las han puesto de moda como elementos de estilo, y la más usada es la que tiene imágenes católicas. Por ejemplo, Dolce & Gabbana se han hecho famosos por sus piezas con sagrados corazones o vírgenes. La diseñadora mexicana Ofelia Murrieta también ha tomado inspiración en los milagros y otros íconos religiosos para crear sus piezas de arte-objeto, lo mismo que Oscar de la Renta. La diseñadora gráfica Amparín Serrano hizo joyería de inspiración religiosa pero con un giro *cool*-infantil. Chanel ha sentido fascinación por las cruces bizantinas. Pero también la cultura popular ha hecho de los símbolos religiosos amuletos de la buena suerte y los pone en escapularios o pulseras que, más que para honrar la religión, son más bien como un guiño de moda.

¿A qué estilo le van? Esto es completamente personal. Si usas una joya religiosa por fe es parte de tu personalidad. Si la usas como elemento de estilo, entonces puede verse bien lo mismo con un look más casual, que como una pieza única en una chaqueta o un vestido básico. Es tu decisión.

Extravagante: son piezas grandes, exageradas, únicas. Se trata, en toda regla, de *statement pieces*, o piezas de impacto. Pueden ser brazaletes enormes como los de Loewe, flores de seda en sobredimensionadas como las de Gucci, aretes grandilocuentes como los de Moschino. ¿Recuerdan los prendedores de flores de plástico gigantes que Prada sacó hace unos años? Pues justo eso. Son piezas fuera de lo común, diferentes. Y no necesitan ser de gran tamaño, porque Balenciaga tiene muchos aretes de este estilo más pequeños. Simplemente se trata de cosas poco vistas, únicas, que siempre serán motivo de admiración, para bien o para mal.

Se usan como a ti se te antoje: al ser piezas tan especiales tú decides cómo las llevas. Sin embargo, es importante decirte que para que cumplan su objetivo de impactar, no lleves demasiadas en un solo look. Yo personalmente, aconsejaría sólo una.

Gótica: podríamos decir que es lo opuesto al estilo romántico y al religioso. Aunque no se trate de piezas "diabólicas" sí son un homenaje a lo oscuro, a los vampiros, esqueletos y calaveras. ¿Te recuerda a alguien? Claro, a Alexander McQueen, quien hizo de ésta su estética. Son piezas donde abundan animales e insectos no tan dulces como los románticos: cuervos, murciélagos, arañas, gatos o felinos en actitud amenazante, ratones, ratas y, por supuesto, calaveras, huesos, cuernos y todo lo relativo a lo oscuro.

La usan las personas con espíritus rebeldes y poco convencionales. Estéticamente me parece que este estilo, en exceso, puede irse hacia el disfraz. Sin embargo, una calavera o una araña bien puesta en un accesorio puede decir que eres una persona poderosa y que hay que andarse con cuidado contigo.

Ghetto: es el tipo de joyería más de moda últimamente, porque la han hecho suya además de los hiphoperos, los reguetoneros y los jóvenes en general. Se trata de piezas llamativas, principalmente cadenas gruesas de estilo cubano en oro amarillo y, si se puede, cubiertas de cristales o diamantes, si eres Bad Bunny. Son joyas con símbolos controvertidos como la marihuana, el signo de dólares, siluetas de mujeres desnudas o incluso imágenes religiosas, como cruces, vírgenes o hasta Cristo. Es quizás el estilo de joyería más inventiva, porque han llegado a crear fundas para dientes en oro y diamantes, uñas-joya o hasta gorras-joya. Cualquier área ornamentable del cuerpo es tierra virgen para explorar. ¿Un diseñador a tomar en cuenta en este estilo? Ambush, Off-White o Alan Crocetti, quien incluso creó una curita de plata que se pega sobre la nariz para cubrirla —con mucho estilo— como si te hubieran dado un golpe.

La usan los jóvenes en toques o en todo el cuerpo, si es su rollo. Pero también es un tipo de joyería que, si se lleva de forma única y como pieza central de un atuendo, puede verse muy *cool*.

Punk: de cadenas de bicicleta o industriales, alfileres por doquier, brazaletes y *chokers* de cuero con estoperoles, botones metálicos, clavos, pinchos o collares de perro, estas piezas evolucionaron hacia joyas sublimes como las que ha creado Valentino o Hermès, donde los estoperoles incluso están ornamentados con pedrería. El punk es una de las tendencias más ricas e influyentes de los diseñadores del mundo: Gianni Versace y sus alfileres con medusas, McQueen, Galliano, Balenciaga y hasta Chanel y Dior lo hicieron en algún momento. Ambush, la firma contemporánea de moda, ha hecho de sus collares y aretes de alfileres de seguridad un *must* atemporal.

Este estilo de joyería se usa para dar un punto rebelde y "malo" a tu imagen, aunque la verdad es que los zapatos y bolsas con estoperoles más que agresivas, se ven ultra chic. Un traje sastre con un "collar de perro" de Hermès... es una delicia. Qué bueno que el punk no haya muerto.

Arquitectónica: este tipo de joyería más moderna y contemporánea tiene un sustento más intelectual. Se trata de piezas más orgánicas, abstractas y esculturales que buscan ser arte en sí mismas. Son joyas casi esculpidas, lo mismo en materiales sintéticos que en madera o metal como la plata y el oro. Muchas de ellas se venden en las tiendas de los museos o en boutiques conceptuales y más alternativas. Un ejemplo muy claro de este tipo de joyería es la que crearon Frank Gehry o Elsa Peretti para Tiffany. También están algunas de las piezas de Jacquemus, como sus brazaletes de esferas y cuadros o las nuevas joyas de Mugler, creadas por Casey Cadwallader.

Las mujeres y hombres que buscan ser elegantes y clásicos han encontrado en este tipo de joyería la forma ideal para serlo. Son piezas que ensalzan un atuendo, pero sin gritar. Se trata de lujo sutil, de diseño que llama la atención, pero sin escandalizar.

Humorística: porque la moda no siempre tiene que tomarse en serio, hay creadores que han sentido la necesidad de dar vida a accesorios divertidos. Quizá de los más renombrados ha sido Franco Moschino, en la marca que lleva su nombre. Los diseñadores que han seguido diseñando para su marca han respetado esa filosofía de su fundador: fusionar creatividad y humor. Por ello, han creado broches emulando alarmas antirrobo, frutas, comida, cubiertos, payasos y cualquier elemento fuera de lo común en joyería. Quien siguió por ese camino fue Alessandro Michele, quien también ha creado joyería con frases e imágenes inusuales y divertidas. John Galliano para Maison Martin Margiela ha ideado latas, verduras y hasta ha emulado merengue para pasteles en sus joyas. En algunas temporadas, lo hizo también Lagerfeld para Chanel o Anthony Vaccarello para Saint Laurent. Sin embargo, en este terreno los japoneses y coreanos llevan la delantera, porque muchas de sus creaciones se inspiran en el manga o en personajes fantasiosos, dando vida a joyas con un aire inocente y hasta naíf.

Contra lo que pueda pensarse, no sólo los jóvenes consumen este tipo de accesorios: también hombres y mujeres en busca de originalidad y para alejarse lo máximo posible de parecer "aburridos" eligen este tipo de joyas. Además, se trata de piezas que nunca pasan desapercibidas. Yo debo admitir que más de la mitad de mis joyas son de este estilo, porque me parece que le dan mucha vida a cualquier atuendo... y muestran que soy una persona que no se toma demasiado en serio. ¿Tú eres también así? A ti ¿qué te gusta? Mándame una foto a **antonio.gcosio@gmail.com**.

Histórica/retro: se trata básicamente de tipos de joyería de otra época, y puede haber decenas de estilos diferentes. Como dije atrás, la joyería existe desde los inicios de la humanidad y, al nacer como símbolo de poder además de ornamentación, han sido las clases reinantes y poderosas del mundo quienes han dado un gran impulso al desarrollo de la joyería, desde los imperios en Asia hasta las coronas europeas, sin dejar de lado las monarquías árabes, con sus maharajás siempre cubiertos de piedras preciosas. Y no es que este tipo de joyas se siga usando, pero muchas joyas contemporáneas se inspiran en ellas. Las joyas que hemos "reciclado" básicamente datan de los siglos XIX y XX y muchas de ellas tienen inspiración en otras piezas del pasado. Por ejemplo, está el estilo *art nouveau* o modernista que buscaba formas más apegadas a la naturaleza: flores, plantas, libélulas o seres fantásticos como hadas o ninfas. ¡Los camafeos! En México estaban las joyas hechas con monedas de oro, que el diseñador Daniel Espinosa volvió a popularizar hace unos cuantos años. Luego, más hacia los años veinte llegó el estilo *art déco* que buscaba líneas más puras, más angulosas y geométricas (¿recuerdan las que hizo Tiffany para la película *El gran Gatsby*?) y puso de moda sus famosos collares de perlas largos. Luego vino la joyería de entreguerras, que ante la escasez de metales comenzó a ser de plástico y se permitió jugar con piezas de mayor tamaño o aleaciones baratas de metal. Sin embargo, el cambio más dramático de la joyería se dio en los años sesenta, cuando se llenó de aires futuristas, volviéndose estrambótica y divertida. El siguiente cambio importante fue en los años ochenta, cuando se reciclaron estilos de los años cuarenta, volviéndose grandilocuentes: los aretes, broches y brazaletes gigantes...

Están también las joyas de estilo militar, con escudos y medallas, las de inspiración real, con sus tiaras y coronas, o las estilo Old Hollywood, cuajadas de perlas y pedrerías que buscan recuperar el glamour de la gran pantalla.

¿Como se llevan? Lo curioso de estos estilos tan específicos es que pueden casar con cualquier atuendo, aunque te suene increíble. Es verdad que si buscas una imagen muy retro —digamos que quieres un look muy Marilyn o Madonna en los ochenta— los accesorios van a darte el toque definitivo. Sin embargo, si buscas darle originalidad a un atuendo bastante impersonal, puedes hacerlo con estas piezas de joyería retro y el resultado será único. Imagínate ponerte una camiseta y unos jeans con varios collares largos de perlas estilo años veinte o un vestido de algodón muy sencillo con un par de aretes gigantes de los años ochenta. Seguro que tendrás un look que arrebatará todo a su paso. Y como chico, lo mismo: pisacorbatas, mancuernillas, colgantes o broches en atuendos más modernos y sencillos, se verán de diez.

Joyería para el cuerpo: éste es un regalo de los últimos tiempos, aunque habrá quien diga que está inspirada en las armaduras medievales y todo eso. No obstante, hoy por hoy es bastante original la joyería corporal. Se trata de piezas de cristal y cadenas que se pueden poner sobre el pecho —como un bra, pero sin copa—, collares que rodean el cuello y pueden bajar a la cintura como chalecos, arneses, cinturones en capas, tangas para llevar sobre la ropa, aretes que se unen a collares, anillos que bajan por el dorso de la mano hasta una pulsera, faldas todas de malla metálica, gorras y redes... y seguro hay alguna que se me escapa o que alguien esté inventando en este preciso momento. Yo compré —y nunca usé— una especie de estructura metálica que se ponía como unas gafas, pero que sólo era una línea de alambre que pasaba por debajo de los ojos. Éste es el campo de recreo de los nuevos diseñadores de joyería y se agradece. Aunque hay cosas que seguramente no tendrán mucho camino, otras se convertirán en clásicas. Swarovski, Balenciaga y muchos diseñadores alternativos están siguiendo este camino, lo mismo que algunas compañías de joyería popular como Bijou Brigitte, Accessorize o los mismos departamentos de accesorios de las firmas de *fast fashion*.

La usan las personas que están hartas de lo convencional, de lo común y que buscan originalidad y novedad. Estas piezas combinan mejor con looks vanguardistas, aunque, como dije antes, como un toque en atuendos minimalistas pueden funcionar muy bien.

BOLSAS

¡Oh, Dios, cómo nos gustan! ¿Verdad que sí? Ya desde pequeñas, las niñas mueren por ellas para guardar sus más preciados tesoros. Y algunos niños también, yo entre ellos. Debo confesarles mi infinito amor por las bolsas de mano. Con apenas cinco o seis años, una de mis fascinaciones era ver cómo mi tía Nena se preparaba para ir a trabajar. La parte que más me gustaba era cuando escogía la bolsa que usaría ese día, acorde, por supuesto, con su atuendo. Yo era el encargado de pasar las cosas de una bolsa a otra y me parecía alucinante todo lo que llevaba: cartera, monedero, estuche de identificaciones, un perfumero de bolso de porcelana estilo victoriano —relleno de Diorissimo, su perfume—, un rosario de plata en una cajita en forma de concha, una mascada de Hermès —porque decía que le daba frío en el cuello al salir de casa—, una polvera con espejo, un *lipstick* de Max Factor y un tubo de Certs, unas pastillitas de menta que no sé si aún existan. ¡Qué maravilla! Yo quería tener una bolsa también para llevar mis cosas a la escuela. "Ya tienes tu mochila", me decía mi madre, pero, claro, no era lo mismo. Siendo ya un poco mayor, tuve la oportunidad de tener mi primera bolsa: las famosas "mariconeras" de los años setenta que los hombres usaban para llevar sus artículos personales. Bueno, el nombre es más que obvio y no creo que necesite mucha explicación, pero las usaban los gays, los muy pocos hombres heterosexuales modernos que no tenían problemas con las etiquetas... y yo, un mocoso de diez años. Desde entonces, siempre fui un fanático de buscar mochilas, maletas y bolsas, lo mismo en los armarios de mi abuela y tías que en los mercados de pulgas, tianguis o tiendas. Cualquier lugar era válido. Sin falsas modestias, me considero un pionero en el tema de usar bolsas de mano, y usé bolsas de mujer —de las más discretas al principio— cuando a nadie se le hubiera ocurrido hacerlo. Mis contemporáneos están ahí para corroborarlo. A mi amigo Fernando Toledo le tocó celebrar, reírse, admirarse y alguna vez avergonzarse de mis bolsas. Hoy día con todo el tema de la inclusión y de la incipiente apertura de mente de algunas sociedades —por fortuna, la nuestra es de ellas— ya no hay reglas o límites y lo mismo hombres que mujeres pueden usar lo que les dé la gana, siempre y cuando les guste y les acomode, y las bolsas de mano se han colado, como mancha de aceite en agua, del género femenino al masculino... y lo celebro. A la fecha tengo una colección importante de bolsas y sabe Dios cuánto las quiero y valoro, porque han sido grandes cómplices, amigas y un elemento fundamental para expresarme.

Por eso imagino que las bolsas de mano son también importantes para ti. Son el complemento ideal de cualquier atuendo, además de ser receptáculo y portadoras de nuestras cosas más preciadas de la vida cotidiana. Creo que una de las imágenes más extrañas que he visto en mi vida es la de una mujer sin bolsa. Hombres todavía los hay, pero pronto ya también será raro verlos sin ella. Por eso, la elección de una bolsa es muy importante: además de influir el gusto tiene que hacerlo la razón. Una vez más, para elegir un bolso de forma inteligente tienen que intervenir las tres C: cabeza, corazón y cartera, es decir, la bolsa debe ser útil, tiene que gustarte e, idealmente, tienes que poder pagarla; aunque en este aspecto, seguramente muchos de ustedes son capaces de endeudarse por una bolsa y no los culpo, yo lo he hecho. Por eso, te doy consejos para que tu elección sea impecable y para que, además de tener una bolsa linda, sea también una buena inversión y te dure por mucho tiempo.

1. ¿IT bag? No lo creo...

En verdad que son tentadoras, porque las ves por doquier cada temporada, pero te sugiero que no escuches este canto de sirenas, porque a veces las IT bag son realmente malas elecciones. Por ejemplo, ¿recuerdan Le Chiquito Mini de Jacquemus? Era divertida, todas los *influencers* la tuvieron, pero es una bolsa en la que cabía una aspirina y dos monedas. Ahora estará acumulando polvo en todos los clósets. Está también la paloma de Jonathan Anderson que, aunque la haya usado Sarah Jessica Parker en *And Just Like That*, es un bolso divertido, pero apenas le caben unas llaves y un chicle. A menos que el bolso de moda de temporada tenga posibilidades mínimas de uso y te quepan los artículos más imprescindibles para usarla en más ocasiones, te aconsejo que no te dejes llevar por la moda... a menos que seas un *fashion victim*.

2. Bolsas de última moda

¿En qué se diferencian de la IT bag? En que la gama es un poco más amplia. Digamos que son como todas las segundas IT bags de la temporada; son variaciones de las que aparecen en los desfiles, con colores nuevos o texturas diferentes de aquellas que estuvieron muy de moda en otras temporadas, con nuevos tamaños o versiones de una IT. En este caso el consejo sería el mismo: si crees que es un accesorio al que podrás darle más uso en el futuro, entonces vale la pena que te dejes llevar por la tendencia. Pero si crees que es algo pasajero, mi consejo es que no inviertas mucho dinero en ella y vayas por una versión de *fast fashion*, que cumplirá con la finalidad de tenerte a la moda en el momento y, si se vuelve obsoleta, te importará menos que si fuera una bolsa de marca.

3. Bolsas de diseñador

Con los precios tan elevados que han alcanzado las bolsas de firma, es importante que planees bien tu compra antes de dar el paso, más aún si es la primera vez que adquieres una. Toma en cuenta varias cosas: si es una bolsa para trabajo, para ocasiones especiales, para noche o *clubbing*. Apuesta por un color versátil que combine con la mayoría de tu ropa. Considera el negro, camel o una roja, porque, aunque no lo creas, combina casi con todo. Luego, comprueba que la bolsa sea útil, es decir, que quepa todo lo que necesitas llevar según sea la ocasión. Luego, comprueba que sea cómoda, fácil de llevar. Esto, aunque parezca una tontería, es fundamental. Tengo amigas que no usan algunas de sus bolsas caras porque la cadena les lastima el hombro, se resbala constantemente o porque una vez llenas con sus cosas, les pesan mucho.

4. ¿Falsas? Sólo las pestañas

No voy a entrar a temas políticos o sociales referentes a la industria del *counter faking* porque nos llevaría un libro entero. Simplemente voy a decirles que las bolsas falsas no son lo que se merece una persona *cool*. Alguien con personalidad, segura de sí misma y que tiene amor propio sabe que se merece algo original y único, ya sea de Chanel o de una tienda de artesanías en un pueblito. Es cien veces mejor una bolsa original de Zara o de una marca nacional que una Louis Vuitton falsa. Las bolsas de copia se notan, se ven baratas y demeritan la imagen de quien las lleva. Además, lejos de causar el efecto de glamour que estás buscando, el resultado es exactamente el opuesto.

5. ¿Y los *dupes*?

Con toda seguridad ya habrás escuchado el término. *Dupe* es el apodo que se les da a los duplicados de una bolsa o cualquier producto de alta moda. Se trata de piezas inspiradas y muchas veces idénticas a las originales que están imitando, simplemente no incluyen logos o marcas, lo cual las hace ligeramente diferentes a las réplicas que buscan clonar y semejarse lo máximo posible al original. Últimamente se han puesto muy de moda porque los *influencers* y algunas celebridades las ostentan como grandes "hallazgos" que son idénticas a tal o cual bolsa, pero que cuestan un porcentaje mínimo del original. Como ejemplo, recordarán el revuelo que causó la Wirkin, la versión *dupe* de la Birkin de Hèrmes que se vendió en Walmart por mucho menos de cien dólares, cuando el valor de la original va de los diez mil dólares en adelante. En el caso de las *dupe* hay un vacío legal contra el que las grandes casas ya están tomado medidas, porque si bien no están haciendo una copia directa, los diseños sí tienen un *copyright* cuya violación ya representa una infracción legal. Ahora, ¿son *cool* o no? Depende. Pierre Cardin fue tan brillante en su momento porque él mismo promovió sus propios *dupes*, otorgando licencias a diestra y siniestra para reproducir sus creaciones. ¿Cuántas versiones de la chaqueta icónica de Chanel no encontramos en Zara, H&M, Mango y otras marcas no necesariamente de *fast fashion*? Cientos. Mi opinión es: se vale usar una prenda inspirada en otra, especialmente si el estilo te gusta mucho, pero no puedes pagar el original. ¿Cuántas bolsas capitonadas con cadenita vemos en las tiendas? Miles... tantas, que ya no podemos decir que sean copias de la Classique o de la 2.55 de Chanel: se han inspirado en ellas, y ya lo vemos como algo normal. La revista *W*, en un artículo reciente publicó que más de 31% de los adultos estadounidenses ha comprado *dupes* de forma intencionada y que 17% los adquiere a pesar de tener las posibilidades de comprar el original. ¿Y saben qué? Con los precios excesivos que están alcanzando las bolsas de ciertas marcas de lujo, no los culpo y respeto su forma de pensar. Sin embargo, insisto: copias descaradas con logos y todo, no por favor. Eso sí no.

Pero el fenómeno *dupe* no se queda sólo en las bolsas: ha llegado también a las fragancias. La gran mayoría de las fragancias de nicho están siendo duplicadas por marcas emergentes que las ofrecen en internet por una fracción de lo que cuestan en su versión original. Pues bien, esto no es nuevo. Cuando era adolescente, afuera de las estaciones del metro y en muchas perfumerías de barrio ya se ofrecían copias de perfumes famosos y, en ocasiones, en los tianguis y mercados callejeros se ofrecían "fragancias originales" que consistían en los frascos originales de perfume pero rellenados con cualquier otra cosa. ¿Qué pienso de esto? Creo que copiar y abaratar la idea de un creativo está definitivamente mal. Las narices, que son los creadores de las fragancias, trabajan por años para conseguir un aroma determinado. Hay inversión, tiempo y talento detrás de cada perfume, y que alguien llegue y se adueñe de todo esto para sacar partido, no me parece correcto. Y entiendo que algunos perfumes —especialmente los de nicho— tienen precios muy elevados y hay quien no puede permitírselos, pero hoy día las opciones de oler bien son infinitas y muy variadas. Se está dando un boom interesante de perfumeros locales en muchos países que ofrecen fragancias originales a precios accesibles; también las firmas de *fast fashion* crean fragancias que muchas veces son bastante interesantes. Y cierro esta reflexión diciéndoles una cosa: una copia siempre será una copia y jamás será igual al original. Los *dupes* de fragancias definitivamente no huelen a las originales: lo he podido comprobar por mí mismo.

6. Una bolsa para cada ocasión

El que una bolsa luzca bien con un atuendo depende en gran medida de que sea la correcta para la situación. Una bolsa de trabajo no luce bien en una reunión informal en un restaurante. Una bolsa mini —de esas que sólo sirven para teléfono, llaves y cartera— no tiene nada que hacer en un ambiente laboral. Una bolsa de día —aunque sea de tamaño pequeño— nunca se verá bien con un vestido de noche o *cocktail*. En el tema de las bolsas, cada oveja debe ir con su pareja.

7. Cuídalas como si fueran tus hijos

Es verdad que las bolsas son para usarse y que su uso continuo puede desgastarlas. Sin embargo, hay algunas que parece que fueron arrastradas por el suelo y luego terminaron en tus manos. Cuídalas, límpialas y consérvalas en buen estado, porque así durarán mucho más tiempo en buena condición… y más aún si son caras.

8. Bolsas de primera... de segunda mano

La industria de la reventa de artículos de moda está en su máximo apogeo. Hoy es posible hacerte de una muy buena bolsa a un precio excepcional. Puedes comprar desde bolsas clásicas hasta las de última moda que seguramente alguna *influencer* está vendiendo. En el mercado de segunda mano puede verse de todo. Mi único consejo es que adquieras alguna con inteligencia y cautela: fíjate que el sitio donde compres sea serio y tenga aval de que las piezas sean originales, porque justo en estos negocios es donde pueden colarte bolsas falsas y darte gato por liebre. Pide la mayor cantidad de información posible: fotos de los acabados, herrajes, etiquetas y número de serie de la bolsa, y si es posible, hasta la tarjeta de autenticidad y recibo de compra. Pregunta siempre por el estado en que está la bolsa, porque las puede haber en excelentes condiciones o en muy malas, y de eso dependerá el precio. Ya decidirás si quieres comprar una bolsa con ciertos defectos por un precio mínimo o si quieres algo en mejores condiciones, aunque tengas que pagar más.

9. ¿Entre algodones?

Hay muchas bolsas que por sus características requieren de un cuidado extremo. Por ejemplo, las de gamuza, las que tienen bordados o aplicaciones o que son extremadamente suaves y blandas, son piezas que, además de que tienen que cuidarse mientras las usas, debes tener el mismo esmero al almacenarlas, porque pueden sufrir y deformarse. También las bolsas con cadenas y herrajes lacados o de acabados mate tienen una vida grácil relativamente corta, porque este tipo de herrajes con el roce suelen desgastarse, y tarde o temprano mostrarán si no el cobre, sí el color del metal del que están hechas... y la bolsa perderá su encanto. Son bolsas especiales y hermosas sin duda, pero de muy alto nivel de mantenimiento. Si te haces de una ¡felicidades!, pero considera lo que implica mantenerlas.

10. Bolsa... de valores

Es cierto que una bolsa de ciertas marcas puede ser una inversión, primero por el tiempo que estará contigo —tanto que hasta puedes heredarla—, pero luego también por su precio de reventa: éste es un gran termómetro que te permitirá saber si tu bolsa es una buena inversión. Siempre echa un ojo a las páginas de venta de bolsas de segunda mano y ve cuáles incluso llegan a superar su precio original de venta, que son pocas. Si acaso sólo Hermès y Chanel llegan a costar más de lo que la gente pagó por ellas. El resto de las bolsas pueden alcanzar precios altos dependiendo de su material, colección y singularidad. Por ello, si quieres comprar una bolsa como un valor a futuro, piensa en estos aspectos que acabo de mencionar.

11. Originalidad, por favor

Si estás buscando una bolsa fuera de lo común, entonces es importante que te dirijas hacia marcas más indie y alternativas. A pesar de que grandes casas como Balenciaga o Maison Martin Margiela apuestan por la novedad y originalidad en sus bolsas, las verdaderas "raras avis" están entre los diseñadores jóvenes y de países emergentes en el tema de la moda. Corea, por ejemplo, está produciendo verdaderas maravillas en bolsas, que, además, tienen un precio bastante accesible. Te recomiendo sitios web como Ssense, Farfetch, Antonioli o Highsnobiety para encontrar las bolsas más funkies del mundo.

ZAPATOS

Al igual que Joséphine Baker cantaba *J'ai deux amours*, yo también tengo dos amores: las bolsas y los zapatos. Bueno, en realidad son tres, los broches. Pero los zapatos tienen un valor especial para mí, porque son como las ruedas de un coche, te llevan y traen, le dan firmeza a tu paso y se convierten, literal y figurativamente, en la base de tu estilo. Por eso su elección es tan importante.

¿Cuántos zapatos pueden tenerse? Los que quieras, lo mismo que las bolsas, porque, aunque tengas muchos pares de un mismo color, seguramente habrá diferencias sutiles entre ellos: el tacón, la horma, el material, el uso... Pero ¿sabes realmente para qué ocasión es cada tipo de zapato? ¿Cuándo llevar qué y a dónde? ¿Cómo combinarlos? Pues te doy algunos tips.

Mujeres

Las mujeres lo tienen más fácil porque la oferta de zapatos para ellas es más amplia y, por ende, las opciones, variedades y precios son mayores. Además, en los zapatos de mujer es un poco más fácil dar "el gatazo" con zapatos económicos que puedan verse bien. ¿La razón?: al haber una mayor demanda de zapatos femeninos, la producción es mayor y los costos de materiales de buena calidad se abaratan. Pura lógica.

Éstos son los diferentes tipos de zapatos y sus usos...

Zapatos cerrados de tacón

Son los típicos zapatos de vestir femeninos. En inglés se les llama *pumps*. Pueden venir con diferentes altos de tacón:

Kitten heel: es el más bajo y tiene sólo un par de centímetros. Es ligeramente curvo.

Carrete: es un tacón medio que debe su nombre a que se asemeja a un carrete de hilo: es más ancho en los extremos y se afina en el centro.

Tacón cónico: es el más común; es más grueso en la parte pegada al zapato y se afina hacia abajo, es como un cono invertido. La altura del tacón puede ir de medio a alto.

Stiletto: También se conoce como tacón de aguja. Muy fino y delicado, y usualmente son altos, para dar ese efecto de "sable" al que deben su nombre.

Tacón cuadrado: es grande y ancho. Da una imagen un poco más tosca, pero es mucho más cómodo para caminar. Puede ser bajo o alto.

Tacón corrido: son los conocidos como *wedges*, que es la suela que se une al tacón. Puede tener diferentes altos y se usa más bien para zapatos casuales, aunque las licencias creativas de los diseñadores cada vez los incluyen más en zapatos formales.

Plataformas: es el volumen añadido a la suela del zapato. Usualmente sirve para compensar la altura de un tacón y ofrecer un zapato más cómodo.

Sus usos...

Es un zapato muy versátil y, de acuerdo con sus características, puede acompañar una u otra actividad de tu vida. Unos típicos zapatos cerrados de tacón de medio a alto son ideales lo mismo para trabajar que para vestir formal o semiformal. Los tacones muy altos dan una imagen muy sexy y poderosa, pero depende de cada mujer y en qué lugar y ocasión quiere sentirse así. Si tu trabajo lo permite, adelante. Si quieres impactar en una comida o una fiesta... ¡por supuesto!

Hay variantes de los *pumps* que son zapatos que enseñan un poco más del pie: está el *sling back* que deja el talón al descubierto, el *peep toe* que no tiene puntera o el *open toe* que deja casi todos los dedos al descubierto. Son variaciones más modernas y sexys para el vestir cotidiano, y se pueden llevar al trabajo o en cualquier otra situación en tu vida; eso sí, no los uses con medias.

Zapatos planos

Son zapatos sin o con un tacón apenas existente. Las variaciones más comunes son:

Mocasines: son estructurados de punta redondeada y suela de goma.

Ballerinas: están inspirados en los que usan las bailarinas; son suaves y básicos y, al carecer de estructura, se amoldan al pie.

Oxfords: son una variación del calzado masculino, con agujetas, suela y tacón bajo.

Sus usos...

Por su comodidad, son ideales para el tiempo libre o situaciones informales, como la escuela, reuniones sociales o pasear. ¿En el ámbito laboral? Se permiten, claro, siempre y cuando no sean excesivamente informales. Las *ballerinas*, por ejemplo, hay que dejarlas para fuera de la oficina.

Botas

Son legendarias y grandes consentidas del sector femenino. Al igual que los *pumps*, pueden tener hormas variadas, plataformas, diferentes tipos de puntas y altos de tacón. Lo que hace interesantes a las botas son que, de acuerdo con el alto de la caña —la parte que cubre la pierna— pueden usarse en diferentes ocasiones. Las botas a media pantorrilla son las más comunes y las más fáciles de llevar. Están luego las que llegan abajo de la rodilla, que dan un aire más chic, y luego las que suben hasta los muslos, que son *statement pieces* o piezas de impacto. Definitivamente son más sexys y están pensadas para usarse en looks más atrevidos o extremos (como las de Balenciaga que son botas-media).

Sus usos...

Las botas son muy versátiles y pueden usarse con pantalones o faldas. Pero el secreto para que la bota se vea correctamente puesta es que debe estar cubierta por una prenda —por el pantalón o la falda— o bien, mostrarse enteramente. ¿Unas botas con falda corta o shorts? Claro. O con el pantalón metido en la caña de la bota, al estilo amazona o vaquera. Aquí la bota se muestra. ¿Con pantalones o una falda midi o abajo de la rodilla? También, pero entonces se oculta una parte de la caña.

Botines

Es la versión de caña más corta de la bota. Por lo general llegan arriba del tobillo, pero hay algunas que sólo llegan al tobillo. También tienen estilos, hormas, tacones y puntas variadas.

Sus usos...

Los botines son más complicados de usar porque es muy sencillo que puedan verse antiestéticos. Los botines de tacón bajo o planos pueden ser cómodos, pero no favorecen mucho la silueta porque "cortan" la figura de la pierna y te hace ver más pequeña y poco grácil. Si te gustan mucho, entonces úsalos con tacón, aunque sea medio. Y la regla es la misma que las botas: enséñalos enteramente u ocúltalos. Si los usas con pantalones, procura que el borde esté siempre cubierto: no hay nada más antiestético que al caminar el pantalón se mueva y se vea el botín... y parte de la pierna.

Sandalias

Son sexys, femeninas y van casi con todo. Se trata de un zapato descubierto compuesto de tiras de piel o de otros materiales que envuelven el pie en diferentes zonas. Las de tacón alto se llevan en situaciones de vestir y las de tacón bajo o planas son para situaciones informales.

Sus usos...

Hoy día ya es más permitido llevarlas en entornos laborales, especialmente si se trata de ambientes más relajados. Eso sí, si las usas en un ámbito profesional, tienen que ser de tacón. Las ideales para las actividades cotidianas son las que son ligeramente más cubiertas. Las más desnudas son para situaciones más formales y ocasiones especiales. Piensa que cuanta más piel enseñes, más sexy será tu imagen. Y como te decía antes, tú decides dónde quieres serlo.

Tenis

Son los grandes reyes del calzado contemporáneo. Antaño estaban destinados a las actividades puramente deportivas y hoy incluso puedes casarte con ellos (aunque no te lo recomiendo). Los tenis se han convertido en el calzado universal y democrático por antonomasia. Los hay baratos o ridículamente caros, con cristales o de pieles exóticas, de botín o al tobillo. Además, las grandes firmas de moda han experimentado hoy en formas y diseños caprichosos y extravagantes que pueden llamar la atención más que un *stiletto* de Louboutin. Los hay con tacón, plataforma... las posibilidades y opciones son infinitas.

Sus usos...

De acuerdo con tu personalidad, los puedes llevar en cualquier situación: hoy día ya se vale. En desfiles de alta costura se ha puesto a las modelos con vestidos de noche y tenis. Sin embargo, te puedo dar un consejo para usarlos de forma más elegante y de "vestir": unos tenis blancos, limpios, de forma sencilla y buena calidad pueden verse muy bien con un traje pantalón —lo mismo que en los señores— y te dan una imagen *cool*, relajada y juvenil. Si quieres ser más extrema, entonces puedes llevar unos tenis más exagerados con un vestido de *cocktail*, como lo hacen hoy día las chicas en Europa.

Hombres

Debo decir que las cosas son un poco más sencillas para nosotros, porque las variaciones de calzado son menores, y a pesar de que diseñadores como

Rick Owens proponen zapatos de tacón para hombres y muchos chicos queer los usan, no es realmente algo *mainstream*. En el caso de los hombres, los zapatos básicamente se dividen en tres tipos: formales, semiformales y sport. El problema que veo en mucha gente —especialmente en chicos jóvenes— es que usan los mismos zapatos para todas las ocasiones. Aunque bien es cierto que los códigos de vestir se han suavizado mucho casi en todos los sectores, aún hay cosas que tienen que ser bien tomadas en cuenta al momento de elegir el calzado. De modo que aquí te hablo de los tipos de zapatos más generales... y dónde usarlos.

Zapatos de vestir

Existen muchas variaciones y todos tienen nombres y estilos específicos: están los de agujetas que, dependiendo de sus pespuntes y detalles, pueden ser Oxfords, Brogues semi y full (son los que tienen esos detalles perforados en las puntas y al lado de las costuras) o Legate, que tienen una costura transversal en la puntera. Están los Derbys, que son los zapatos de agujetas completamente lisos y sin detalles; también los zapatos con hebillas en lugar de agujetas.

Un clásico: los mocasines, que son los zapatos sin cordones y que llevan un "antifaz" en el empeine. Si son de suela natural y tacón, son formales.

Sus usos...

Son los zapatos perfectos para acompañar un traje o un pantalón formal. Pueden valer también para situaciones más casuales si se les da un giro estilístico y se emparejan con jeans y una camiseta o camisa: Gucci ha apostado por los mocasines con calcetines blancos y jeans, y lucen mega chic. Sólo que si los usas de esta forma, trata de que realmente sea con un atuendo muy relajado, porque de otra forma pueden verse cursis. No vayas a medias tintas: o con traje o súper casuales. Nada en el medio.

Zapatos semiformales

Son variantes más relajadas de los zapatos de vestir: usualmente son hormas un poco más amplias y la diferencia es que tienen suelas de goma o sintéticas. Prada fue la pionera en la creación del zapato de vestir casual cuando incluyó una suela de tenis en un zapato formal. Aunque también los hay de suela natural que son semiformales: el mocasín beefroll, que es el que tiene un acabado de costura enrollada en la punta del zapato y a los costados del "antifaz". Este zapato es perfecto para llevarse con caquis o jeans en una situación que requiere verse bien, pero de forma más relajada. Luego están los botines de vestir, que, aunque lleven este nombre, son considerados más informales.

Sus usos...

Son zapatos ideales para trabajar en ambientes relajados, pero que requieren un mínimo de buena presencia. No son buenos compañeros de los trajes, o sea, que evita usarlos con ellos. Son perfectos para llevarse con un pantalón de vestir y una camisa sin corbata, con kakis o jeans. ¿Con shorts? Mejor no, pueden verse... raros. En el caso de los botines, la regla es más estricta: nunca debe asomarse la pierna y el calcetín, por lo que el pantalón siempre debe cubrirlo. El encanto del botín es mostrar el tobillo cubierto por la caña, si el pantalón se trepa o se atora en el borde del botín pierde por completo su encanto.

Zapatos informales

En este renglón están los tenis, botas vaqueras, de motociclista, botines de suela de crepé (*chukkas*), botines deportivos tipo escalador, alpargatas o *top siders*.

Sus usos...

Creo que no tengo mucho que decirte de ellos: son zapatos para usarse más en situaciones casuales y relajadas que en entornos laborales, aunque, como he dicho hasta el cansancio, las reglas cambian y hoy día, acorde con la personalidad de un individuo y el ambiente en que se mueve, hay cosas que pueden ser válidas, aunque antaño no eran correctas. Sin embargo, hay momentos y momentos, y es importante saber distinguirlos. Estos zapatos no deben llevarse de ninguna manera a una boda, a una cena de gala o a ninguna situación que requiera un mínimo de formalidad.

Y... ¿existe el IT shoe?

A diferencia de las bolsas, los zapatos no están tan inscritos en el fenómeno IT. Si bien cada temporada en los desfiles se muestran los zapatos más novedosos de cada casa, que se esmera en promoverlos y exponerlos, la mente del comprador respecto de los zapatos funciona de manera diferente, pero no sé decirles por qué. Nos gustan, sí, los queremos, también. Quizá como no cuestan lo mismo que una bolsa —o no siempre—, el acceso a los zapatos es más fácil y el deseo no se vuelve tan apremiante. Además, la cuestión con la IT bag, por ejemplo, sucede una vez por temporada; sin embargo, con los zapatos hay decenas de modelos IT cada vez, con lo cual nuestra atención se diversifica un poco más.

Pero si lo que estás preguntándote es: “¿Debo tener un par de zapatos en tendencia cada temporada?”, la respuesta es clara: sí. Hay que tener un par y dos, tres o los que te gusten y puedas permitirte. Y la razón es muy sencilla, puedes usar ropa de otras temporadas o completamente anónima, pero con los zapatos del momento parecerá que estás enteramente a la última moda. Es un truco que me fascina, es lo que te decía de Gwyneth Paltrow y sus Prada. Y repito también que no tienes que dejarte el sueldo en las boutiques más caras de tu ciudad. Puedes ir a la tienda de *fast fashion* o las zapaterías de manufactura local y buscar el zapato en el color y estilo de moda para hacerlo tuyo. No creas que me he olvidado de lo que te dije antes: que hay que invertir en zapatos y bolsas, pero cuando se trata de una prenda atemporal y será un básico en tu clóset. Sin embargo, para un capricho o una pieza muy del momento, es absolutamente válido echar mano de artículos más económicos.

En el caso de los hombres la cuestión puede ser más relajada, pero no voy a quitarle a ninguno de ustedes el infinito placer de comprarse unos zapatos en tendencia cada temporada, y no porque los necesiten, sino porque los desean. Esto me parece más válido incluso. Vayan a las páginas en línea o las revistas —que me parecen mejores— para que vean los zapatos que están en tendencia, los que se ponen los nuevos artistas, los de los desfiles. Si te gustan, son tu rollo y puedes incluirlos fácilmente en tu estilo de vida, no lo pienses y corre por ellos.

OTROS ACCESORIOS...

Existen otros elementos que complementan tus atuendos y los ayudan a ser mejores, más especiales y únicos, y tú en ellos por supuesto. Muchos los usan por necesidad —como las gafas—, otras por necesidad/gusto como las mascadas, bufandas, guantes, medias y calcetines y otras más por puro gusto como las diademas... o las uñas, que para mí son el ultimísimo accesorio. Aquí te hablo de cada uno de ellos.

Gafas de vista y de sol

Antaño, llevarlas no era nada *cool*, sino todo lo contrario. Hoy, por fortuna las gafas son un elemento extra de tu personalidad y, bien elegidas, pueden darte un estilazo. Seguramente habrás escuchado un montón de teorías sobre cómo escogerlas y no te diré que estén mal, simplemente muchas de ellas ya están rebasadas. Antes se solía decir que no podías escoger gafas muy pequeñas si tenías un rostro grande, pero hay personas que las llevan así con toda intención y les quedan de maravilla. También habrás escuchado que deben taparte las cejas, que no deberían salir demasiado de la cara, que si tienes nariz pequeña no escojas armazones grandes de pasta... todo es verdad, pero muchas de estas reglas pueden romperse si quieres hacer de tus gafas un elemento menos neutral.

Idealmente, las gafas perfectas para ti son aquellas que balancean tus facciones, así de sencillo: a los rostros redondos les quedan las gafas más anguladas, a los ovalados les quedan casi cualquier tipo de gafas, pero idealmente se les ven mejor las que no son más grandes del ancho del rostro. A las caras triangulares les quedan las monturas más redondas y ovaladas, las de tipo gato. A los rostros cuadrados también les van las monturas ovaladas, y al rostro de triángulo invertido —con mandíbula muy grande— les quedan las monturas más cuadradas o de medio círculo.

Ahora, dicho lo anterior, todo es prueba y error. No escojas unas gafas primero porque "sean de la forma que te quede" sino porque te gusten. Pruébatelas. Si te favorecen, te gustan y van con tu estilo, quédatelas y manda las reglas al demonio. Yo, por ejemplo, tengo gafas de sol de todas formas, pequeñas y grandes, porque las varío dependiendo de cómo llevo el cabello: si es más corto me pongo unas y si lo llevo más largo, otras. Luego hay algunas que son para momentos de vestir con más "drama" (las de pasta negra o con pedrería, por ejemplo) y para momentos más casuales me gustan las de cristales de color azul, amarillo o rosa. Y por lo general, me gustan los armazones grandes. Y la verdad es que nunca me he fijado en las reglas: me las probaba y si me gustaban, no me remarcaban "los cachetes" o hacían que la cara se me viera muy grande y desproporcionada con respecto a las gafas, entonces me las compraba.

Mascadas, bufandas y guantes

Las mascadas merecerían tener mucha más atención de la que tienen. Si las personas conocieran su versatilidad y lo mucho que visten, seguro que las usarían más. Según lo que me han llegado decir algunas de las personas a las que he vestido, es que las sienten un accesorio muy de "señora". Pero las mascadas son mucho más que el accesorio que usan las señoras cuando no tienen tiempo de peinarse, para cubrirse los tubos —cuando yo era niño así era— o la difunta reina Isabel para sacar a pasear a sus perros. No: una mascada puede usarse como un cuello babero para dar vida a una camiseta blanca, como una bufanda de entretiempo para cubrirte del frío, como capa, como top-blusa y hasta como un bolso-morral informal. Anudar una mascada es todo un arte y quien lo domina a la perfección es Hermès, así que te recomiendo que visites su página web y veas todos los tutoriales que tienen para anudarlas. De verdad que vas a sorprenderte.

¿Escoger una mascada? Es sólo "a ojo" porque es el tipo de accesorio que entra por la vista. Te tiene que atraer su combinación de colores, su tacto y su caída. Algo importante es que no sólo la escojas por cómo se ve extendida: pruébatela para que veas cómo se verá el diseño doblado y en tu cuello. Ahora, dependiendo de su tamaño, se pueden llevar de una forma u otra. Están las pequeñas, de tamaño "pocket" que son las que llevan también los hombres en el bolsillo del saco. Pueden llevarse anudadas al cuello de forma bastante sencilla. Están las mascadas de tira, que funcionan como corbatín o para anudarte el cabello: Hermès la llama twilly, Dior la nombra mitzah y Chanel la define como cinta slim. Habrás visto que muchas chicas envuelven con ellas las asas de sus bolsas para protegerlas... con estilo. Están luego las mascadas de 60 × 60 que son perfectas para la cabeza o para usarse como bandanas o paliacates. Luego están las de 90 × 90 que son el tamaño más tradicional y que pueden dar más juego, porque pueden anudarse de muchas maneras e incluso llevarse como tops. Luego están las que llegan a alcanzar los dos metros, que sirven como chales, pero también pueden llevarse como sarongs en la playa.

Los chicos con mascadas me encantan. Pueden ponerse una de tamaño regular como bufanda o una pequeña anudada al cuello en primavera u otoño para darse un aire muy francés.

Las bufandas tienen una función primordial de abrigo y pueden ser de tejido de punto, de paño o jersey. De acuerdo con el material son más o menos abrigadoras: cashmere, alpaca, lana, algodón lino o seda, para servir lo mismo en invierno que en entretiempo. ¿Cómo usarlas? Depende de la ocasión. Las lisas y de tejido más fino son para atuendos más formales. Las más estampadas, de colores y de tejidos más burdos son para looks más informales.

Y llegamos a los guantes, un accesorio que me encanta por el aire sofisticado que puede darle a cualquier look. En efecto, se trata de una prenda de abrigo: sirve para mantener las manos calientes. Sin embargo, los de cuero, los mitones, puños y manoplas son un accesorio para completar looks específicos; Karl Lagerfeld no podía vivir sin ellos. Unos mitones de cuero dan un look muy rocker a un atuendo informal, pero puestos con un traje sastre proporcionan un toque chic espectacular. Además, es el tipo de accesorio que luce igual de bien en un hombre que en una mujer. Están también los guantes largos que son fantásticos para acompañar un vestido sin mangas, pero también pueden hacerlo con una tank top y una falda y darte una imagen completamente inesperada. Los guantes son un ingrediente que, con un poco de imaginación, pueden aportar ese sabor especial a cualquier atuendo.

Uñas

Sí, estás leyendo bien. He decidido no ponerlas en el segmento de belleza porque creo que el tema de las uñas ha crecido tremendamente hacia terrenos que van más allá de lo cosmético y se adentran en la moda. El *nail art* ya no tiene que ver sólo con color: las uñas ahora se decoran, se ornamentan y las manicuristas muchas veces llegan a hacer verdaderas obras de arte en la punta de tus dedos. Dibujos, texturas, efectos, aplicaciones y hasta formas caprichosas son hoy día lo normal en las manicures. Y no son sólo para chicas: los hombres también estamos disfrutando de este gusto. A mí me encantan los efectos metálicos, por ejemplo; además, gracias al barniz, ahora he dejado de morderme las uñas. Otro fan de las uñas extravagantes es Marc Jacobs, quien las lleva largas, muy largas, y llenas de cristales. Como ves, la creatividad no tiene límites... ni géneros.

Elegir el color, la textura o la forma depende de la época del año y la ocasión. Quizás en primavera y verano prefieras colores más vivos y luminosos, y en invierno tonos más oscuros. El largo de las uñas depende de tu gusto y necesidad. ¿Uñas en color extravagante en cualquier situación? Si te gustan y te permiten llevarlas en el trabajo o la escuela, ¡adelante! Las uñas son el ultimísimo patio de recreo de los fashionistas.

Espero que tus dudas sobre los accesorios hayan quedado resueltas y que algunas ideas puedan resultarte de utilidad. Todo el glamour que puede tener el mundo de la moda y que nos resulta tan atractivo está siempre en los detalles. Por eso, los accesorios son tan importantes. Pero además de ellos, el glamour y el estilo está también en otros aspectos de nuestra vida, en cómo hacemos ciertas cosas, cómo vivimos, nos movemos... pero de eso te hablaré en el siguiente capítulo.

En la mesa y en tu casa... ¿qué tal una vida de diseño?

capítulo 6

Supongo que lo que voy a contarles a continuación no les resultará extraño. Siempre he estado obsesionado con las revistas; con las de moda especialmente, aunque las de espectáculos, sociedad, decoración y hasta el *Teleguía* siempre conseguían su objetivo, informarme a veces, pero evadirme y hacerme soñar siempre. En las revistas de moda me capturaba la ropa, cómo parecía casi pintada en las modelos y cómo semejaba una armadura en los hombres. Me acercaba mucho para ver bien los accesorios, los collares, los anillos... Recuerdo que una vez me quedé prendado con un editorial de moda en *Harper's Bazaar* donde aparecía Madonna en los inicios de su carrera. El estilo de las fotos era entre gótico y *new romantic*, muy ochentero. En una de las fotos, llevaba un anillo con el rostro de una muñeca y me obsesioné de tal forma con él que, después de buscarlo por todas partes sin éxito, decidí hacerme uno. Sí, estaba muy clavado con el mundo de las revistas, y eso que entonces ni siquiera tenía idea de cómo se hacían. Todas esas recreaciones de situaciones de vida ideales con gente bonita, siempre feliz y bien vestida, me hicieron creer por un momento que el mundo perfecto era así. Adoraba las secciones de cocina, con platillos impecables de apariencia apetitosa, que descansaban en mesas perfectamente montadas, elegantes, invitantes. ¡Ay!, las secciones de turismo con esos hoteles que parecían el cielo mismo. Leía con la misma voracidad las entrevistas a los artistas que las de los hombres de negocios, en sus oficinas con escritorios impecables, libreros plenos y, salpicados aquí y allá, los premios que habían ganado por ser tan buenos en lo que eran.

Cuando años más tarde entré al mundo de las revistas, supe que detrás de aquella perfección y felicidad había mucha producción, puesta en escena y maquillaje. Sin embargo, lejos de decepcionarme porque la perfección no existía, supe que podía crearse y esto me resultó absolutamente esperanzador. En efecto, detrás de una sesión de moda hay mucho trabajo, producción y creatividad. Y no, las modelos no son en realidad como las ves en la página de una revista, porque detrás de esa imagen arrobadora hay maquillaje, muchas veces Photoshop y un estilista que se encarga de hacerla ver como luce. Y aclaro: no voy a negar la belleza de las modelos, porque es real —la Evangelista, Naomi, Cara Delevingne o Gigi Hadid son incluso mejores en persona—; sin embargo, sin todos los afeites a los que se someten en una sesión de fotos o un desfile, muchas de ellas podrían pasar por una muchachita común y corriente. Además, la ropa que usan en los reportajes por lo general no tiene que ver con ellas: las modelos —salvo que sean verdaderamente tops— se visten con ropa bastante casual para su vida cotidiana. Luego, con el tema de los reportajes de casas y hoteles, es verdad que son así de bonitos, pero muchas veces se toman fotografías de los espacios más "apetitosos" para seducir al espectador, pero, en conjunto, hay lugares que no son la gran cosa. Seguro te pasa como cuando reservas un hotel en línea: las fotos no siempre son un reflejo de lo que te encuentras. Y bueno, el tema de la gastronomía... fotografiar comida es de las cosas más complicadas que existen, porque, por lo general, los platillos no son muy sexys para la lente o tienen un atractivo efímero. Por lo común, las carnes se secan, sueltan grasa o sangre, las salsas se cuajan, los postres pierden firmeza o los pasteles se ven planos y sin chiste en una fotografía; por ello, hay gente especializada en "estilizar" la comida, en maquillarla, arreglarla y truquearla para que luzca como la vemos publicada en la revista, un anuncio publicitario o hasta en una etiqueta o empaque. Y bueno, la "vida perfecta" que muchas personas exponen en una revista de moda o de chismes de sociedad no es más que una pantalla, porque por detrás... las cosas no son tan glamorosas como las cuentan.

Y no les digo esto para que, a diferencia de mí, ustedes sí se decepcionen del mundo editorial. Lo que quiero hacerles notar es que detrás de todo esto hay una mano humana que manipula las cosas para darles forma y hacerlas de una manera u otra. ¿Qué te impide a ti entonces ser "tu propia mano" y hacer tu vida tan ideal como te lo propongas? O mejor aún: que puedas conseguir momentos de vida perfectos, porque éstos son los que se disfrutan y saborean más. Porque una vida completamente perfecta, además de irreal sería aburridísima, ¿no crees? Hay un dicho en inglés que dice "*When you write everything in bold, nothing is bold*", que adaptado a nuestro tema sería algo así como "Si todo es perfecto, nada es perfecto".

En mi época de editor de moda en *Marie Claire* tuve la oportunidad de charlar con Daniel Orlandi, uno de los grandes diseñadores de vestuario de Hollywood, para películas tan importantes como *Saving Mr. Banks, Jurassic World, Dark Phoenix* o recientemente *Venom, The Last Dance*. A pesar de que tiene una carrera muy reconocida en el cine de ciencia ficción, él dice que le fascina hacer películas de época. Y, justamente, pude entrevistarlo sobre su trabajo como diseñador de vestuario para la película *Down with Love* con Renée Zellweger y Ewan McGregor. ¿Te acuerdas de ella? La película era una comedia con música que homenajeaba las cintas que hicieran Doris Day y Rock Hudson en los años sesenta. La charla con Orlandi, que estaba programada para durar quince minutos, se extendió a casi una hora, porque yo no paraba de hacerle preguntas con respecto a la película, que me había encantado. Además de las revistas, también crecí viendo películas viejas, con mi madre veía mexicanas y con mi tía —los fines de semana— veía películas estadounidenses, y mis favoritas eran las comedias de los años cincuenta y sesenta... y adoraba las de Doris Day, especialmente *Pillow Talk*. No podía gustarme más su ropa, su coche convertible... ¡su departamento!, y, por supuesto, el grandote de Rock Hudson. Todo parecía diseñado, pensado para armonizar... ¿y adivina qué? Así era exactamente.

"Las películas de Doris Day y otras estrellas de su momento estaban pensadas como un todo muy bien integrado", me dijo Orlandi. "La paleta de color de la ropa, el mobiliario y las escenografías mismas estaban enteramente planeados. Se usaban tonos suaves, pasteles y en las escenas todo tenía que combinar, por eso la imagen visual era tan seductora, tan atractiva. Las paredes del departamento de la protagonista tenían que combinar con la ropa que usaba mientras estaba ahí. Luego, cuando estaba en un entorno diferente, debía haber un hilo conductor entre la ropa, la decoración o los *props*. En una de las escenas de la película *Down with Love*, Renée Zellweger y Sarah Paulson llegan a un restaurante con los abrigos puestos y, al quitárselos, el forro del abrigo de una hace juego con el vestido de la otra y viceversa. El efecto, además de divertido, es tremendamente glamouroso".

Entre otras cosas, Orlandi me contó que, en ese tiempo, las actrices de Hollywood tenían todo un sistema de *styling* no sólo para sus trabajos en la pantalla, sino para su vida cotidiana: las actrices eran vestidas por los estudios de cine para sus salidas a la calle, viajes o cualquier actividad donde fuera posible su contacto con el público. "Era muy importante conservar esa aura de estrella", dice.

Todo lo anterior me sirve para mostrarles que el glamour va mucho más allá de la ropa o el maquillaje. La moda y el estilo deben ser parte de una forma de vida, de tu manera de ver el mundo y cómo te mueves en él. Y una vez más, no hablo de tener millones para tener un departamento como el de las películas de Doris Day, o para poner una mesa y servir manjares como los que aparecen en *Vogue* o *ELLE*. Todo tiene que ver con cómo decides extender tu forma de ser y tu personalidad hacia el espacio donde vives y cómo lo vives. Y también cómo te mueves en un lugar...

Cuando aún vivía en casa de mis padres, recuerdo que una vez en una galería encontré una pequeña acuarela de Carmen Miranda, la actriz brasileña que se hizo famosa en Hollywood en los años cuarenta. La acuarela era sencilla, en colores naranja, verde y amarillo básicamente. Cuando la vi, pensé que ésa sería la primera pieza de decoración que tendría en mi casa cuando viviera solo. Me imaginé primero la pared donde iba a colgarla y, luego, de ahí me fui yendo hacia el resto de la casa. Pensé en los muebles, en el color de los muros, en los libreros y en cómo ordenaría mis cosas en ellos. Vi mi recámara, el color del edredón y todo eso. Hoy lo recuerdo con cariño, porque de algo tan simple como un cuadro, nació toda la imagen de la casa que yo quería. Y por supuesto, mi primer departamento no fue así, pero el tercero o cuarto ya se acercó bastante a mi idea inicial, con las variantes normales de mi cambio de edad y personalidad. Los festejos fueron también muy importantes para mí. Las navidades, por ejemplo, eran una maravilla en los primeros años de mi vida, cuando mis padres estuvieron casados. Pero cuando se separaron, la cosa empezó a torcerse bastante al punto de convertirse en festejos bastante agrios. Pero en cuanto tuve mi propio espacio y control de cómo quería pasar las fiestas decembrinas, volví a crear unas navidades a mi gusto. Mis sobrinos aún las recuerdan con cariño, porque me esforzaba especialmente para que los niños de mi familia tuvieran una nochebuena, navidad o un día de Reyes memorables. Quería ayudarlos a tener bonitos recuerdos de las fiestas, como los tuve yo... quizá para que en el futuro ellos pudieran crear sus propias nuevas experiencias basadas en un buen recuerdo de infancia.

Y tú, ¿vives la vida acorde a tu personalidad, a tu forma de ser? ¿Tu espacio y tú se parecen? ¿Hay una coincidencia en cómo te ves y lo que haces y te desenvuelves? Éste es el momento de averiguarlo.

MUEBLES Y DECORACIÓN

La idea de decoración que todos tenemos nos viene por educación. Hasta que no somos mayores y comenzamos a desarrollar nuestro propio gusto —bueno o malo, que ambos requieren trabajo y esfuerzo— el aspecto del lugar que nos rodea no nos es tan importante. Además, el gusto primero comienza a aplicarse a uno mismo, luego se extiende hacia el sitio que habitamos y finalmente a nuestra conducta. Todo comienza cuando en un principio las paredes se vuelven más un escaparate de nuestros logros personales que de nuestros gustos, como los muros de nuestra habitación, por ejemplo. En ellos exponemos dibujos, diplomas, tarjetas o fotografías que, ya en nuestra juventud, comienzan a decirnos algo, a importarnos. Luego, ya en la adolescencia viene la era "fan" donde nuestras paredes se convierten literalmente en altares a los artistas, celebridades o deportistas que nos obsesionan. Esto solemos arrastrarlo casi a la etapa de adultos jóvenes, o bien hasta que dejamos la casa familiar. Debo confesar que esta fase de "fan fatal" a veces puede durar más: a mi primer departamento de soltero se vinieron conmigo todas las portadas de la revista *Interview* que había enmarcado: una de Alec Baldwin, otra de Michelle Pfeiffer y una más de Liza Minnelli, pero debo decir que el hecho de que estuvieran enmarcadas les quitaba la informalidad de ser sólo posters o recortes y las hacía lucir más... adultas.

¡Ay, la adultez! Pues sí, lo cierto es que cuando tenemos nuestro primer espacio —aunque sea compartido— nos llega quizá por primera vez en la vida un sentido de ser mayores. Nos decimos a nosotros mismos: "Ya no soy un niño, ya vivo solo" y queremos, o por lo menos intentamos, que eso se refleje en nuestro espacio. Es verdad que en nuestra aventura de independizarnos el presupuesto tiene un papel muy importante, pero, aun así, hay cosas fundamentales con las que tenemos que enfrentarnos. Tener una cama y su ropa correspondiente, un lugar de trabajo, un sofá, una televisión —a menos que seas uno de los muy pocos desintoxicados del mundo que no la ven— y una mesa y sillas para comer. Y en la elección de estas primeras piezas de nuestro espacio ya se comienza a manifestar nuestro gusto, porque, acorde con nuestro presupuesto, decidimos una u otra opción: una mesa de madera rústica o una de conglomerado más modernista, o bien echamos manos de creatividad, como transformar una mesa vieja que alguien nos regale o incluso improvisar. Uno de mis mejores amigos y yo nos independizamos casi de manera simultánea y mutuamente nos dábamos ideas para ir resolviendo nuestros problemas de mobiliario. Por ejemplo, él tuvo la idea de usar huacales de madera, de ésos en los que se transportan frutas y verduras como módulos para guardar cosas (en esa época no había

IKEA). Apilados, hacían las veces de estanterías y nos sirvieron lo mismo para poner libros, discos y casetes en la sala que para guardar despensa en la cocina. La diferencia es que él decidió pintarlos del mismo color que sus paredes —y se veían monísimos, la verdad—, pero yo preferí dejarlos naturales, con el color original de la madera. Y tuve una razón para ello: si los pintaba también pasarían a ser una parte más orgánica del mobiliario y no quería eso, porque para mí estaba claro que eran una solución temporal y que, en cuanto pudiera, iba a sustituirlos por muebles de verdad.

¿*Cómo escoger tus muebles*? Aquí te doy algunas ideas.

Utilidad. Hay varias cosas en las que tienes que pensar además de que el mueble elegido te guste: su duración y versatilidad. Piensa que sea una pieza que pueda adaptarse fácilmente a futuros espacios, especialmente si estás rentando en el que vives actualmente, porque las probabilidades de que te mudes de ahí son mayores a que si el lugar es tuyo. Haz lo posible por no comprar nada muy "definitivo" a menos que tengas la seguridad de que sea una pieza de mobiliario que quieras tener por siempre.

Ten cuidado con las extravagancias. Sí, cuando somos nosotros los que estamos a cargo de nuestra elección de mobiliario se nos remueve dentro el gusanillo de hacer lo que nos dé la gana o lo que no pudimos hacer cuando vivíamos con nuestros padres. Tener una mesa de futbolito en el comedor (muy a lo *Friends*...) o una cama con una cabecera enorme al estilo Luis XV. Esto puede ser divertido —y una muestra plausible de que te has salido con la tuya—, pero es muy poco práctico a corto y mediano plazo, porque se trata del tipo de cosas que tarde o temprano se convierten en trebejos que pueden ser un estorbo.

¿A caballo regalado no se le ve colmillo? Cuando nos independizamos, hay muchas almas caritativas que se apiadan de nosotros y nos ayudan regalándonos cosas para vestir nuestros desnudos departamentos. Sin embargo, a veces éstos pueden ser regalos envenenados, porque, por pena a decir que no y temor a sonar malagradecidos, aceptamos muebles y enseres que, más que una ayuda, se vuelven un lastre. Y cuando el regalo viene de la familia y se trata de una herencia familiar, la cosa se complica aún más. Yo llevé a mis espaldas y de casa en casa una cama que me regaló mi tía. Es verdad que era cómoda y me traía muy lindos recuerdos, pero era terriblemente estorbosa porque tenía una cabecera enorme y dos burós muy espaciosos. Además, al ser una pieza de madera muy firme, al desarmarla y armarla con cada mudanza, comenzó a aflojarse y se movía tanto que era molesto dormir en ella... más si eres temeroso a los temblores como yo. Quise ajustarla con un carpintero y me salía tan caro como comprar una nueva... de modo que eso fue lo que hice. Y le dije adiós a la vieja cama y le di la bienvenida a una nueva que me acompañó hasta que me fui de México. Con esto quiero decirles que tengan cuidado con los regalos. Acéptenlos si les acomodan, les gustan o realmente les van a salvar la vida por una temporada. Pero si es por compromiso, amablemente digan que no.

Los recuerdos se llevan en el corazón, no se ponen en la sala de la casa. Esto refuerza la idea del consejo anterior: tú eres libre de tener en tu casa lo que te venga en gana, faltaría más. Sin embargo, aprende a tener lo que realmente quieres tener y no lo que tus recuerdos o la tradición familiar te obligan. Conocí una persona que, cuando murieron sus padres, decidió quedarse con un montón de muebles suyos. Su casa parecía un bazar o el refugio de alguien con síndrome de Diógenes. Tenía una mesa enorme completamente desproporcionada al tamaño de su estancia, un sofá destartalado, cuadros, burós... creo que hasta el estuche vacío de una guitarra. Nada servía, nada hacía juego con lo que tenía en su casa y, en el fondo, creo que a ella tampoco le gustaban realmente esas cosas. Sin embargo, las tenía ahí, afeando y ocupando su espacio... porque habían sido de sus padres. A mí me pasó con la cama de mi tía, hasta que entendí que ya había cumplido su función y era momento de jubilarla. Ése es mi consejo: no tengan en sus casas nada por compromiso real o moral. No vale la pena perder años de nuestra vida viviendo en un espacio ocupado por trastos y recuerdos cuando podríamos vivir como queremos. Dicho lo anterior, si tienes muebles que adoras, que te encajan, que usas y que estás seguro de que forman parte de tu hogar, entonces quédatelos para siempre.

Ahora, ya pasando al área de la decoración, aquí van mis reflexiones...

¿Eres de los que sueñan con tener un departamento tipo *Architectural Digest*? Así, con esas habitaciones amplias, cuadros abstractos en las paredes y esculturas de los artistas contemporáneos más connotados. Muebles minimalistas, flores que parecen de plástico, pero no lo son y hasta un perrito perfecto. Bueno, bienvenido al club. A todos los que nos gusta la decoración estas casas nos causan mucha envidia. Sin embargo, debo decirte algo sobre ellas: pertenecen a un porcentaje bajísimo de la población y tener una casa como ésa requiere mucho, mucho dinero. Y las más de las veces, dinero viejo: es decir, del que va heredándose de generación en generación y que hace que la gente tenga un refinamiento y un *savoir faire* muy integrado en su sistema. No obstante, esto no te lo digo para decepcionarte, sino para ponerte en contacto con una realidad esperanzadora: el otro porcentaje —altísimo— de la población que no somos ellos, podemos tener casas o departamentos con estilos parecidos o incluso mejores. Estas casas que nos gusta ver en las revistas sirven principalmente como fuente de inspiración para darnos ideas que podamos adaptar a nuestros espacios y presupuestos.

De tu arte... al mío. ¿Qué es el arte? Es una gran pregunta porque, seguramente, significará algo muy diferente para cada uno de nosotros. La descripción más sencilla de la Real Academia de la Lengua Española dice: "Capacidad, habilidad para hacer algo". Yo agregaría: para hacerlo *bien* o *muy bien*. Un pintor, escultor, cantante, bailarín, escritor que ejecuta muy bien su oficio es un artista, y el producto de esa ejecución es el arte. Así de simple. Sin embargo, para apreciarlo, es importante tener una sensibilidad y cultura determinadas; por eso de acuerdo con nuestro nivel de conocimientos y desarrollo emocional nos parecerá arte una cosa u otra. Y aunque algunos estudiosos sesudos consideren que sólo lo es aquello en extremo sofisticado, inentendible e inalcanzable para la mayoría de nosotros, yo creo que arte es aquello que nos despierta una emoción, que nos mueve algo dentro. Y puede ser un cuadro de Picasso, una foto de Steven Meisel en una revista o un grafiti en un muro de la ciudad. Para mí no hay arte menor o mayor: arte es lo que tú sientas como tal. Aunque parezca que estoy siendo muy condescendiente, no es así. Crecí en una casa donde en las paredes se mezclaban retratos familiares con imágenes de santos; el comedor tenía que estar presidido por un cuadro de *La última cena* y en todas las habitaciones había un crucifijo, un Sagrado Corazón, la Virgen Dolorosa o la de Guadalupe. En el pasillo principal estaba una pintura al óleo de mi abuela, que, según mis recuerdos, era lo más cercano al arte que podía tener mi casa. Sin embargo, cuando mis hermanos comenzaron a crecer, en las paredes de sus cuartos, alrededor de sus imágenes sacras se comenzaron a instalar carteles de *playmates* del *Playboy*, alguna página de los calendarios de Gloria Trevi e imágenes de futbol americano. Debo decir que ese collage donde la mirada serena de Jesús se mezclaba con la poca ropa de una conejita, la cabellera de la Trevi y el gesto fiero de un futbolista... me parecía arte. Por lo pronto, tú decides lo que es arte y, también, si es digno de estar en tu casa como una extensión de tu personalidad.

Que no le digan, que no le cuenten. Debo hacer una confesión que seguro va a escandalizar a muchos: no me interesa el arte contemporáneo. ¿La razón? Que no lo entiendo. No puedo entender cómo un letrerito de neón en la pared, un montón de revistas tiradas en el suelo, una aspiradora manteniendo suspendida una pelotita en el aire o una pintura que es idéntica a una fotografía puedan ser considerados arte. Pero ése soy yo, supongo que mi sensibilidad es otra. Sin embargo, se han puesto muy de moda las ferias de arte contemporáneo en todo el mundo —algunas son estilo Coachella y todo— en donde artistas jóvenes exponen sus trabajos y algunos de ellos son tan jalados de los pelos como los que te acabo de describir. Y si estoy ofendiendo a alguien, me disculpo de antemano. Quizá soy un naco, payaso e insensible que no entiende el arte... o por lo menos este arte. Sin embargo, como es una cosa *cool* de un grupo de jóvenes, he conocido a mucha gente que "dice" gustarle este tipo de arte, aunque piense y sienta lo mismo que yo. Pero por quedar bien con su círculo de amigos y hacerse la intelectual y moderna, dice que adora el letrerito de neón y se lo compra, aunque se endeude por años. Por eso, no dejes que nadie te diga lo que es arte, ni los museos siquiera. Decídelo y descúbrelo por ti mismo. Si lloras viendo una bailarina de Degas o un bodegón de un pintor callejero de tu ciudad, eso es arte para ti y punto.

Pero si quieres cultivarte... no lo dudes. También es válido que quieras documentarte y aprender sobre el arte, especialmente si despierta interés en ti. Puedes tomar cursos serios al respecto o incluso ver tutoriales en línea donde descubras qué es lo que hace grande a un pintor o escultor. Te será de gran utilidad aprender sobre técnicas, las diversas escuelas y corrientes, colores, la vida de los artistas y entender así el porqué de su obra.

Arte y decoración. Como te decía, tu espacio es un reflejo de tu personalidad y seguramente de tu profesión. El departamento de un arquitecto seguramente tendrá muchos guiños a su forma de ver la vida y estará lleno de objetos en los que se aprecie el diseño y la forma, fundamentales en su profesión. Yo, por ejemplo, tengo en casa muchos guiños a la moda: he tenido desde carteles de cine hasta fotos de moda que en algún momento me han dicho algo. Hoy, a estas alturas de mi vida, en mis paredes y mobiliario descansan piezas que he ido comprando en mis viajes y me recuerdan un momento importante en mi vida. Tengo también —quizá mi obra favorita— un cuadro que me hizo un joven pintor estadounidense sobre Coco Chanel. Pero no se trata de un retrato institucional ni mucho menos, sino una idea nacida de la mente del artista en donde una Coco vieja recuerda su juventud y en su mente se mezclan pensamientos del hoy y del ayer, y en la pintura lo mismo hay zapatos que hilos, telas, perlas y perfumes. El cuadro me encanta porque se trata de una imagen que, en este momento de mi vida, me dice mucho: es la moda, pero no como la percibe todo el mundo, sino llena de caos y cuestionamientos. Es la moda vista desde dentro y con profundidad, más allá de un producto y más como una emoción. Justo esto es lo que tienen que decir las piezas que tengas en tu espacio: cuál es tu visión del mundo, de ti mismo. Tus amores y tus temores, tus esperanzas e ilusiones. Por ello es importante que pienses bien lo que pones en una pared o en un librero en tu casa, porque el arte es indiscreto: dice a gritos la persona que eres.

¡A LA MESA!

Otro de los sitios donde se manifiesta tu personalidad y puedes extrapolar tu estilo es en la mesa. Y no solo en cómo te comportas en ella, que eso ya te lo diré más adelante, sino cómo la vistes para recibir gente en tu casa. Éste ha sido uno de mis placeres desde que tuve mi primer departamento. Cada vez que tenía invitados, trataba de esforzarme por poner una mesa linda. Las primeras veces fue como pude, pero, poco a poco, fui haciéndolo como quise, que es a lo que aspiramos todos a quienes nos gusta recibir. Ponía especial esmero en las mesas navideñas, porque siempre ha sido la festividad que más me gusta del año. Y como la necesidad es la madre del ingenio, mis caminatas en los mercados más grandes de la ciudad me llevaban a encontrar artículos para decorar mi mesa: platos, cubiertos, mantelería, objetos que lucieran originales y festivos, y que vistieran la ocasión... además de la comida, claro está. Una vez, por ejemplo, encontré unas rosas que como estaban ya bastante pachuchas, la señora del puesto casi me las regaló. Lo que hice, en lugar de ponerlas en un florero, las deshojé sobre los platos de los comensales y, antes de servirles la comida, les pedí que echaran los pétalos en una fuente al centro de la mesa, donde había unas nochebuenas naturales flotando en agua. Así lo hicieron y, en el momento de comenzar a cenar, el adorno de centro estaba completado y mis invitados habían "participado" en la decoración. Además, la crema que les serví quedó sutilmente perfumada a rosas. A muchos esto les parecerá una tontería y hasta una chabacanada, pero para mí, que entonces ganaba una miseria, fue una forma creativa de recibir a mis amigos y debo decir que algunos de ellos aún recuerdan aquella cena.

De la misma manera en que se puede ser creativo con tu aspecto personal, puedes hacerlo con tu mesa: accesorízala como lo harías contigo mismo. Créeme: es una gozada. Cuando viví en Singapur, conocí a una mujer que es, sin duda, la mejor anfitriona que he visto en mi vida. María, una mujer filipina casada con un suizo y con dos hijas, tenía el espectro cultural más fabuloso de todas las personas que conozco. Debo decir que, gracias a María, mi marido y yo comenzamos a sentirnos en casa viviendo tan lejos de nuestros países. Ella daba unas cenas increíbles, porque era una cocinera excepcional, experta en varias cocinas asiáticas, y además tenía arte para entretener a sus invitados. ¿Su cualidad? Sabía a quién convocar a cada reunión escogiéndola con base en cómo se llevarían y complementarían los unos con los otros; rara vez fallaba. Mi marido y yo tuvimos la fortuna de ser invitados casi permanentes, porque éramos "los chicos de la moda" y este tema, si bien no todo mundo lo entiende, a casi todos les despierta curiosidad. Gracias a estas cenas pudimos hacer grandes amigos en Asia —muchos de los cuales aún conservamos— y, además, tuve un curso intensivo de cómo ser un buen anfitrión. María adoraba los lugares asignados y evitaba sentar juntas a las parejas para que no se hicieran corrillos. De esta forma, todo el mundo conversaba con todos los demás. Luego, me encantaba su forma de poner la mesa. Su vajilla era ecléctica, pero uniforme. Me explico: su elección de platos base era bastante neutral, pero jugaba con un estilo diferente con los tazones, los platos de postre o las tazas de café o té. Gustaba de vestir su mesa con elementos étnicos, casi siempre relacionados con la cocina que ofrecía esa noche. Luego, estaba su forma de decorar la mesa: usaba desde cáscaras de coco, frutas, plantas, trozos de soga... Alguna vez, alrededor de los adornos de flores del centro de mesa, puso trozos de vasijas rotas, que se veían espectaculares. Más tarde me confesó que se trataba de los tazones donde esa noche iba a servir un caldo, pero al rompérsele un par, decidió usarlos como decoración... y rompió unos cuantos más para completar el efecto.

María invertía en sus cenas, pero debo decir que gran parte de su encanto no era que se vieran costosas, sino imaginativas. Creo que eso es lo que valora más un invitado a tu mesa, que vea el esmero que has puesto en recibirlo, y no cuánto gastaste en ello. Por eso, con lo que aprendí de esta mujer y de lo que yo he aventurado poniendo mis mesas en casa, te doy algunos tips, para que tú también juegues, experimentes y sorprendas a tus comensales. La comida ya es otra cosa, para eso necesitas otro tipo de libro ;).

Los básicos

Para poner una mesa, necesitas tener primero las herramientas fundamentales: una vajilla, vasos, copas, cubiertos, manteles y servilletas. Suena a verdad de Perogrullo, pero a veces no está de más que hagamos listas de lo que necesitamos. Ahora, ¿cuáles son las que funcionan? En principio, las que tengas. Pero quiero suponer que cuando compraste tus platos y demás enseres lo habrás hecho con un criterio: todos del mismo color, material, forma, decoración. Si no es el caso, no te preocupes, que todo tiene una posible solución. Si no tienes una vajilla en forma, ve por una. Idealmente, las piezas deben ser en números pares, cuatro como mínimo; depende del tamaño de tu mesa y número de invitados que tendrás. En principio, la elección de una vajilla es como las prendas básicas en un clóset: tienen que ser versátiles y fáciles de combinar. La idea es que compres una blanca o marfil, sin mucho decorado o con uno discreto. Lo mismo sucede con los vasos y las copas. Cuando yo fui a comprar mis primeros platos, tuve el impulso de comprar unos de talavera en color azul y unas copas y vasos también azules de vidrio soplado. ¡Eran tan lindos!, pero por fortuna un amigo que me acompañaba me hizo ver el inconveniente de tener una vajilla tan colorida. Si se me rompía un plato era probable que, cuando buscara reponerlo, ya no encontraría exactamente el mismo color o dibujo y entonces tendría una vajilla incompleta. Además, piezas tan coloridas pueden cansar pronto y, cuando recibes gente en tu casa, todos sabrán que tú eres "el de la vajilla de talavera", y ya no podrás ser original, aunque te lo propongas. Por eso, es importante la elección de una vajilla básica, en un color neutral, porque será como un lienzo en blanco sobre el que puedas dibujar lo que te propongas. Y el mismo consejo te daría con los vasos, copas y cubiertos: hazte de un buen juego sencillo y normalito. Esto tiene la ventaja extra de que si tienes roturas, son piezas más fáciles de reponer, o bien, si no encuentras una exactamente igual, se notará menos que si tienes una vajilla con demasiada información.

Con el tema de los manteles y servilletas sucede igual: debes tener un mantel blanco o beige con un juego de servilletas a tono, sí o sí. Sin embargo, en este departamento puedes jugar mucho más, porque es más fácil tener varios manteles que vajillas. El mantel es lo que dará el tono a la mesa que quieras poner (ya te hablaré abajo de los temas) y será la base de la decoración de tu mesa. Puedes elegirlos lisos o estampados, depende de lo que quieras decir. Los lisos aceptan decoraciones más variadas, porque en el caso del estampado los dibujos son en sí una decoración. Los manteles puedes encontrarlos donde quieras, de acuerdo con tu gusto. Puedes ir a tiendas departamentales si buscas diseños más conservadores o bien puedes buscar en tiendas como Zara Home o H&M Home opciones baratas y divertidas. Claro está que, si tu presupuesto lo permite, puedes ir a Fendi o Armani Casa, donde encontrarás joyas que parecerán un vestido de alta costura en tu mesa. Sin embargo, he aquí unos trucos que aprendí en Asia. Cuando vayas a algún pueblito que tenga artesanías o una buena tradición textil, compra ahí manteles y servilletas, porque además de tener piezas originales, estarás ayudando a la economía de estos poblados. Otra opción es ir a una tienda de telas y comprar lo que se te antoje para usarlo como mantel. Yo he comprado hasta brocados o telas con lentejuelas para poner mesas en algunas ocasiones. Con las servilletas puedes hacer dos cosas: tenerlas a juego o bien usar unas más neutrales que combinen con el mantel o la decoración. Esto te dará más versatilidad y podrás usarlas en otras ocasiones. ¿Tienen que ser de tela? Sí, para una cena donde quieras halagar a tu gente, deben serlo.

Los accesorios

Éste es un apartado que me encanta, porque es aquí donde podemos echar a volar la imaginación con nuestras mesas. Cuando voy a sitios como Pottery Barn, tienditas de diseño o pueblitos, me encanta buscar platos o tazones. No compro toda una vajilla, pero siempre trato de que las piezas sean en números pares. Por ejemplo, cuatro tazones o platitos de ensalada. Si el diseño me encanta, puedo llevarme hasta media vajilla, porque esto luego me permite hacer juegos divertidos al poner una mesa. Poco a poco he logrado tener, además de mi vajilla base, otras piezas para complementarla. Por ejemplo, si somos cuatro a la mesa, puedo poner cuatro platos básicos y los platos de ensalada en un estampado diferente. Si son más personas y no tengo todos los platos o accesorios iguales, hago juegos en pares, pongo cuatro y dos, cuatro y cuatro, tres y tres... dependiendo del arreglo de la mesa. Luego, viste tu mesa con platitos para mantequilla, cubiertos diferentes, vasos en otro color o diseño. En un mercado de pulgas en Alemania me encontré unos perritos de plata monísimos para apoyar los cubiertos sucios y que no los pongas directamente en el mantel. Esto es tu guardarropa de mesa que irás haciendo crecer con los años y será una herramienta infalible para poner mesas creativas, ya lo verás.

Ahora, ¿qué pasa si nada de lo que tienes en tu cocina hace juego? Pues si la vida te da limones, haz limonada. Puedes poner una mesa completamente ecléctica, donde ningún plato, cubierto o vaso sea igual al otro. Eso también tiene mucho encanto.

Escoge un tema

Ésta es quizá la parte más importante: la idea. Para que puedas realizar la puesta en escena debes tener un guion. ¿Qué va a decir tu mesa, cuál es el mensaje? Puede ser una mesa de navidad, de año nuevo (no las confundas que no son iguales, una tiene motivos navideños, la otra es más de festejo y glamour), de cumpleaños, aniversario, san Valentín, día de las madres... será acorde con lo que estés festejando. Ahora, aquí tiene que intervenir tu personalidad y tu gusto, bueno o malo, no importa. Tú decides si quieres hacer un festejo obvio, como llenar de corazoncitos y cupidos en san Valentín, o si quieres hacer algo más diferente e imaginativo. La primera opción es la más sencilla, porque ya las tiendas de decoración venden cada temporada todo lo que necesitas. Sin embargo, si quieres hacer algo que sea más tu estilo, hay que pensar y trabajar un poco más. ¿Cómo harías una mesa de san Valentín de forma creativa? Por ejemplo, jugar con el color rojo, sin hacer ninguna referencia a corazones o cupidos. Puedes decorar con frutas rojas y quizá poner un mantel de encaje blanco. Si tuvieras unos platos decorativos en color rojo, sería ideal. Luego, poner velas de diferentes tamaños en la mesa. Otra opción es buscar un mantel de papel blanco y poner crayones rojos en los lugares de tus comensales para que ellos digan qué significa el amor para cada uno. Ideas hay muchas, y no tengas miedo de parecer mucho de esto o mucho de aquello: cursi, rebuscado, vulgar... date la oportunidad de jugar y permite que tus invitados se diviertan con tu propuesta.

Si quieres ser diferente decora con elementos inesperados: hojas, plantas, ramas, piedras, canicas o cuentas de vidrio. Y con las flores haz lo mismo, no pongas un ramito o un arreglo en la mesa y ya está. Mezcla flores y frutas, ramas... crea naturalezas muertas. Yo alguna vez hice un adorno con hojas de papel hechas bola y flores blancas. Lucía de maravilla y no gasté casi nada.

Los pequeños detalles

En el momento de sentar a tus invitados, siempre es mejor que tengas lugares asignados, especialmente si no se conocen bien entre ellos, porque de esta forma lograrás integrarlos mejor. Las tarjetitas con nombre en cada sitio son de lo más elegante que existe: echa mano de ellas cada vez que puedas, porque eso hablará bien de ti. Y si son escritas a mano, mucho mejor aún. También el tema de los lugares asignados es muy útil para tener un poco de control sobre cómo quieres que transcurran las cosas en tu festejo: separa a la gente que no se lleve bien entre sí o que sepas que puede no congeniar.

Luego, están las conversaciones peligrosas que pueden hacer que una ocasión agradable se convierta en un campo minado y luego de guerra. Hoy, más que nunca, es fundamental evitar los temas políticos o religiosos, porque, como está el mundo, por desgracia la gente está muy enfrentada y es muy fácil que salten chispas ante un comentario fuera de lugar. Evidentemente no vas a prohibir que nadie diga lo que quiera, pero si ves que la conversación entre tus invitados comienza a ir por un rumbo peligroso, cambia el tema, ofrece más vino, pregunta cosas sobre la comida y, si no funciona, introduce un nuevo tema de charla. Si tus invitados tienen sentido común, se darán cuenta y evitarán amargarte la noche. Y si no lo tienen, siempre queda el último recurso: pedir directamente un cambio de tema.

Prevé cualquier posible problema con los alimentos: si la gente que invitas es conocida y de confianza, pregunta si comen todo o si tienen intolerancias alimentarias. Si no conoces a toda la gente que estás recibiendo, siempre ten en la cocina una opción vegana de emergencia, por si fuera necesaria. Prevé opciones de bebida para la gente que no toma alcohol.

¿Un invitado inesperado? Siempre prepárate para ello y nunca compres comida exacta para la gente que vas a recibir, porque también puede pasarte que alguien coma de más y es violento decir que la comida se ha acabado. Yo odio cuando pasa, porque además de que desordenan mis lugares en la mesa, a veces no tengo un juego de platos armónicos para un sitio más. Sin embargo, respiro profundo y recuerdo las palabras de mi madre: "Siempre hay lugar para alguien más en la mesa de una buena familia". No sé si en la de una buena familia, pero en la de una prevenida, sí que lo hay.

Como colofón en este capítulo, quiero invitarlos a que sigan a personas que se han hecho famosas por el arte de recibir. Está claro: la vituperada Martha Stewart, que independientemente de sus escándalos, la mujer ponía unas mesas de sueño. Luego me fascina otra: Martha Debayle. Esta mujer además de ser una comunicadora y empresaria única tiene un gusto impecable y se viste de maravilla. Pero quienes la siguen —como yo— sabrán que le fascina recibir en su casa y que pone unas mesas fabulosas. Tiene unas vajillas de quitar el aliento y sus decoraciones son siempre inteligentes y originales. Mujeres como ellas o las muchas cenas maravillosas a las que asistí en mi época de periodista me han servido de inspiración para poner unas mesas bastante dignas cuando recibo en mi casa. Y uno de los elogios más bonitos que me han hecho es: "¡Esta mesa es tan tú!". Y eso es justo lo que debes buscar en tu casa y tu mesa: que todo sea... muy tú.

Las tribus de moda. ¿Qué tan tribal eres tú?

capítulo 7

"Como te ven, te tratan." Si hubiera recibido asesoría financiera tantas veces como me dijeron esta frase, ahora sería un magnate. Me la decían en casa, en la escuela y luego en el trabajo. Quizá sea por ello que la apariencia ha sido tan importante para mí. Yo era de los niños que solían cuidar su ropa, odiaba mancharme y jamás me tiré al suelo para jugar nada. Seguramente habrá alguien que piense "qué tristeza de infancia", pero la verdad es que así como había niños que llevaban la ropa hecha garras, para mí era igual de natural llevar la mía impecable. Esto, además de la imagen de pulcritud, me daba también un aura de niño bueno y bien portado, que, aunque no fuera necesariamente cierto, hacía que los adultos me trataran diferente que al resto de los niños. Por lo general, fui el consentido de mis profesores, mis tíos me ponían de ejemplo con sus hijos y los amigos de la familia y hasta desconocidos siempre tenían elogios para mí. Hoy, con el paso de los años y visto en perspectiva, me parece algo positivo, pero en su momento fue un lastre, porque ser diferente ante mis iguales —hermanos, primos, compañeros de escuela— me hizo ser un marginado. Curioso, ¿no? Ser un paria por hacer lo "correcto". Con esta anécdota quiero hacerles ver cómo, desde niño, tuve muy claro que la imagen personal causaba un efecto determinado en tu entorno. Pero no fue hasta que comencé a tener contacto con el mundo profesional de la moda cuando entendí el gran poder que esto podía tener. Fernando Toledo —de quien ya les he hablado antes— siempre se sorprendía de lo que yo podía conseguir con un atuendo determinado. Cuando viajábamos juntos, me gustaba ir al aeropuerto bien arreglado, perfumado y, si era posible, con una bolsa de mano potente —mis primeras Vuitton o Chanel funcionaban perfecto—, porque, gracias a ello, podíamos documentar en *business* y conseguíamos ascensos de clase en el vuelo. Cuando íbamos a una fiesta de la industria de moda me gustaba "hacer un guiño" con mi atuendo al tema o motivo del festejo, y gracias a esto comencé a hacerme notar, a darme a conocer y ser bienvenido en diversos ámbitos. En cuanto tuve la posibilidad, trataba de ir a los desfiles de moda en París con una prenda del diseñador al que iba a ver... pagada por mí, claro está. En ese tiempo no existía la costumbre —como hoy— de que las marcas vistieran a la prensa, celebridades e *influencers* con su ropa. Esta estrategia de crear un desfile fuera y dentro del desfile mismo me parece un gran acierto de marketing, pero a mí me tocó cuando ya iba de salida. Cuando viajaba a la semana de la moda, yo compraba —con descuento algunas veces, eso sí— las prendas que quería llevar a un desfile, y esto me hacía ser notado. Y lo disfruté enormemente, porque no fue jamás una imposición, sino una elección.

Este guiño incipiente a la moda fue parte de la reafirmación de mi estilo: llevar ropa más o menos normal —jeans, algún saco de buen corte, un suéter, camisa o camiseta de calidad—, acompañada de accesorios notables, como unos buenos zapatos, bolsa o unos broches se convirtió en mi forma de vestir cotidiana. Encontré mi "uniforme personal", y lo que sucedió entonces es que noté que muchos de mis amigos y compañeros de profesión tenían la misma fórmula, detalles más o detalles menos. Éramos un grupo: una tribu. Pero no me refiero a las tribus urbanas contemporáneas —de las que hablaré más adelante—, sino de mi tribu profesional, mucho más íntima y particular que las que tienen detrás un movimiento social y cultural.

Desde que somos pequeños tenemos la necesidad innata de pertenecer, de estar en manada; es instintivo. Sin importar cuán diferentes seamos, siempre estará en nosotros el impulso de agruparnos. Y aunque con el tiempo aprendamos a pertenecer a una sociedad a *nuestra manera*, al principio lo que queremos es ser iguales al resto... ¡Ah!, pero no a cualquier resto:

buscamos semejarnos a los *cool*, a los guapos, a los populares, a aquellos a los que nos parecemos... o quisiéramos parecernos.

En la escuela, si usamos uniforme, queremos portarlo como los populares, aunque no sea necesariamente como deba llevarse. Si no hay uniforme, queremos vestir como los *cool kids*, los guapos y simpáticos, los que se llevan bien con todos —excepto quizá con los que no son *cool*, de ahí la urgencia por querer serlo— y si tú eres de los populares, quieres vestirte como los grandes, como las estrellas de la música o los artistas de moda. Siempre hay un líder a quien seguir, y probablemente en un futuro ese líder seas tú. Pero mientras esto sucede, lo que puedes hacer es encontrar —e integrarte— a tu tribu.

TRIBUS Y UNIFORME SOCIAL

Desde niños, el uniforme comienza a estar presente en nuestras vidas. Al nacer, todos los bebés de un cunero llevan la misma ropa; si tienes un hermano ligeramente mayor a ti, seguramente tu madre los vistió igual alguna vez. En la actualidad esto puede ir un poco más lejos, pues ya hay tiendas que ofrecen las mismas prendas en versión mini para que las madres —o los padres— puedan vestir a sus retoños igual que ellos. Luego, vienen las guarderías y las escuelas donde, con batitas en las primeras y uniformes en las segundas, comienzan a tratar de identificarnos como grupo, a darnos una seña de pertenencia: de bebés pertenecemos a nuestros padres, en la escuela a una institución y en el futuro a una profesión o estilo de vida. Sin embargo, en algunos de nosotros puede existir la inquietud latente —incluso desde edad temprana— de la individualidad. Escuchamos una voz interior que nos dice que no somos como el resto. Entonces, ya hay quien se rebela a vestir como el hermanito o la hermanita, o que no quiere usar uniforme, y si no le queda más remedio, lo lleva, pero a su manera. Las "chicas malas" de la secundaria, por ejemplo, le subían el dobladillo a la falda para mostrar las piernas y verse más sexys. Los "chicos malos" se quitaban la corbata y se abrían la camisa para enseñar el pecho que, si ya tenía incipiente vello, era como un imán que atraía la mirada del mundo entero. Estábamos los menos osados que sólo nos desfajábamos la camisa, nos aflojábamos un poquitín el nudo de la corbata o —mucho mejor— optábamos por llevar zapatos *funkies*, que, aunque fueran del color oficial, siempre eran un *elemento diferenciador*.

Ésa era la clave inicial de la búsqueda: encontrar el elemento diferenciador. Recuerdo que cuando trabajé en Editorial Televisa, hubo una temporada en que nos prohibieron usar jeans. No es que tuvieran algo en contra de ellos, sino que les hacía ruido un estilo muy específico que empezaba a ponerse de moda: los rotos y desgarrados. Lo que sucedía con ellos era, que además de no lucir muy pulcros, a veces mostraban "de más" el cuerpo, y esto no era corporativamente correcto. De modo que para no dar a los guardias de la puerta la potestad de elegir los jeans que podían pasar y los que no, decidieron prohibirlos todos. Pero los guardias de seguridad no estaban listos para el ingenio de los que trabajábamos en el departamento de moda, que comenzamos a usar jeans de colores. Al principio nos vieron con ojos atentos, pero al no ser azules, grises o de textura de mezclilla, nos dejaban pasar sin problema. Es justo esto: encontrar lo que te hace ser tú, lo que te diferencia del resto. Como lo dijo Barbra Streisand en uno de sus conciertos: "Todos somos iguales, pero en definitiva no somos los mismos".

Ahora vamos a la parte más práctica. Un grupo social o una tribu —como a algunos sociólogos y a mí nos gusta llamarlos— son un número de individuos que se dedican a lo mismo. La primera clasificación es más general: estudiantes, amas de casa, oficinistas, deportistas, artistas, profesionistas... de ahí te vas a lo particular, por ejemplo, estudiante de arquitectura o literatura. Ambos estudiantes visten de forma juvenil y cómoda, pero el futuro arquitecto optará quizá por prendas más estilizadas, que tienden más hacia un estilo casual más limpio y minimalista. Por otro lado, el alumno de literatura escogerá prendas más bohemias y desenfadadas. Luego de ahí, cada individuo dará él último toque a su uniforme, el de su personalidad única e irrepetible.

¿Qué es lo que influye para esta elección de atuendos? Dos cosas, la idea del grupo y lo que esto conlleva: ideologías culturales, sociales, formas de ver el mundo y, luego, la personalidad de cada integrante del grupo.

Sucede lo mismo con otras profesiones, que de la generalidad se afinan hacia lo particular gracias a los detalles. No es lo mismo ser oficinista en un banco que en una agencia de publicidad, o entre los artistas tampoco es lo mismo ser pintor que cantante. Yo viví lo mismo cuando trabajé en Editorial Televisa: la empresa era tan grande y abarcaba tantos títulos de revistas diferentes que, a pesar de que ahí casi todos hacíamos lo mismo —escribir, reportear, editar— nos distinguíamos por la revista para la que trabajábamos. Me acuerdo de que los que trabajaban en *Furia Musical*, una revista dedicada a la música grupera, iban vestidos estilo norteño, hasta con sombrero y todo. Las chicas que trabajaban en títulos para adolescentes vestían más aniñadas, las de maternidad y bebés usaban colores pastel y tenían una imagen de suavidad. Y luego estábamos los de las revistas de moda, que solíamos ser los más notorios por cosas que en ese entorno podían verse exageradas. Las chicas se maquillaban más y en general tratábamos de ir más "vestidos" y con prendas de moda, porque al ser reporteros también nos convertíamos automáticamente en la imagen de la revista para la que trabajábamos. Puedo decir que nosotros, los periodistas de moda, al estar en contacto constante con las tendencias y las cosas bonitas, se nos antojaba todo... y hacíamos lo posible por conseguirlo. Sí, usábamos mucho *fast fashion* (cabe decir que entonces el concepto era bastante novedoso y *cool*), ropa de diseñadores locales y todo eso, pero también ahorrábamos —o nos endeudábamos— para comprarnos de vez en cuando alguna cosa de marca. Yo, por ejemplo, me había hecho a la idea de tener una bolsa de firma cada temporada, una en primavera-verano y otra en otoño-invierno, y guardaba parte de mi sueldo para conseguirlo. No siempre se podía, pero la intención estaba allí, perenne.

¿Tú tienes tu tribu social o aún no la has encontrado? ¿Te sientes muy *misfit*, diferente, extraña o extraño para sentir que perteneces a un grupo?

No te preocupes, a todos nos ha pasado y en este caso puede ser por dos causas: uno, que no has sabido cómo integrarte o bien, porque no te interesa en lo más mínimo el sentido de pertenencia. Esto es absolutamente válido, aunque paradójicamente el no pertenecer te incluya en el grupo de los anarquistas. Pero si estás leyendo este libro, estoy casi seguro de que, en mayor o menor medida, tengas intenciones de encajar en la sociedad en la que vives, ya sea siguiendo a un grupo... o buscando que te sigan, porque al final los rebeldes siempre han sido una gran inspiración para el mundo.

Voy a darte unos tips que pueden ayudarte a abrirte paso en el grupo que te interesa estar... o que te gustaría liderar.

Enlista

Parece una tontería, pero funciona. Haz una lista de tu situación social y profesional primero autodescribiéndote. Por ejemplo: "Soy María, tengo equis años, soy nutrióloga, trabajo en este lugar y vivo en este otro. Gano tanto al mes y en mis ratos libres me gusta hacer jogging y cocinar". Verás que esto te da una idea más subjetiva de quién eres: es como si hablaras de ti mismo en tercera persona.

Analiza tu entorno

Reflexiona sobre los lugares donde te sueles mover, las personas con las que convives, si tu vida social está más ligada a tu mundo laboral o al personal. Por ejemplo, si haces vida social con tus compañeros de trabajo, o tus amistades pertenecen a otro círculo, y que pueden ir desde compañeros de la escuela, amigos de amigos y hasta familiares.

Ahora, analiza a los miembros de tu entorno

Piensa cómo es la gente con la que convives, cómo se visten y se comportan, cuáles son sus gustos. Luego, mira hasta dónde sientes identidad con ellos: ¿les gustan las mismas cosas, piensan más o menos igual, qué tienen en común?

Descubre

Una vez hecho este análisis, notarás cuánta compenetración puedes tener con tu tribu social. Pueden ser inmensamente parecidos o quizá sólo los unen unas cuantas coincidencias. Y no te preocupes, aquí no hay respuesta correcta o incorrecta: si son extremadamente similares, tu grupo debe tener una gran armonía y deben fluir a la perfección. Si tienen pocas cosas en común, pero lo que les une es el afecto, entonces también estás en la tribu adecuada. A veces es más válido que un grupo tenga elementos muy dispares unidos por el aprecio (piensa en *Sex and the City*) a tener muchas cosas en común que los unan, pero que detrás de eso no haya estima o buen rollo. Pasa bastante: en mi tribu de periodistas de moda había mucho cariño entre algunos miembros, pero con otros no había más que conexión profesional, porque afecto, ninguno.

Florece

Una vez que estás en tu sitio y que te sientes bien en él, es momento de *crear* y *recrearte*. Con la base que te da todo lo explicado anteriormente, piensa: ¿cómo puedo sobresalir? ¿Cómo puedo brillar con mi propia luz? Y entonces aplícalo a tu imagen. Por ejemplo, si trabajas en una oficina como asistente, ¿cómo hacerte notar sin saltarte las normas? Muy sencillo: busca lo que yo llamo "válvulas de escape", es decir, esos espacios que el uniforme o el deber social no invaden: tu maquillaje, el cabello, los accesorios. Quizá tengas que ir a trabajar con traje y chaqueta todos los días, pero ¿quién dice que no puedes llevar unos divinos aretes de pedrería, o un collar? O jugar un poco —sin extremos— con el color de tu maquillaje, un tono atrevido de labios, unas uñas divertidas o un tono de cabello inusitado. Éstos son los elementos con los que puedes seguir diciendo "soy yo", con los que puedes jugar un poco a la rebeldía, con los que puedes darte el lujo de tener incluso un poco de humor.

TRIBUS URBANAS

Seguramente conoces a muchas de ellas, quizás hasta pertenezcas a alguna. Así como te hablaba atrás de las tribus personales —tu microcosmos personal y profesional— existen otras que son más universales y que van más allá de tu profesión y hábitos cotidianos. Las tribus urbanas son movimientos culturales juveniles cuyos seguidores coinciden en aficiones, gustos, estilo de vida y, lo más importante, en referentes estéticos. Estos grupos surgen en las ciudades de medianas a grandes, donde hay población suficiente para encontrar diversas formas de expresión artística, de pasatiempos e intereses específicos. Esto les da la posibilidad de agruparse por sus gustos en común y, al volverse una tribu, diferenciarse entonces del resto de individuos.

El tema con las tribus urbanas es bastante vivo y dinámico, porque cada año surgen nuevas, otras se mezclan entre sí y unas más se disuelven. Las hay que son muy localizadas en ciertos países (¿te acuerdas de las Harajuku Girls? Pues siguen existiendo, aunque ya no sean tendencia mundial...) y otras que se vuelven fenómenos mundiales, como los *Swifties*, seguidores de Taylor Swift. Las tribus tienen sus códigos de comportamiento, lenguaje, música y, por supuesto, una indumentaria que los identifica. Aunque, como te dije, las tribus van cambiando cada año, hay algunas que han pasado la prueba del tiempo y que, muy importante, han dejado su huella en la indumentaria, porque han logrado influir en el gran mundo de la moda con su esencia. Los sociólogos, *coolhunters* y agencias de investigación de mercado, entre otros, hacen sus listas de tribus urbanas y algunas sobrepasan las treinta. Hay quienes las reducen a veinte y otros a diez. Yo he decidido hablarles de las trece que, para mí, son las más importantes por su influencia en la moda y en el vestir urbano. Son estas tribus las que nos inspiran y, en ocasiones, nos obligan a seguir determinadas estéticas. Helas aquí.

1. Hippies

Culturalmente, el hipismo nació como un movimiento antisistema, que buscaba la libertad de vida alejándose de los atavismos sociales como el matrimonio o lo que se conocía como el "*American way of life*", que era tener una casa, un trabajo y una vida previsible. Los hippies querían experimentar con todo lo prohibido: el amor libre, las drogas, usar la ropa que les acomodara sin preocuparse por el género y, por supuesto, escuchar música que reflejara su forma de pensar. Sin temor a equivocarme, puedo decir que el movimiento hippie ha sido de los más influyentes y recurrentes en la moda desde que nació en los años sesenta. Su estética desenfadada, fluida, su paleta de colores y estampados e incluso su filosofía "genderless" ha influido a innumerables diseñadores aquí y allá. Además, es una tendencia recurrente: después de un par de años desaparecida, siempre vuelve con nuevo brío. El famoso estilo boho o bohemian chic nace de una mezcla del estilo gitano y el hippie, y es una versión más sofisticada del movimiento original. Diseñadores como Valentino Garavani, Yves Saint Laurent, Etro, Missoni, Zandra Rhodes, Isabel Marant y Alessandro Michele han sido y son grandes seguidores de este estilo, aunque otras casas han tenido también sus momentos hippies o boho: el propio Karl Lagerfeld hizo a principios de los dos mil una colección llamada "Coco Gypsy" en la que tradujo los códigos de Chanel a un estilo más bohemio.

2. Rockers

Aunque el término hoy se aplica más a los amantes del rock en general —sea *soft* o *hard*— inicialmente nace de los seguidores del rock & roll, aquel género que abanderaron Elvis Presley y los Beatles en sus inicios. Esta estética que nació más pulcra (jeans, camiseta, chaqueta de cuero y mocasines de ante) al irse moviendo a otras variaciones del rock comenzó a volverse más desparpajada, más de rompe y rasga, con camisetas estampadas, viejas, pantalones desgarrados y botas que bien podían ser vaqueras o de motociclista. Sin embargo, el símbolo internacional de esta tendencia es la chaqueta de cuero de motociclista. Se ha variado en cortes y colores, confeccionado en estilo camisero, mezclilla o bomber... pero al final el espíritu es el mismo: rocker. ¿Quiénes lo han adoptado? Sería más fácil decir quién no lo ha hecho. Pero grandes abanderados de este estilo han sido Saint Laurent (en su nueva era después de Yves) Loewe, Armani, Diesel, Balenciaga y muchos otros.

Pero para los puristas debo apuntar en este mismo segmento que hay un estilo heredado de la inspiración original del *rocker*: el *rockabilly*, que se inspira en los cantantes y la estética de la época del rock & roll, con chaquetas de cuero, pantalones de tubo y unos copetazos de infarto, para emular al gran Elvis o a Jimmy Dean.

3. Punks

Son los grandes anarquistas: antisistema, antifascistas, antiimperialistas y anticapitalistas. Básicamente estaban en contra de todo lo que representaban los sistemas sociales contemporáneos. Se les ha asociado políticamente con grupos de ultraizquierda e incluso en algunos sitios —especialmente en el Reino Unido, donde el movimiento nace— eran grupos violentos, a diferencia de los hippies. No obstante, con el paso del tiempo, el movimiento quedó más como una ideología rebelde y su apariencia ha sido también una de las más influyentes en la moda. Vivienne Westwood originalmente fue una punk que además de traspasar esa estética a sus colecciones, siempre fue una creadora rebelde en contra de la propaganda, el establishment y el "deber ser". Sus medias jaladas, faldas escocesas, camisetas desgarradas, prendas rotas unidas por alfileres y chaquetas de cuero con grafitis, tachuelas y estoperoles se convirtieron no sólo en una constante en sus creaciones, sino que contagiaron enteramente al mundo de la moda. No en balde la revista *Vogue* y el MET de Nueva York dedicaron una de sus exposiciones anuales al punk y su influencia en la moda. Chanel, Versace, Alexander McQueen, John Galliano, Riccardo Tisci, Dolce & Gabbana, Loewe Dior, Zadig & Voltaire y muchos otros diseñadores y marcas de todos niveles se han dejado influir por esta estética que, mezclada con elementos más sofisticados, se vuelve simplemente divina. Hay quienes se han quejado de que la moda ha "matado" el espíritu inicial del punk, pero según mi punto de vista la moda hace visibles a nivel masivo otras formas de pensar. Habrá quienes se vistan como punks porque lo sean y están los que gustan de la estética. Ambos son absolutamente válidos.

4. Grunge

Fue un movimiento de los años noventa que a todos los *baby boomers* nos llegó profundo. Estuvo relacionado a novelas tan icónicas como *Generación X* de Douglas Coupland, a perfumes como CK One de Calvin Klein —donde se volvía a jugar con el tema de lo unisex, aunque en esta época fue más de fragancias— y a películas como *Reality Bites*. Marc Jacobs hace su gran entrada al mundo de la moda creando una colección totalmente *grunge* para Perry Ellis, y Kate Moss es el rostro de la tendencia. Kurt Cobain era el gran exponente musical y el look era de una imagen descuidada, pero no había nada de descuido en su elección. La tendencia nace con el fin de escapar del exceso de los años ochenta. Los pantalones enormes desgastados de los bajos por pisarlos constantemente, las camisas de cuadros y las camisetas con leyendas existenciales o de grupos musicales alternativos eran el *must*. Este look existencial de lujo lo adoptaron muchas firmas, especialmente estadounidenses como Calvin Klein, Anna Sui o Christian Roth, aunque más bien era un estilo que se lograba tomando un poco de aquí y allá.

5. Hip-hop

Ésta es una de las tendencias contemporáneas que se han alimentado más de la alta moda en los últimos años. Desde el inicio del milenio, los raperos y hiphoperos del mundo comenzaron a sentirse atraídos por los elementos más llamativos de la alta moda como las prendas en lona con logo *oblique* de Christian Dior o las bolsas de Louis Vuitton. A pesar de existir como tribu desde finales de los años ochenta, no fue sino hasta fines de los noventa que comenzó a hacerse popular mundialmente. Aunque hay quien cataloga a los “raperos” como una tribu en sí misma, es importante decir que la tribu global es el hip-hop, lo que implica todo el espíritu y cultura; el rap es sólo uno de los tipos de música que escuchan. La imagen de esta tribu consiste en las gorras, ropa de varias tallas más grandes, pants y ropa deportiva, cadenas y joyas de cristales o diamantes de gran tamaño: el puro *bling-bling*. Las grandes marcas han alimentado este estilo con sus prendas más llamativas e, incluso, algunos diseñadores han tenido marcados guiños en sus colecciones con este estilo, como Louis Vuitton, Balenciaga, Dior o Gucci... y hay raperos que enloquecen incluso con Chanel. Se trata de una tribu que ha sabido juntar dos extremos: la moda más callejera con el alto lujo, y como idea me parece genial. En gran parte ésta ha sido la causa de que la industria de la moda se haya replanteado en repetidas ocasiones cuál es el verdadero lujo en nuestro tiempo, porque de ser inalcanzable y refinado, ha pasado a ser parte de la cultura callejera.

6. Hípsters

Al pretender no seguir moda alguna, se han puesto de moda. Los hípsters son nostálgicos que adoran los estilos de otras épocas, especialmente las de los cincuenta y sesenta. Usan gafas de pasta estilo Clark Kent, sombreros y mascadas. Ellos han puesto de moda a los barberos, con los que se esculpen la barba, el bigote y se hacen cortes de pelo de niño bueno. Ellas mezclan prendas retro con otras más actuales, por ejemplo, faldas línea A de los años cincuenta con camisetas o chaquetitas estilo sesenta con cualquier otra prenda más anónima. Son amantes de rascar en las tiendas vintage en primer lugar por un fin ecologista, y en segundo por hallar prendas que no se vean "comerciales". Son muy seguidores de lo orgánico y muchos de ellos son *foodies*. El gran impacto que ha tenido este grupo en el mundo de la moda ha sido su presión por volver la industria más sustentable. Pero algunas marcas de moda como Dolce & Gabbana, Dsquared2, Valentino o Gucci han creado innumerables looks para la tribu hípster.

7. Góticos

La moda siempre ha tenido algo para los góticos, tanto de estilo de vida como de corazón. Ellos podrían perfectamente ser primos hermanos de los existencialistas, que, aunque fue una corriente más filosófica y literaria, también tenía sus códigos de vestimenta: trajes negros, suéteres de cuello de tortuga igualmente oscuros y la famosa boina de fieltro. Sin embargo, los góticos son mucho más que depresivos: son sombríos y amantes de todo lo que represente oscuridad. Quizá más que beber de la arquitectura del mismo nombre, lo hacen de la corriente literaria del siglo XIX, con Mary Shelley y su *Frankenstein* o con Bram Stoker y su *Drácula*. Les gustan las películas de terror, el color negro —no hay nada de otros colores en sus atuendos— y los estilos de vestir victorianos o isabelinos, con sus encajes, chaquetillas y faldas. ¿Maquillaje? Todo, pero negro. Incluso en labios. El pelo es mayoritariamente negro, aunque hay algunos platinados. Hay obsesión por la muerte y los símbolos religiosos. Las imágenes de referencia son las películas de Tim Burton, *Merlina Addams*, *Elvira Mistress of the Dark*. ¿En la moda? El gran Alexander McQueen, que consiguió que incluyéramos calaveras en nuestra indumentaria como si se tratase de florecitas del bosque. Todas las firmas de moda han tenido su momento *dark*, porque es una estética que, en toques, puede ser muy *cool* y sexy.

8. Queer

Mi querido Oscar Wilde fue quien plantó las cimientes de este movimiento con su famoso clavel verde en la solapa de sus chaquetas allá en el siglo XIX. A principios del XX, ya había manifestaciones de este movimiento, pero de forma clandestina. Se basaba en gran parte en el dandismo, pero se agregaban algunos elementos para hacerlo más distintivo y *queer* (que significa raro) como maquillaje en los ojos y labios. Los chicos tenían toques de chica y viceversa: ellas jugaban a vestir de hombre, como Marlene Dietrich. Sin embargo, como movimiento cultural nace en los años cincuenta y se afirma cultural, social y estéticamente con los disturbios de Stonewall en Nueva York. Vinieron luego las familias nacidas del Ballroom en el Nueva York de los años ochenta, que con su *voguing* no sólo dieron vida a una tendencia de baile, sino que además crearon una estética de vestir que va más allá del *drag*: la idea era usar cualquier prenda que te gustara y te sirviera para expresarte sin importar el género. Hoy día, muchas sociedades en el mundo lo tienen asumido y, aunque hay muchos prejuicios en contra —especialmente por parte de los grupos de extrema derecha— ha llegado para quedarse, gústele a quien le guste. Esta tribu urbana ha acuñado un concepto fundamental en la moda contemporánea: inclusión. El estilo es más bien homogéneo y se basa, fundamentalmente, en eliminar de todas las prendas de vestir la idea de género y usarlas a voluntad. El maquillaje, los perfumes extravagantes, las lentejuelas, plumas y pedrería no son de uso privativo de las mujeres o la ropa para show: se pueden usar en la vida cotidiana si esto forma parte de tu autoexpresión. Y en el caso de las chicas, usar prendas masculinas, ropa holgada, zapatos bajos o cortes de pelo mínimos también forman parte de su forma de vivir. Los primeros en subir a este carro han sido las grandes marcas cosméticas, que no sólo han ampliado las líneas de cuidado de piel masculino, sino que han creado ya cremas con color y hasta productos de maquillaje propiamente dichos para hombres, como Chanel y su línea *Boy*, o Clinique y Aramis con sus hidratantes con color. En el caso de la ropa, hoy se vive un momento híper *queer*, porque tanto la prensa como las grandes casas de moda han decidido unirse al movimiento *genderless*. En 2020, Harry Styles se convirtió en el primer hombre que apareció en la portada de *Vogue* vistiendo prendas en su mayoría femeninas. Jean-Paul Gaultier en los años ochenta ya había puesto faldas a los hombres, y hoy no es que las firmas hagan faldas para hombres (aunque algunas comienzan a hacerlo), sino que algunos hombres las usan sin importar el género para el que fueron creadas. Diseñadores y firmas como Jonathan Anderson, Fendi, Rick Owens o Casablanca juegan constantemente con esta estética y otros creadores como Palomo Spain basan su entera filosofía creativa en ella.

9. Reguetoneros

Aunque como género, el reguetón tiene ya varias décadas, comenzó su despegue a partir de los 2000 y hoy día está por doquier. Este género tiene seguidores en todo el mundo y muchas nuevas corrientes musicales están bebiendo del reguetón. A pesar de ser meramente una tribu musical —que puede ser como tantas otras que no son tan relevantes para la moda— la incluyo porque ha sucedido algo especial: los ojos de la alta moda se han fijado en muchos de sus exponentes. Cantantes como Bad Bunny, J Balbin o Rosalía no sólo han sido invitados de honor en desfiles de moda, sino que han aparecido incluso en las portadas de las revistas más importantes de moda (*Vogue*, *Bazaar*, *ELLE*) y han protagonizado campañas de diseñadores: Bad Bunny con Jacquemus o Rosalía con Dior. Su estética de vestimenta —ropa amplia ellos, y licras ellas— ha evolucionado hasta los trajes sastreados *oversize* muy a lo Balenciaga o Vetements, o las chaquetas usadas sin nada debajo —en hombres y mujeres— que han aparecido en montones de desfiles últimamente. ¿A dónde llegará el asunto? No lo sé. Lo que sí sé es que, hoy por hoy, la industria no les quita la vista de encima.

10. Milenials

Se trata del grupo de jóvenes que llegó a la edad adulta con el milenio, por tanto, son los que nacieron entre las décadas de los ochenta y los noventa. Se distinguen por ser la primera generación digital y fueron los causantes, en gran medida, del cambio de perspectiva del mundo de la moda. Al comenzar a dominar las redes sociales, fueron los primeros *bloggeros* y seres que se comunicaban y vivían a través del mundo digital. Han sido ellos quienes con su deseo de inmediatez de todo aquello que les interesaba, consiguieron que la industria de la moda, que tenía un ritmo más sincopado, se volviera frenética. Esta sed por la novedad la trajeron los milenials y ahora, atrapados en el ritmo trepidante que vive este negocio, nos cuesta tanto saber qué es lo nuevo o viejo, que mejor hemos dejado de preguntarlo. Por esto, las tendencias de moda como las conocíamos hace veinte años no existen más. Es verdad que las grandes casas y las revistas especializadas se esfuerzan por decirnos "esto está en tendencia", pero lo cierto es que hoy día, todo y nada está en tendencia, ya lo dije antes. Ésta es la verdad. Lo importante es la expresión personal, la seguridad que tengas al llevar una prenda, y ya está. Si en eso que has elegido hay una bolsa o unos zapatos que acaban de llegar a la tienda o que salieron en el último GQ o *Harper's Bazaar*, pues qué mejor, pero ya no es fundamental para "lucir a la última", como solía decirse hace algunos años. Por supuesto que esta tribu es importante para la moda, porque, hoy por hoy, son sus grandes consumidores. La moda se piensa para ellos, por eso no deja de haber nostalgia, porque eso siempre es seductor para los milenials, pero, claro, revestida de novedad. ¿Recuerdan cómo Dolce & Gabbana subieron a su pasarela a los *influencers* milenials hace un par de años y los coronaron como reyes? No estaban equivocados, porque eso son para muchos: los que siguen sosteniendo el negocio.

11. Gamers, geeks, otakus y muppies

Aunque estas cuatro tribus tienen características individuales, llegan a tocarse en algún punto. Los *gamers* son los adictos a los juegos de video, los *geeks* son los frenéticos de la computación, los *otakus* son los apasionados del manga y los *muppies* son los seguidores de la tecnología. Aunque gran parte de los miembros de estas tribus son adolescentes, hay una gran cantidad de adultos jóvenes que forman parte de ellas. ¿Qué es lo que todos tienen en común? La tecnología y todo lo relacionado a ella. Personajes de manga, de videojuegos y sus estilos han llegado hasta la moda, y no sólo a la moda callejera o al *fast fashion*, sino a las grandes marcas. Loewe, Jonathan Anderson, Louis Vuitton, Gucci, Balenciaga, Coperni, Swarovski, Coach, Givenchy y muchas otras han hecho colaboraciones con marcas y licencias creando objetos de verdadero culto. La pregunta es: ¿los verdaderos seguidores de esta tendencia pueden pagar algo creado por estas marcas? En un gran número de casos, no; pero lo cierto es que se está haciendo ruido para reclutar a estas generaciones para el futuro. También se crea un movimiento estético que, aunque no seas un fan enardecido de esta tendencia, te resulta atractivo por su originalidad. Me viene a la cabeza la estrategia de Balenciaga en 2021, cuando lanzó una colección de prendas para el juego

Fortnite, uno de los más famosos del mundo. La marca diseñó prendas para vestir virtualmente a los personajes, pero también creó una sudadera para el público de carne y hueso que costaba casi mil euros, y se agotó. Con esto, nadie pone en duda que las tribus tecnológicas tengan una fuerte influencia en la moda.

12. Hypebeast

Son los fanáticos de las tendencias: los monstruos del *hype*, como lo dice su nombre. Se caracterizan por usar y coleccionar ropa y accesorios de firmas de ropa urbana de culto, como Supreme, Bape, Off-White o ediciones especiales de tenis de Nike, Adidas, Puma o Reebok. Pero muchos de ellos han subido al siguiente nivel gracias a las colaboraciones con estas firmas urbanas que han hecho Louis Vuitton, Balenciaga, Gucci o Vetements. Este estilo urbano en definitiva está llegando a las masas y a veces hay muchas personas que son un poco *hypebeast* sin saberlo. Todas las firmas juveniles alimentan esta tendencia, ofreciendo prendas que pueden combinarse perfectamente con sus objetos de culto. ¿El estilo? Pants, tenis grandes, ropa holgada y no faltan las joyas hiphoperas.

13. E-Kids

Son el futuro... ahora. Es la Generación Z y hasta la Alfa. Son los niños grandes y los grandes aniñados. Se trata de una tribu de chicos y chicas que juegan con el maquillaje y los colores de pelo tecnicolor. Adoran la androginia y no tienen problema alguno con la mezcla o anulación total de los géneros. Se surten en tiendas como Bershka o mercados callejeros. Se cuelgan montones de accesorios metálicos o arneses y cadenas muy en el rollo sadomasoquista, pero sólo como estética, no como forma de vida. Su gran sacerdotisa es Billie Eilish, aunque a muchos de ellos Taylor Swift también les chifla. Son los principales consumidores de las grandes tendencias de moda, pero traducidas por el *fast fashion*, de modo que los puedes ver en la calle con bolsas *dupe* estilo Dior o Balenciaga, pero en su versión H&M o Pull & Bear. Quizás a la alta moda no les interesen tanto, pero son los que están volviendo más rico a grupo Inditex y a cuanta marca alternativa y barata surge en el mercado.

¿Has identificado tu tribu? Si no te relacionas con una sola, no hay nada de qué preocuparse, porque justo la naturaleza del individuo moderno pide tomar un poco de cada cosa para armar un nuevo todo. Si no, ¿cómo crees que han nacido todos estos grupos? De tomar lo que les gusta de una y llevarlo a su terreno para crear otra nueva. Pero conociéndolas, puedes encontrar identidad o identidades, y eso siempre te da paz al alma: saber que perteneces, aunque sea un poco, a un territorio.

Ahora, vamos a los específicos. Dentro de una tribu y un estilo están esos elementos que te hacen distintivos. Llámalos una pieza de joyería, un corte determinado de una falda o pantalón, unos zapatos… ¡una bolsa! Dejando de lado el tema del presupuesto, ¿cuál es tu bolsa favorita o la de tus sueños? ¿Qué es lo que te hace elegir una marca u otra? (cuéntamelo en **antonio.gcosio@gmail.com**) Es tu personalidad, sin duda. En el siguiente capítulo te hablaré de las marcas más importantes del mundo, por qué nos gustan… y qué es lo que dicen de ti cuando las eliges.

Dime qué usas…
y te diré quién eres

capítulo 8

Todos hemos deseado, alguna que otra vez, una prenda de firma. Así sean los tenis más básicos de Adidas, no importa. Es ese antojo por un artículo específico de una marca igualmente específica: esos Ray-Ban de aviador, los jeans Levi's de tal colección que ajustan por aquí y son sueltos por allá, la camiseta de Loewe del orgullo gay, la bolsa *downtown* Balenciaga en color fosforescente, los zapatos Chanel bicolores en beige y negro... vamos, que de pequeños queríamos una Barbie o un videojuego específicos, no podían ser otros. Y si el antojo no se satisface, nos sentimos muy, muy frustrados. Una de mis sobrinas brincó de alegría al ver que los Reyes Magos le habían traído una Barbie, pero en segundos la alegría se volvió miseria cuando vio que no era la enfermera, que era la que ella había pedido. Antes de que yo me tirara de lleno a la piscina de la moda, solía ser prudente para gastar. Recuerdo que en un viaje a Milán en uno de los escaparates de Prada estaba expuesta su nueva bolsa: una bolichera estilizada para hombre. ¡Era tan hermosa! Entré a la tienda, la vi, me la probé... pero el precio era un escándalo para mi economía de entonces. Salí de la boutique casi arrastrando los pies y, como premio de consolación, me compré otra bolsa de Cesare Paciotti por un veinte por ciento de lo que costaba la de Prada. Aunque era mona y todo... no era *la de Prada*. Me quedé con el "premio de consolación", pero no dejé de pensar en la otra. Al final, seis meses más tarde que volví a Italia, me compré la bolsa que tanto había deseado y pensé: "Si hace seis meses no me hubiera comprado la otra y hubiera ahorrado ese dinero, tendría ahora un veinte por ciento de descuento en ésta". En fin, que aún tengo la Prada después de casi treinta años y la de Paciotti no sé dónde quedó. Mi punto es que cuando realmente queremos algo, de forma incisiva y obstinada, hay mucho más que un antojo o un capricho, es nuestra personalidad buscando manifestarse, es nuestro yo queriendo expresarse a través de una prenda. Habrá quien piense que esto es una simple justificación consumista, pero discrepo. Va mucho más allá de eso: es una niña de dos años decidiendo si quiere un vestido amarillo o uno rosa, un niño de seis que quiere unos tenis de cochecitos o unos fosforescentes.

Aunque la moda es la encargada de crear los objetos que deseamos, somos nosotros quienes elegimos usarlos. Si bien es cierto que la mercadotecnia, la publicidad y los medios se "confabulan" para hacernos desear un artículo, al estar en la tienda y decidir qué bolsa, zapatos o chaqueta compramos, la elección es sólo nuestra. De nadie más. Ahora, ¿por qué elegimos Chanel o Dior? ¿Zara o H&M? ¿Diseñadores alternativos o marcas poco conocidas? Por una razón muy sencilla: porque su propuesta coincide con nuestra idea de expresión estética. Los valores de diseño e idea de una prenda son los más cercanos al mensaje que queremos mandar de nosotros mismos. Por ejemplo, si queremos vernos triunfadores e inalcanzables elegimos Chanel o Hermès, para lucir extremos y alternativos vamos por Rick Owens o Balenciaga, si buscamos ser clásicos vamos por Max Mara o Zegna.

Y seguramente te preguntas: ¿y por qué este hombre no habla de marcas de moda más accesibles? Te lo explico. Las grandes firmas son mayormente las que marcan las tendencias, y por mucho que se inspiren en lo étnico, la ropa callejera, las tribus urbanas y demás, son las que tienen la última palabra a nivel comercial: sus propuestas son las que llenarán las tiendas en cada temporada. Las marcas de *fast fashion* o las de difusión no proponen: siguen las tendencias. En estas últimas encontrarás versiones alternativas, retrabajadas —y alguna que otra copia— de lo que proponen las grandes casas de moda. Por tanto, estar a la moda y, mejor aún, encontrar eso que te gusta para expresarte, está al alcance de tu mano, sea cual sea tu presupuesto.

Ahora, te hablaré de las marcas de moda más importantes del mundo. Muchas ya las conoces y probablemente las usas. No obstante, me gustaría aclararte que hay *dos* tipos de marcas top en el mercado: las más importantes a nivel comercial y empresarial, y las preferidas por los consumidores más jóvenes. En ocasiones coinciden... pero no es muy frecuente.

LAS MARCAS TOP A NIVEL COMERCIAL

Hay una mecánica compleja detrás de la elección de estas marcas de moda —no sólo son de lujo— en la que intervienen factores como su valor de marca y su capacidad de influir en las tendencias. El *valor de marca* significa cuán reconocida es una firma, su influencia en la mente del consumidor, respeto y, por supuesto, que tenga un valor comercial. ¿Y cómo se obtiene el valor de marca? Se toman en cuenta tres aspectos: primero el *financiero*, con el que se mide la participación que tiene la marca en el mercado, sus ingresos y porcentaje de crecimiento; además, si la marca conserva su clientela y es capaz de atraer nuevos consumidores. Luego, se considera su *solidez*, en la que se tiene presente el *brand awareness*, es decir, cuánto deseo provoca, cuánto reconocimiento y permanencia tiene en la mente del consumidor. Y como tercer factor está la métrica de consumo, es decir, cuántos clientes compran o dejan de comprarla.

Cada año, las compañías consultoras más importantes del mundo (Brand Finance, Kantar, Ipsos o Logwin, por ejemplo) ejecutan sus análisis y presentan sus listas de las marcas de moda más importantes. Aunque cada año varían los posicionamientos, casi siempre son las mismas; si acaso suben algunas marcas que habían estado fuera del ranking y salen las de los últimos posicionamientos. Las listas llegan hasta las 100, pero las que interesan al mundo son básicamente las primeras 10, que, como te explicaba, son casi siempre las mismas. Aquí las tienes y te cuento lo que cada una significa en la mente del consumidor... y por qué las eliges para autoexpresarte.

Louis Vuitton. Ésta es sin duda la marca de lujo más famosa en el imaginario colectivo contemporáneo. A pesar de existir como referente en maletas y artículos de viaje desde el siglo XIX, no se convirtió en un fenómeno mundial hasta que Marc Jacobs se hiciera su director artístico en 1997. Un año más tarde se lanzó la primera colección de *prêt-à-porter* con prendas de vestir y, lo más importante, nuevos bolsos que comenzaron a convertirse en objeto de deseo para las nuevas generaciones. Desde entonces, Vuitton ha estado relacionado con la industria de la música y el espectáculo y sus colaboraciones con artistas plásticos o marcas alternativas e inesperadas como Supreme o Fornasetti han dado vida a bolsos que, además de ser preciados y peleados, son verdaderas obras de arte.

¿Quién la usa?

Su público es heterogéneo, pero se trata de personas que tienen conciencia del lujo y encuentran en Vuitton una línea de acceso directo y fácil a él. Tener un bolso de esta firma automáticamente te eleva a otra categoría: a la de gente *fashion*, seguidora del lujo y que gusta de mostrar quién es sin complejos.

¿Qué dice de ti?

Dice que eres diferente a la masa, pero que perteneces a la tribu que quiere expresar abundancia, bienestar: que te va bien en la vida. Si tienes una bolsa dice que te importa lucir bien y que sabes que hay días en que es importante darle un "levantón" a tu atuendo. Si tienes muchas —y zapatos y ropa— es evidente que has conquistado un estilo de vida determinado. Pero... si la que tienes es falsa, dice que no estás a gusto contigo y que necesitas aparentar para sentirte valorado.

Nike. Se pelea el primer sitio con Vuitton todo el tiempo, aunque parezca increíble. Esta firma de ropa y calzado deportivos es de las más usadas a nivel mundial y de forma democrática, ya que, sin importar nacionalidades o presupuestos, las usa cualquier persona. Además de ser las compañeras ideales de cualquier deporte, se ha convertido también en elemento inseparable del vestir cotidiano. Sus colaboraciones han sido legendarias: Michael Jordan para empezar, seguido por decenas de diseñadores y deportistas entre los que están el infame Kanye West, que antes de irse a Adidas lanzó sus Yeezy con Nike; Virgil Abloh y Off White, Riccardo Tisci, Martine Rose, Ambush, Sacai, Comme des Garçons y Jacquemus, entre muchos otros. Muchos de sus tenis de edición limitada llegan a costar más que el par de zapatos más caro de Louboutin.

¿Quién la usa?
Deportistas, hiphoperos y cualquier persona que necesite sentirse cómoda y vestirse *cool*. Jóvenes y adultos con alma joven, válgame la redundancia.

¿Qué dice de ti?
Que eres joven. Que eres libre. Que te importa la moda, pero no eres su esclavo. Que sabes cómo tener moda y *coolness* al mismo tiempo.

Chanel. Es leyenda pura. Chanel fundó su casa de costura a principios del siglo pasado y desde entonces ha permanecido en la mente del mundo como LA creadora. Cambió las reglas de la moda y liberó a la mujer de atavismos y excesos, permitiéndole vestir acorde con los cambios de su sociedad. Fue amiga de escritores, filósofos y artistas y le dio a la moda un sustento tal que la elevó a la categoría de arte, aunque ella misma odiaba ese concepto, ya que nunca quiso crear ropa para museos, sino para la mujer de verdad. Y lo consiguió, pero eso no la excluyó del mundo del arte, por su maestría como creadora. El boom mundial de la marca viene a partir de 1983 cuando el gran Karl Lagerfeld entra a escena y toma las riendas de la marca para convertirla en el fenómeno de lujo y estilo que conocemos hoy.

¿Quién la usa?

Mujeres —y hombres— que quieren poseer un poco de historia y un mucho de estilo legendario. Chanel es la gran abanderada del lujo, y por penetración, posicionamiento y precio es más difícil de conseguir. Es el lujo que se ve, pero que no grita. Es para una persona con buen gusto y con un conocimiento más profundo del lujo y la moda.

¿Qué dice de ti?

Dice que definitivamente no eres como los demás. Que eres refinada, pero moderna. Que eres clásica, pero jamás aburrida. Como detalle en un atuendo es como ser tocada por la gracia del Gran Dios del Estilo. Con Chanel no hay pierde casi nunca, o sea que, si es lo tuyo, habla de una personalidad fuerte y de una persona que sabe lo que quiere en la vida.

Hermès. Es el súmmum del lujo en moda, pero principalmente en accesorios. Sus bolsas, cinturones y mascadas, además de reconocibles, son objetos de culto. La firma nace creando peletería y artículos para equitación y viaje en el siglo XIX. Lanzan su primera línea *prêt-à-porter* en 1967 creada por Catherine Karolyi —autora de la famosa hebilla de la H— y por su dirección artística han pasado Martin Margiela, Jean-Paul Gaultier, Christophe Lemaire y Nadège Vanhee-Cybulski. Sin embargo, no es su ropa sino sus bolsas lo que hace a la marca extraordinaria. Son legendarios el Kelly, creado en 1956 y llamado así en homenaje a la princesa Grace de Mónaco, y el Birkin, ideado para Jane Birkin en 1984. A pesar de que han creado modelos nuevos, ninguno ha logrado eclipsar la fama y deseo por las dos bolsas icónicas. Son piezas muy difíciles de conseguir, porque hay listas de espera de años para comprarlos, y siempre se les da preferencia a las celebridades o a los clientes frecuentes. Si hay una firma elitista de lujo, sin duda es Hermès.

¿Quién la usa?
Primero que nada, quien tiene la suerte y el dinero suficiente para adquirirla. La usan personas que pertenecen a una élite, ya sea social o artística. Kim Kardashian, Cardi B y Georgina Rodríguez, la mujer de Ronaldo, son famosas por su colección de Birkin. Pero también la usan mujeres que entienden que esta firma es una apuesta de imagen acertada, y que tener un bolso o accesorio de Hermès es ciertamente una inversión para toda la vida, que se verá bien hoy, mañana y siempre. Y con los hombres pasa lo mismo, los zapatos, cinturones o corbatas dan ese toque de hombre de negocios clásico e irresistible. Y claro: están los chicos que se han enamorado del Birkin también, que lo llevan con *flair* fantástico en esta época de libertad de géneros y de atavismos.

¿Qué dice de ti?
Dice que eres una persona única, especial. Que tienes clase, educación, cultura y mundo. Hermès no es tan reconocible a nivel masivo como otras marcas de moda, porque carece de logos. Sin embargo, se identifica en las altas esferas donde está tribu... o la tribu a la que quieres pertenecer.

Zara. La marca talismán que Amancio Ortega creó en 1975 fue el inicio del que hoy es uno de los consorcios de moda más importantes del mundo: Grupo Inditex. Es en los años noventa cuando comienza a extenderse por el mundo y hoy se puede encontrar en todo el orbe. Nació como una firma de ropa básica a precio accesible, pero apegada a las tendencias de la moda del momento. Se le criticó en su momento por crear prendas "demasiado parecidas" a las de grandes casas de moda y también se ha puesto mucho en el punto de mira su calidad. Sin embargo, a la fecha Zara tiene su propia personalidad, y si bien sigue tendencias y no necesariamente las impone, ha conseguido alcanzar un punto de originalidad que le atrae cada vez más seguidores. Además, hace colaboraciones con artistas o casas artesanales de confección para crear colecciones especiales. ¿La calidad? Hay de todo, pero ya se pueden encontrar prendas que seguramente durarán más de una temporada.

¿Quién la usa?
Prácticamente todo el mundo, desde abuelos hasta niños. Hay prendas para todos los gustos y estilos dado su precio accesible. Aunque de cuando en cuando presentan colecciones especiales que son un poco más caras, nunca serán inalcanzables. La usan reinas como Letizia de España o Kate Middleton de Inglaterra, o la infame Melania Trump quien hace unos años, al ir a visitar a los niños inmigrantes separados de sus padres, llevaba una chaqueta de Zara con la leyenda *"I don't really care. Do you?"*.

¿Qué dice de ti?
Dice que te gusta la moda y vestir bien. Y si la combinas bien con otras marcas, se amalgama tan bien que lo único que transluce es tu estilo. Dice también que eres un consumidor inteligente y que, si eres muy fan de seguir tendencias, no hay nada mejor que hacerlo con prendas que no desangren tu presupuesto. Zara es como un lienzo sobre el que puedes pintar lo que quieras. Lo que pintes ya dependerá de ti.

Gucci. Es otra casa legendaria de moda que data de principios del siglo xx y, al igual que Hermès, nace también como una casa de peletería y artículos de equitación. Como era un negocio familiar, con el tiempo los sucesores se pelearon por el mando y esto puso en riesgo al negocio en repetidas ocasiones. La historia de los Gucci es una saga con intrigas, traiciones y crímenes sobre la que han corrido ríos de tinta y se han hecho documentales y una película. Sin embargo, no hay que perder de vista su legado artístico: la lona impresa que nace en 1935 como solución creativa ante el embargo de piel en Italia, el bolso Bambú que es producto de otra carencia: la de la posguerra en 1947 y que se hace con cuero de cerdo. En 1961 Jackie Kennedy fue fotografiada llevando bajo el brazo un bolso en forma de medialuna que inmediatamente se bautizó como el "Jackie" y que ahora ha vuelto a la vida. La mascada Flora se creó para Grace de Mónaco en 1966 y se ha vuelto también un clásico. A pesar de tener línea de *prêt-à-porter* desde 1981, no es sino hasta 1990, cuando Tom Ford toma las riendas de la casa, que comienza el verdadero cambio de la casa. El golpe definitivo viene en 1994, cuando Ford crea su primera colección para mujer que fue un parteaguas en la moda del momento. Del *sex appeal* de Ford, Gucci se decantó después por la sofisticación de Frida Giannini, luego por el estridentismo de Alessandro Michele, la sobriedad de Sábato de Sarno y ahora por la genialidad de Demna Gvasalia. Gucci es una firma que, con más o menor balance, va de lo clásico a lo *funkie*; muestra de ello es que la han usado desde reinas hasta reguetoneros.

¿Quién la usa?

El público es muy cercano al de Vuitton; sin embargo, Gucci tiene un punto más *trendy* mientras que Vuitton es más partidario de seguir su propio camino. Además, Gucci es más balanceado en su consumo de ropa-accesorios, mientras que la marca francesa encuentra su fuerza principalmente en los accesorios. Quien consume Gucci tiene dos características: está interesado en mostrar su *sex appeal* y en decir que está al tanto de las tendencias de moda.

¿Qué dice de ti?

Que tienes *flair*, que eres sexy y tienes un punto lúdico al vestir. Si lo usas en toques dice que eres una persona cuidadosa de los detalles, que te preocupas por lo verdaderamente importante. Una persona con una buena bolsa y zapatos es cuidadosa de su aspecto y refleja seguridad, poder. Gucci en tu atuendo habla de tu gusto por el lujo y sabes el poder que puede tener una prenda para hacer girar cabezas a tu paso.

Dior. A la par que Chanel, es de las casas de moda que más hace soñar a los amantes del vestir. En el año 1947, Christian Dior devolvió a las mujeres del mundo el gusto de volver a soñar a través de la moda. Les trajo de nuevo el delicioso placer de la femineidad, la coquetería y, ¿por qué no?, la fragilidad y la delicadeza. Con el paso de los años muchos creadores han unido sus filosofías creativas a la de su fundador: Marc Bohan, Gianfranco Ferré, John Galliano, Raf Simons y Maria Grazia Chiuri para la línea femenina, y Hedi Slimane, Kris Van Assche, Kim Jones y Jonathan Anderson para las colecciones masculinas. El público para Dior ha ido madurando con el paso del tiempo, como es necesario para la evolución de una casa de moda. Hoy día, la mujer Dior es femenina, pero potente. Ha encontrado su poder al entender su tiempo sin sacrificar su personalidad y sus ganas de ser mujer. El hombre Dior ha aprendido un nuevo discurso de elegancia y hoy no tiene miedo del color o de usar elementos que antaño fueron prohibidos para su género.

¿Quién la usa?
Las personas que no tienen miedo de mostrar cuánto adoran la moda. El usuario de Dior gusta de llamar la atención, pero con clase. Su ropa y accesorios son irremediablemente sofisticados, a la moda y no se disculpan por ello. No obstante, es una marca que resiste perfectamente el paso del tiempo, cosa que sólo consiguen las firmas y prendas con un estilo atemporal. Por tanto, Dior es el uniforme de las personas que son y serán siempre *fashion*.

¿Qué dice de ti?
Si eres chica dice que eres delicada y juguetona, que no tienes empacho alguno en manifestar tu femineidad. Pero también dice que eres poderosa

y que sabes tomar decisiones por ti misma. Puedes ser delicada, pero no frágil: eres una mano de hierro con un guante de seda. Si eres chico dice que vives tu tiempo sin atavismos, que te gusta la moda e inviertes en ella y que no te importa lo que el mundo piense de ti... a menos que sea bueno.

Adidas. Es la firma deportiva que nos viene a la cabeza si pensamos en estilo de vida, más que en deporte. Adidas se ha posicionado como la marca de *sport wear* urbana por antonomasia. Cuando comenzaron a ponerse de moda hace unos años los trajes con tenis blancos en los hombres, la elección era Adidas, seguramente porque su imagen era menos invasiva que otras firmas deportivas. Nacida en 1949, su evolución ha sido tal que hoy es una de las marcas de prendas de vestir deportiva más importantes del mundo. Y aunque Nike le haga sombra, Adidas tiene una personalidad única que es bien reconocida por el consumidor.

¿Quién la usa?
Prácticamente todo el mundo: de 0 a 99 años, porque se acomodan a cualquier estilo de vida. Lo mismo acompañan un atuendo de *cocktail* en los adolescentes que un traje en los adultos y ambos se ven absolutamente *cool.* Y por supuesto, no olvidemos a los deportistas, que se trata de una marca de artículos deportivos.

¿Qué dice de ti?
Que vives tu momento. Que estás más allá de los mandatos de la moda, pero que un poco de estilo no le viene mal a nadie. Dice que eres joven de mente, cualquiera que sea tu edad.

Cartier. Es una de mis firmas favoritas por todo lo que representa, por su historia casi de cuento de hadas. Nacida en 1847, Cartier es sinónimo de la excelencia en joyería y relojería. Su fundador, Louis-François Cartier, ha sido llamado "Rey de joyeros, joyero de reyes" por la cantidad de creaciones que ha hecho para la realeza. Fue autor de uno de los primeros relojes de pulsera: El Santos, creado a petición del piloto de aviación Santos-Dumont en 1904. Desde entonces, sus conquistas en el mundo de la joyería y relojería han sido irrefutables y, hoy por hoy, sigue siendo la marca talismán y fetiche no sólo para los amantes del lujo, sino para aquellos que ven las joyas como inversión y como un elemento emocional que pasa de generación en generación.

¿Quién la usa?

Pocas personas, dado su perfil. Sin embargo, quienes entienden su historia y lo que una pieza de Cartier significa, la hacen suya porque significa llevar consigo historia, prestigio y súmmum de lujo. Es costosa, pero quienes la usan saben que la inversión lo vale. Muchas personas que quieren celebrar un acontecimiento en sus vidas lo hacen con una pieza de Cartier.

¿Qué dice de ti?

Que eres una persona única y valoras ese lujo discreto pero notorio que es una pieza de joyería importante —sin que esto tenga que ver con su tamaño— y que eres amante de festejar ocasiones importantes... y a ti mismo. Una joya de Cartier es, antes que nada, para ti. Luego ya viene el reconocimiento del mundo, que tampoco viene mal.

Quizás no estén entre las primeras diez, pero también son importantes dada su penetración e influencia en la moda. Más allá del negocio, estas marcas han llegado hasta el gusto del consumidor y no saldrán de ahí en una fecha próxima. Las he elegido al considerarlas no sólo válidas, sino fundamentales. Aquí las tienes.

Balenciaga. Es quizá la más ruidosa, pero con un discurso sofisticado e intelectual. El que fuera su anterior director creativo, Demna Gvasalia dice que: "En la moda hay que equivocarse, porque eso te hace crecer", con lo cual habla de que sus creaciones siempre sean de todo, menos aburridas.

¿Quién la usa? El propio Demna dice que sus clientes son aquellos que tienen interés en el espíritu de la *couture*. Y en lo trasgresor y poco común, agregaría yo.

¿Qué dice de ti? Que eres alguien fuera de lo común. Que piensas y vives diferente a los demás. Que eres una persona a la que le funciona la cabeza... incluso en el momento de escoger su ropa.

Valentino. Ha sido la firma de exquisitez, *flair* y elegancia italiana por antonomasia. Después de que Valentino Garavani se retirara en 2008, han sido Maria Grazia Chiuri y Pierpaolo Piccioli los encargados en sucederlo con un éxito enorme. Luego Alessandro Michele se subió al carro para darle a la firma un poco de su magia bohemia y divertida.

¿Quién la usa? Las personas con gusto por el "saber hacer" italiano, que lo mismo aprecian un buen corte que un estampado, unos zapatos sexys o una bolsa que despertará envidias. Es la persona que ve la moda como una necesidad y no necesariamente un lujo.

¿Qué dice de ti? Que eres atractivo. Que eres interesante, que eres una mujer o un hombre con aplomo, pero también con suavidad, con emociones. Que te gusta el color y la forma.... y el rock, porque sus prendas con estoperoles han llegado para quedarse.

Fendi. Era la peletería y maletería italiana más renombrada y ahora es una firma que todos los fashionistas desean. Detrás de sus prendas ha estado Karl Lagerfeld —nada menos— y Kim

Jones, quienes han creado un estilo para la mujer de mundo joven y sofisticada. Además, Fendi es autor del primer IT bag de la historia: el Baguette, que fue el primero en provocar filas en las tiendas para comprarlo.

¿Quién la usa? Quien quiere elegancia, historia y chic en un solo gesto. La llevan personas que buscan un punto bohemio, casi desenfadado.

¿Qué dice de ti? Que eres *smooth*, que te gusta la elegancia, pero no la tomas muy en serio. Que eres sofisticado sin afectaciones.

Jacquemus. Es joven y sexy, como su creador Simon Porte Jacquemus. Tiene prendas refinadas, de estilo purista, pero siempre con algún giro complicado en el diseño para hacerlas especiales. Sus bolsas están convirtiéndose en clásicos, lo mismo que su línea de hombre.

¿Quién la usa? Aún no tanta gente como se merece, pero esto es cosa de tiempo. Quien la lleva sabe reconocer una prenda de calidad y buen precio, además de cortes impecables. Se trata de un consumidor de nueva generación que valora la cercanía de la filosofía creativa de la firma.

¿Qué dice de ti? Que eres joven, en verdad joven. Que tienes un gusto exquisito y europeo, y que sabes invertir bien tu dinero.

Saint Laurent. No podía faltar la leyenda. Artífice del *sex appeal*, vanguardismo y osadía en forma de prendas que glorificaron la figura femenina, Yves Saint Laurent fue uno de los grandes que cambió el rumbo de la moda en el siglo XX. Tom Ford, Stefano Pilati y Anthony Vaccarello han tomado las riendas de su casa, imprimiéndole novedad y traduciendo su glamour a los nuevos tiempos.

¿Quién la usa? Las personas que están muy seguras de su atractivo, que se saben seductoras. Son ejecutivos o personas en

posiciones de poder... o que quieren tenerlo. Que no temen mostrar y mostrarse, pero siempre con elegancia.

¿Qué dice de ti? Que eres una tipaza o un tipazo. Que eres seguro, que hueles bien y que no hay imposibles para ti. Y que eres sexy, por supuesto.

Tiffany. Sí, escuchamos su nombre y nos viene a la cabeza Audrey Hepburn con un croissant y un café mirando sus escaparates. Tiffany es la joyería que desde 1837 ha fascinado al mundo con sus diseños. Son creadores del engarce Tiffany, que da una belleza única a los diamantes y, además, tiene un corte de diamante también con su nombre. Sus joyas las han usado desde la mujer de Abraham Lincoln hasta Beyoncé. ¿Su gran encanto? Que Tiffany tiene joyas para todos los presupuestos; es de las joyerías finas más democráticas del mundo.

¿Quién la usa? Quien gusta de su sobriedad y elegancia de diseño, quienes buscan joyas que los acompañen todos los días sin invadir, sino que se amalgaman a su personalidad. Las usan quienes prefieren joyas con significado y su línea de plata sterling acompaña idealmente a las personas que tienen sus primeros contactos con la joyería de lujo.

¿Qué dice de ti? Que eres clásico, elegante, sutil. Que tienes un gusto impecable.

Loewe. Es otra firma de peletería que de diez años para acá dio un vuelco convirtiéndose en una de las más deseadas por los seguidores de la moda. En Asia, la idolatran y las celebridades jóvenes y *cool* la han convertido en su uniforme. Jonathan Anderson hizo esta firma hip, diferente, intelectual, divertida e inclusiva. Sus bolsas son un básico en el guardarropa de cualquier individuo fashionista.

¿Quién la usa? Los jóvenes de espíritu. La gente que ve la moda desde un ángulo más intelectual y que valora la manufactura de primera calidad, además del diseño realmente único: sus bolsas son piezas casi arquitectónicas.

¿Qué dice de ti? Que te gusta el color, lo diferente y la moda poco comercial. Que tienes un punto de vista muy tuyo sobre el estilo y que no necesariamente coincide con los cánones de belleza tradicionales.

Bottega Veneta. Aunque más joven que las otras casas de peletería de las que hablamos, Bottega ha inundado las redes en los últimos años con sus bolsas tan especiales y coloridas: su manufactura es completamente artesanal y han hecho famosa su técnica de tejido de piel llamado *intrecciato*. Sus colores poderosos y su línea de ropa —nacida en 2005— ha entrado en la mente del consumidor de lujo con gran fuerza.

¿Quién lo lleva? Unos cuantos, los conocedores. Los amantes del lujo discreto, ausente de logos.

¿Qué dice de ti? Que eres mega chic. Que viajas... o que te enteras de lo más sofisticado y único de la moda.

Dolce & Gabbana. Es una firma que, comparada con las otras, es bastante joven. Nace en 1985 con la idea de decantar el *flair* italiano en prendas sexys y sofisticadas. Su evolución fue tal que hoy por hoy es una de las marcas de alta sastrería por excelencia, además de que ha sido capaz de traducir el folclor y la esencia del estilo italiano en prendas que embellecen la vida cotidiana de sus usuarios. Es de las poquísimas firmas que no pertenecen a un gran conglomerado de negocio, por lo que siguen fieles a sus propios principios creativos.

¿Quién la usa? Las personas que tienen una personalidad sofisticada, sin lugar a dudas. Tienen muy claro su deseo de conquistar y seducir. Son personas que adoran su esencia latina o que quieren hacerla suya.

¿Qué dice de ti? Que vas a la conquista del mundo: que tienes poder. Que eres una seductora o un seductor y que consigues lo que quieres en la vida de forma suave, sin presiones. Tomas lo que es tuyo.

Armani. Legendario, Giorgio Armani nació en 1970 y desde sus inicios creó toda una filosofía en el vestir que se convirtió en su rúbrica: la elegancia de la sencillez, el menos es más. Minimalistas, arquitectónicas y siempre balanceadas, las prendas de Armani son un sinónimo de elegancia. Gusta vestir a la mujer con vestidos fluidos, pero con chaquetas estructuradas para equilibrar la silueta. Sus trajes sin estructura para hombre dieron una nueva suavidad —y sensualidad— a la figura masculina.

¿Quién la usa? Las personas claras de mente que quieren que su ropa sea parte de ellas y no un ente independiente. Gente segura de sí misma, pero no agresiva.

¿Qué dice de ti? Que eres discreto, pero no te escondes. Que sabes que la elegancia está en la sencillez, en lo pulcro.

Prada. En la tradición de firmas de marroquinería que se transforman en casas de moda, Prada es una de las más notables. Nacida en 1913, Prada es fundada por Mario Prada cuya nieta, Miuccia, es quien la convierte en una casa de moda única a finales de los años setenta. Intelectual, feminista y comunista, ella siempre pensó que el acto de vestirse tenía una gran importancia a nivel social. Se le reconoce por ser autora de una nueva femineidad: ha utilizado elementos "denostados" del vestir diario como las telas estampadas de los sesenta y setenta o el madrás, creando con ellas prendas de sastreado extraordinario y volviéndolas elementos de deseo. Ha jugado con las lentejuelas, cristales, colores poco "agraciados", como el verde amarillento, y zapatos toscos, cosas "feas" a las que vuelve hermosas. Fue capaz de poner sus bolsas de nylon a la altura de las más lujosas de su competencia. Prada ha dado y dará mucho de que hablar en la moda.

¿Quién la usa? La gente que busca la moda, pero a través de elementos menos comunes y fáciles. Se trata de personas con cultura, con gusto por ir a la moda, pero sin dejar de lado la sobriedad. No olvides que hasta el mismo diablo ha vestido de Prada.

¿Qué dice de ti? Que te gusta lo original, lo menos común. Que eres joven y que tienes un muy particular sentido de la elegancia y estilo.

Givenchy. Aquí se nos vuelve a aparecer el hermoso fantasma de Audrey Hepburn, porque la actriz fue amiga y musa del creador, y vistió sus prendas en algunas de sus películas. Hubert de Givenchy es de los grandes que sentaron las bases de la nueva moda a mediados del siglo XX. Fundada en 1952, Givenchy era la firma que vestía a la alta sociedad del mundo. Su creador creía en una mujer versátil, que lo mismo puede vestirse con un traje sastre que con un suculento traje de noche o de *cocktail.* Es autor de los vestidos de talle alto a los que llama "silueta princesa" o las siluetas elípticas, herencia de su amigo e inspiración, Cristóbal Balenciaga. La casa ha tenido al frente de su dirección creativa a diseñadores como John Galliano, Alexander McQueen, Riccardo Tisci, Clare Waight Keller y Matthew Williams, que han dado a la casa un giro más contemporáneo. Fue Tisci quien la puso de nuevo en el mapa, dándole un aire más sofisticado y *kinky*... muy asociado con la alta sociedad a la que vistió su fundador.

¿Quién la usa? Quien entiende el poder de una prenda hecha a conciencia, chaquetas con hombros decididos o vestidos que caen como un guante. La llevan aquellos que quieren tener la última palabra. Poderosos, atractivos y sexys... pero siempre con sentido del humor.

¿Qué dice de ti? Que sabes quién eres, que estás al mando. Que puedes jugar, pero, cuando se debe, te tomas las cosas en serio.

Alexander McQueen. Como firma es una de las más jóvenes, pero como parteaguas en la moda contemporánea es de las más decisivas. Lee Alexander McQueen es un creador de clase obrera que acaparó la atención del mundo de la moda desde 1992. Se le reconoce como genio y su aportación directa a la moda ha sido tan grande y potente que, a pesar de ser breve, ya pivota el mundo de la moda contemporánea. Magistralmente, unió lo perverso y oscuro con lo divino y sublime, envuelto todo en una manufactura y sastrería impecables. Las calaveras eran su rúbrica, pero igualmente amaba los pájaros y las flores. Era provocador pero genial, por eso fue tan valorado hasta el día de su muerte en 2010.

¿Quién lo usa? Los rebeldes de corazón, quienes gustan de manifestarse en contra de lo establecido, pero con mucho estilo. Los amantes del negro, lo brillante y dramático. Los que tienen un poco —o mucho— de *dark*.

¿Qué dice de ti? Que eres inconforme y que siempre estás en la búsqueda de cosas nuevas. Que te rebelas ante las estéticas preconcebidas. Que quieres imponer tus propias reglas.

Y, claro, en un mundo como el nuestro, cuya oferta es infinitamente mayor a la demanda, por supuesto que hay más marcas dignas de mención, y seguramente alguna de la que tú seas muy seguidor no esté en esta lista, y me disculpo. Pero la moda es así: injusta, ya lo dijo Karl Lagerfeld. No obstante, hay marcas como Chloe, Marni, Ralph Lauren, Comme des Garçons, Maison Margiela, Burberry o The Row que están perfectamente sanas, pero que carecen de la influencia que tienen las anteriores en la mente del consumidor. Esto es moda: puro capricho. Y quizás en un año o diez, algunas de estas marcas ni siquiera estén entre las más importantes y haya nuevas, algunas de las que ni siquiera hayamos oído hablar y que apenas se estén cocinando. Pero esto es justamente lo que hace interesante este mundo: su volubilidad.

LAS MARCAS TOP A NIVEL DE GUSTO DEL CONSUMIDOR

Ahora, mis queridos lectores, vamos a hacer un viaje de regreso a la vida cotidiana. Es verdad que a todos nos fascina Valentino y Dior y Chanel y todo de lo que les hablé antes, pero la realidad de la mayoría de nosotros es que nos damos algún lujo de cuando en cuando y el resto del tiempo nos vestimos con lo que podemos, que no siempre coincide con lo que queremos. ¿Y sabes qué? Esto le sucede a todo el mundo. Salvo muy pocas personas, nadie puede ir vestido de grandes marcas o ropa millonaria para ir a trabajar o sacar a pasear al perro.

Por eso, muchísima gente vuelve la vista a firmas más alternativas, creadas por diseñadores o empresarios jóvenes, porque entienden más las necesidades y el gusto de la gente de a pie, y aún no han comprometido sus valores de marca en pro de volverse una potencia mundial de la moda. Estas marcas no son designadas como importantes o valiosas por las empresas que se dedican a medir los negocios, sino por editoriales o páginas web que analizan el gusto de la juventud: de los emergentes fashionistas. Por ejemplo, *The Business of Fashion* se encarga, temporada tras temporada, de publicar una lista de los mejores desfiles del mundo y, en muchas ocasiones, los grandes nombres no están en ella. La revista *Time* publica anualmente una lista de las cien mejores marcas en general y, en su apartado de moda, en 2024 aparecieron firmas como Gucci, Vuitton, pero también Levi's o Pandora. La revista elige las marcas acordes con encuestas realizadas al público *norteamericano*. Lo remarco porque, en efecto, las marcas favoritas o más vendidas pueden cambiar mucho de un continente a otro y más aún entre países. Si bien es verdad que México a nivel de gustos y consumo está bastante cercano a Estados Unidos, también tenemos nuestras variaciones.

Pero quien lleva la batuta en la elección de lo verdaderamente último de la moda es la página web Hypebeast. Llamada así por esta corriente de "bestias de lo *hype*", que significa jóvenes seguidores acérrimos de la moda, esta página presenta cada año a los cien creadores más influyentes de la moda, entre quienes, además de diseñadores, están marcas y personajes que han aportado algo al movimiento joven de la moda. Además de tener su salón de la fama con los cien mejores creadores y firmas, tienen una lista más con sus apuestas a futuro y un premio a las mejores marcas del año. No obstante, te encontrarás con nombres que no hubieras imaginado; por ejemplo, en 2024, Stussy, la firma de *streetwear* fue elegida la mejor marca masculina. Asics fue la mejor de calzado y la colección de Wales Bonner para Adidas fue la mejor colaboración con una marca de tenis. Es muy probable que muchos de ustedes ni siquiera sepan quiénes son. Y no los culpo, porque la moda se ha convertido en un océano, y las más de las veces vemos sólo lo que está en la superficie o lo que nos traen las olas a la playa. Sin embargo, hay otros que se han clavado a bucear dentro de esa inmensidad para ver qué hay en lo hondo. Yo he buceado algo y, aun así, me queda mucho océano por conocer, porque cada día surgen más marcas nuevas de ropa, accesorios, joyería... y seguirles el ritmo es imposible. Pero una de las cualidades que tiene Hypebeast es que analiza, sigue y reconoce a marcas de absolutamente todo el mundo, sin importar tamaño ni giro creativo: simplemente se fija en que su propuesta sea interesante y que ya haya gente interesada en ellas. Otra página fundamental para consultar es Highsnobiety que está al tanto de los últimos lanzamientos de moda *high end* y alternativa, pero también del mundo del lujo.

Sin embargo, a diferencia de lo más o menos estable que pueden ser las marcas de moda de gran negocio, las marcas *hype* tienen una gran movilidad. Algunas pueden surgir y durar un par de años, otras se afianzan y pueden convertirse en grandes compañías y unas más pueden ir de arriba abajo o entrar y salir cada año. Por eso, hacerte una lista ahora sería inútil, porque es muy probable que cuando este libro llegue a tus manos esté completamente cambiada. Sin embargo, voy a arriesgarme y, para darte una idea de las marcas más contemporáneas, haré una lista de aquellas que han comenzado como *hype* y que lo siguen siendo, pero cuyo éxito las ha ayudado a afianzarse como marcas alternativas firmes en el mundo de la moda.

1. Amiri

Fue creada por Mike Amiri en 2014 como una línea de ropa pensada para raperos y roqueros. Basada en prendas muy urbanas, su hit son las chaquetas de mezclilla y los jeans. A la fecha hace también prendas sastreadas, pero siempre con su sello: *patchwork*, grafitis, lentejuelas, cristales y bordados. Son prendas artesanales, lo cual eleva bastante su precio, pero esto no es un impedimento para que sus seguidores la hayan hecho un éxito enorme, incluso en Asia.

2. Martine Rose

Especializada en ropa masculina que extiende a las mujeres, Martine Rose es una diseñadora atrevida que toma inspiración en los *raves* de los noventa en su natal Inglaterra. Adora igualmente el reggae, los anuncios publicitarios clasificados —que llega a estampar en sus camisetas— y ha recuperado igualmente siluetas como chaquetas con hombreras, toreras o envolventes en diferentes materiales. Sus zapatos de punta cuadrada y sus pantalones ultra *baggy* son ya un sello característico de su firma.

3. Sacai

Creada por Chitose Abe, previo colaborador de Comme des Garçons, esta marca nace con esa vibra antimoda que tienen muchas de las firmas japonesas, pero siempre conservando valores de sastrería impecables. Desde su nacimiento a principios del milenio, Sacai se ha convertido en una firma de culto por crear híbridos con texturas y telas, consiguiendo de esta forma siluetas inesperadas y originales. Sus colaboraciones con Vans o UGG han sido súper celebradas.

4. Off-White

Es otra de las marcas jóvenes que tiene detrás una historia agridulce. Fue creada por Virgil Abloh en 2013 después de trabajar con Kanye West en sus proyectos de moda. La marca nació sin pretender ser moda, según el propio Abloh, que la definía más como un vocabulario para manifestar un estilo y personalidad. Sus bolsos con bandoleras amarillas que semejaban los resguardos que la policía usa en las escenas de crimen se volvieron una locura, y hasta ahora siguen en el imaginario colectivo como creación de Abloh. Sus prendas tienen mucho de hip-hop, pero también de sofisticación: llevó la moda urbana a un siguiente nivel, al punto que fue nombrado director creativo para Louis Vuitton. El diseñador murió de cáncer en 2021 teniendo tan sólo 42 años. Una pena.

5. Supreme

Nació a mediados de los años noventa, fundada por James Jebbia y pensada para crear prendas para los *skaters* o patinetos. Con una estética absolutamente urbana de jeans *baggy*, camisetas holgadas y tenis de tamaño gigante, Supreme fue una de las marcas que hicieron que la alta moda volviera los ojos a lo que se llevaba en la calle. Supreme tiene tiendas en Nueva York, Los Ángeles, Japón, Londres y París. Ha colaborado con marcas de alta moda como Louis Vuitton en 2017, Comme des Garçons o, por supuesto, con firmas de calzado deportivo como Nike y Vans. Estas colaboraciones llegan a ser tan limitadas que sus precios alcanzan sumas estratosféricas. Es una firma de culto absoluto y su gran fuerza radica en la influencia que ha tenido con firmas como Louis Vuitton, Gucci o Balenciaga.

6. Christophe Lemaire

Antes de crear su marca, trabajó para Lacroix, Mugler, Saint Laurent y Hermès. En muy poco tiempo ha conseguido el reconocimiento mundial por sus siluetas limpias y pulcras. Es amante de los tonos neutrales y a pesar de que lo han llamado el "nuevo Armani", Lemaire suele arriesgar más en los cortes y no le importa jugar con hombreras u *oversizes* para crear siluetas más contemporáneas. Sus bolsas Croissant o Scarf son un *must* entre las nuevas generaciones.

7. Ami Paris

Es también de las firmas jóvenes que adoramos. La creó Alexandre Mattiussi en 2011 y a la fecha ya se conoce —y usa— mundialmente. Si bien el creador cree en líneas masculinas y femeninas, gusta hacer *crossover* con sus accesorios, como las bolsas que son completamente unisex. Es una marca de mucha calidad a precio competitivo: ofrece guiños de alta moda cada temporada que permiten a las personas de menos recursos vestir con lo más *hip* por un precio más razonable. Sus sudaderas, suéteres y camisetas con su logo A en un corazón son el equivalente al Lacoste contemporáneo.

8. Jonathan Anderson

Es un creador pícaro y divertido que en su propia marca —es también el director creativo para Loewe— lo mismo usa personajes de manga que frases de literatura, retratos de pintores o ilustraciones de Tom of Finland. No niega su orientación sexual —uno de sus símbolos es la silueta de un pene—; sin embargo, sus colecciones van mucho más allá de hacer una proclama personal. Al igual que Gaultier se ha inspirado en los marineros y otra de sus siluetas talismán son los pantalones anchos tipo *sailor*. Sus sudaderas, bolsas con figuras de animales y zuecos son famosos hasta en la televisión.

9. Mugler

Histórica y emblemática en los ochenta y noventa, la casa creada por Thierry Mugler vuelve a ser tendencia gracias a Casey Cadwallader, el anterior director artístico de la marca, que llevó al siguiente nivel el geometrismo y las dramáticas siluetas arquitectónicas de la firma. Ha hecho ya una colección para H&M que se agotó en horas. Las nuevas vampiresas y *glam boys* no pueden vivir sin ella.

Y... ¿qué dicen de ti las marcas alternativas? Ésta es la parte que más me gusta, porque es mi filosofía de vestir desde hace muchos años: dicen que eres una persona curiosa, original y que estás en búsqueda de novedad, pero de novedad en serio, no de *una nueva versión de...* y que quieres encontrar prendas diferentes... menos "quemadas" por una simple razón: tú eres diferente, piensas distinto y no quieres ser una versión de alguien más, quieres ser tú. Es en esta búsqueda que nos salen al paso las nuevas marcas y creadores que ofrecen prendas más afines a nosotros, con un discurso más contemporáneo y que sentimos que nos hablan al oído, al tú por tú. Pero no hay que ser un absoluto disidente de la moda clásica para que nos gusten: podemos mezclarlas con las tradicionales y encontrar un propio y muy personal collage de estilo... que no se parezca al de nadie más. Vivimos en tiempos de la individualidad, y si bien somos seres humanos que necesitamos la compañía de otros —por eso buscamos tribus— necesitamos diferenciarnos en los detalles para no ser idénticos a otros: ahí está la maestría de la individualidad.

Urbanidad y saber estar: no hay estilo sin ellos

capítulo 9

Además de escribir, siempre me ha gustado mucho leer. Fue una de mis tías quien me inculcó el amor por la lectura desde muy niño. En la secundaria, ya era un *freak* que prefería pasar los recreos leyendo en lugar de ligar o hacer el imbécil con otros chicos de mi edad. La profesora de español, que me tenía especial aprecio, solía recomendarme constantemente libros más allá de lo que leíamos en clase; por ejemplo, *Clemencia* de Ignacio Manuel Altamirano, *Corazón* de Edmundo de Amicis y *Mujercitas* de Louisa May Alcott, entre muchos otros. No sé si la profesora no me recomendó obras un poco más contemporáneas porque, al igual que yo, era un alma vieja, o simplemente porque pensaba que eran clásicos que iban más acordes con mis doce años. Al ser medio *nerd*, tranquilo y buen estudiante, ella decía que yo era un niño bien educado. Entonces no lo tenía claro, pero ahora puedo decir que sí, más aún comparado con lo que abundaba en mi grupo de secundaria. Seguramente por eso, mi profe me regaló un ejemplar del *Manual de urbanidad y buenas maneras* de Manuel Antonio Carreño. Se trata de un libro escrito en 1852 pero que, curiosamente, se sigue publicando y vendiendo hasta la fecha. Tiene muchos consejos que hoy ya suenan anacrónicos, como, por ejemplo, la recomendación de no dormir desnudo, porque en caso de una emergencia y tener que abandonar tu casa te quedarías en pelotas en la calle, o bien no hacer bolitas con el migajón del pan y lanzárselas a tus vecinos de mesa. Esto, más que faltas de educación, me parecen un infortunio el primero y una idiotez el segundo. Sin embargo, a pesar de tener más de 170 años, hay muchos aspectos del libro que siguen vigentes, especialmente los que hacen referencia a tener empatía y respeto por la persona que tenemos al lado. Para mí ésa es la clave de toda buena educación.

Si bien es cierto que la educación comienza en casa y continúa en la escuela, uno puede seguir aprendiendo y educándose a lo largo de la vida. Al igual que la moda y el estilo, las costumbres —tanto las buenas como las malas— cambian también con el tiempo. Por ello, me parece fundamental que existan nuevas reglas de comportamiento, de etiqueta y que se vayan actualizando con relativa frecuencia. Una persona que se comporta adecuadamente cabe en cualquier parte, como dirían las abuelas. Pero hoy día, con la conquista de tantos nuevos derechos del individuo, a veces es complicado no pisar un poco el espacio vital de la persona que tenemos al lado. Por ello, echemos mano de esos valores que nunca van a estar de más: el respeto al derecho ajeno, como ya lo dijo Benito Juárez, empatía y tolerancia. El "no hagas a otros lo que no quieras que te hagan a ti", vamos. Si se aplican de corazón estos principios esenciales, verás cómo comportarte con estilo llegará casi de forma intuitiva y natural. Pero, aun así, para quienes necesiten ayuda para conocer las reglas básicas del buen comportamiento, *de comportarte con estilo*, aquí te desgloso algunas....

USO DE TELÉFONOS CELULARES

Llegaron para hacernos la vida infinitamente más fácil, pero también para convertirnos en la generación con menos contacto social de la historia. Quienes superan los cuarenta años —como yo— recordarán cómo eran los viajes en metro o autobús de nuestra época: la gente se acompañaba de un libro, una revista, un walkman, se dormía o bien se dedicaba a ver lo que pasaba a su alrededor. ¿Cuántos ligues no salieron de un viaje en metro a la universidad o al visitar a una tía? ¿A cuántos ladrones y "manos largas" que se pasaban de listos con las chicas no sorprendimos? Mi propia madre expuso públicamente a los abusivos que llegó a sorprender en el transporte, que huían cual ratas cuando el resto de los pasajeros se unía al escarnio público del maleante.

Hoy vivimos pegados a una pantallita, y me incluyo. Pero lo malo es que no sólo sucede en los trenes, aviones, autobuses... sucede cuando estamos acompañados de otras personas a las que conocemos. En mi novela *Bloggerfucker* describo una escena donde un grupo de periodistas e *influencers* están en un desayuno sentados a la mesa y nadie habla con su vecino, absolutamente todos están clavados fotografiando y posteando cosas en su teléfono, sin mirar siquiera a la persona que tienen al lado. Aunque la escena es de ficción, me inspiré en la realidad para escribirla porque, en efecto, me ha tocado vivir eventos donde la gente en una mesa no charla: sólo está absorta en la pantalla de su celular. Nos hemos vuelto personas que viven a través de su teléfono, que se mueven en las ciudades yendo de un lugar a otro con mínimo contacto con el exterior. La vida se está volviendo en algo que transcurre entre la última vez que consultamos la pantalla del celular y la próxima vez que lo haremos. En una ocasión, un ciclista que iba delante de mí paraba en cada alto y sacaba su teléfono para revisarlo y hacer *scroll*. ¿Cuánto tiempo había pasado de un alto a otro? Un minuto, quizás un poco más. ¿Qué podía haber cambiado en ese lapso? Y ya, si era algo tan importante, es mejor quedarte en tierra y resolver el apuro antes de subirte en una bicicleta y exponerte a un accidente por no prestar atención al tráfico. Todo esto resulta triste, ¿no crees?

Tengo la impresión de que, si hacemos un uso correcto de nuestros teléfonos y computadoras, podemos quitarles lo triste y hacerlos lo que son: una comodidad, una ayuda... y un motivo para ser más felices.

Aprendamos a usarlos...

...en la mesa de casa: además de no hacer ruido con la comida, tener la boca cerrada al masticar, hablar demasiado alto y comer con los cubiertos

correctos (siempre usándolos de fuera hacia dentro), hoy día el mal comportamiento en la mesa se extiende también al uso del celular. Si estamos solos, tenemos más libertad de hacer lo que nos dé la gana; sin embargo, si les he dicho que hacemos un uso desmedido de nuestro teléfono, quizás hay que buscar actividades alternativas, como leer un libro o una revista... y así evitamos que se extingan. En fin, pero al estar solo puede valer que te acompañes del celular. Sin embargo, si estamos acompañados, entonces hay que poner un poco más de nuestra parte. Primeramente, hagamos lo posible por no llevar el teléfono a la mesa, a menos que sea un asunto de vida o muerte. Si te resulta muy difícil desprenderte de él, déjalo en el bolsillo y sácalo solamente si es necesario. Evita ponerlo sobre la mesa y, si tienes que hacerlo, ponlo con la pantalla hacia abajo. Recuerda: consultar o navegar con el teléfono mientras otros miembros de tu familia tienen una conversación que no te interesa o no está dirigida a ti, es cero *cool* y habla pobremente de ti.

...en un restaurante: las reglas son casi las mismas, aunque en este caso recuerda que estás rodeado por otras personas a quienes puedes incomodar con tus actos. Primero, ponlo en silencio. Luego, evita su uso mientras estés con otros comensales. Una vez más, consúltalo a menos que sea un asunto verdaderamente importante.

Si tienes que tomar una llamada, hazlo en un área más privada del restaurante, como el baño, el patio o el foyer. Evita hacerlo en la mesa, porque además de cortar el rollo a tus compañeros de mesa, molestarás a la gente de alrededor.

Nunca veas videos con sonido ni escuches música con volumen en un restaurante... y yo te diría que en ningún otro lugar público. Lo que para ti es difícil de entender al tener un sonido de calidad limitada, alrededor de ti se percibe como chillidos o ruidos tremendamente desagradables. Si es tan importante enseñarle un TikTok, un YouTube o un meme a tu compañero de mesa, mejor reenvíaselo y coméntenlo después. Y si te acaba de llegar, espera a estar en un lugar tranquilo para abrirlo... o ponte audífonos, que para eso se inventaron.

...en una cafetería: aunque éste es un ambiente más relajado, las reglas son las mismas. Sólo que aquí se suman algunas más, porque es donde por lo general vamos a trabajar con nuestras computadoras y otros dispositivos electrónicos. Primeramente, seamos justos con el sitio que nos permite usar sus instalaciones como oficina, y no nos colemos sin consumir algo. Eso es cero *cool*. Pídete un café, un té o una botella de agua como mínimo. Y si estás ahí todo el día, trata de consumir un poco más. Recuerda que, aunque sea un Starbucks, el lugar tiene gastos de electricidad, wifi y empleados. No abuses de ello.

Evita acaparar los enchufes, no conectes tu celular, computadora, audífonos o algún otro implemento electrónico que lleves; recuerda que hay otros que también necesitan electricidad.

Evita el uso del altavoz. La sociedad últimamente hace el peor uso de este modo de comunicación. El altavoz se creó para usarse cuando estamos ocupados haciendo una actividad que requiere de nuestras manos. Es comodísimo si se usa en el coche, en una reunión, mientras hablas con tu madre y estás cocinando, o cuando estás en tu oficina o en otro lugar *cerrado* y *privado*. Hoy, la gente habla con el altavoz en el metro, el autobús, la calle, restaurantes o hasta en el cine (lo que me parece el colmo de la pésima educación y lo *uncool*). Nadie tiene necesidad de enterarse de tus conversaciones, *nadie*, más que tu interlocutor. Además, cuando hablas a través del altavoz, por alguna razón que no entiendo, subes el volumen, quizá porque piensas que así la otra persona va a escucharte mejor. Error. La cantidad de ruido que produces tú hablando alto y la voz de la otra persona distorsionada genera una estridencia que debería ser castigada con la cárcel. Sí, así es de desagradable. Además, hay individuos que van hablando por altavoz como si ellos fueran los únicos que tienen teléfono inteligente: lo ostentan, presumen y alardean. No hay nada de qué estar orgulloso: es una función de tu teléfono como el de la mayoría de los habitantes del planeta. ¿Mi consejo? Olvida el altavoz en público. Lo mismo que el FaceTime o las videollamadas. Estas funciones están diseñadas para comunicarte de forma más eficiente con las personas que te importan, no para causar molestias en las que te rodean. Lo *cool*: si tomas una llamada telefónica en público es hacerlo en voz baja y por el modo normal, no por el altavoz ni el video.

REDES SOCIALES

Se han escrito ya tomos enteros sobre las reglas, la etiqueta y cómo actuar adecuadamente en las redes sociales, y yo no pretendo hacer aquí lo mismo. Mi intención es hacerte notar cómo, lo que posteas, habla en muchas formas de la persona que eres. En este caso, me gustaría darte algunos consejos para que lo que subes a las redes sea siempre *cool*, porque es la persona que eres... o la que aspiras ser.

a) Sé tú... (a menos que lo tuyo sea no ser tú). Las redes sociales, a mi ver, son como un diario: es la anotación de un momento importante en tu día o tu semana, en caso de que no seas tan activo posteando. Puede ser un momento gracioso en tu quehacer cotidiano, un instante que creas que puede resultar agradable o divertido para la gente que te sigue. Postea de forma natural, desde tus zapatos nuevos hasta una combinación de ropa interesante que hayas conseguido; comparte tu experiencia en un restaurante que no conocías, una tienda, tu fin de semana, vacaciones o tus mascotas. Pero evita postear imágenes que engañen a tus seguidores, es decir, que no sean honestas o ciertas, porque parecerá que estás buscando parecer algo que no eres. Este tipo de "engaños" son realmente evidentes y, además de decepcionar a la gente que te aprecia, atraen el odio de algunas personas que no tienen nada mejor que hacer. ¿Sí sabes a qué me refiero? A pretender ser *influencer*, famoso o rico sin serlo. Aunque parezca que la gente se traga las mentiras, no es así. Además, abres la puerta a los *haters*, que son como la humedad y se cuelan por doquier. No publiques una foto de la playa o de París si estás en la oficina —a menos que sea un #tb o un recuerdo de tus vacaciones—, no postees como tuyas fotos de alguien más para hacerle creer a la gente que estás en una fiesta, un desfile de modas o un concierto. Es innecesario, de mal gusto y nada *cool*.

Hace tiempo, había un chico que me seguía en redes y me contactaba constantemente para pedirme consejos sobre cómo hacer carrera en el mundo de la moda; charlamos un par de veces y comencé a seguirlo. Sus posts eran engolados y pretenciosos, de modo que, ya de entrada, resultaba repelente. Subía prendas que "disfrazaba" de caras, pero si hacías zoom y te fijabas en los detalles, se notaba que era ropa de *fast fashion* a las que les había agregado algún detalle aquí y allá para hacerlas pasar por "Guccis" o "Pradas", pero que para alguien que sabe de moda, el engaño era obvio. Luego, el chico iba a las boutiques de lujo a probarse bolsas o zapatos, se tomaba fotos y luego no compraba nada. Entonces, subía las fotos y te hacía creer lo contrario. Encima, tenía seguidores comprados. La verdad era que me caía bien; así que un día le dije que, si realmente quería hacerse un lugar en la comunicación de moda, debía ser serio, y al tener un perfil lleno de publicaciones falsas o sesgadas, al único al que engañaba era a sí mismo. El chico borró la cuenta un poco más tarde y, a mi parecer, fue lo mejor que pudo hacer.

b) Y si tú no eres tú... Si has decidido crearte un personaje para tus redes sociales, ya sea porque te divierte, porque te ayuda a satisfacer un deseo creativo o porque has comprobado que puede ser un modo de vida económicamente redituable, entonces hazlo bien y pon todas tus ganas en ello. Los *influencers*, al fin y al cabo, son personajes y, salvo contadas excepciones, la mayoría de ellos no tienen el estilo de vida que aparentan. Los creadores de contenido de moda, por ejemplo, usan en su mayoría ropa prestada por las marcas de moda. Para ir a un evento determinado de una firma, reciben un atuendo completo para usar en esa ocasión y luego tienen que devolverlo. Muchos de ellos cobran por hacerlo —especialmente si tienen muchos seguidores reales y comprobados— o se quedan con algunas prendas como pago. Y sucede lo mismo con los que hablan de gastronomía, viajes, coches o de cualquier otra rama de lo que conocemos como *lifestyle*.

Pero siendo justo, no voy a generalizar, porque hay creadores de contenido que en efecto reflejan la vida que tienen: son clientes de las grandes marcas de moda, van a los mejores restaurantes y tienen unos coches de miedo. Y no es que "aparentar" —por decirlo de alguna manera— sea incorrecto, sino que simplemente debe tomarse como lo que es: una forma de comunicar, de dar un mensaje del mundo del lujo. Es un trabajo, remunerado a veces, que trae un beneficio lo mismo al *influencer* que a la marca que lo patrocina. Esto me queda muy claro porque así era el periodismo hasta hace unos veinte años: cuando fui reportero de sociales en el periódico *Ovaciones* y más tarde entré a las revistas *Marie Claire* e *Infashion*, la mecánica era parecida: recibías invitaciones a viajes, desfiles o fiestas con la finalidad de que escribieras sobre ello. Es así de simple. Y, por supuesto, cuando dejé de trabajar para un medio de comunicación, las invitaciones se acabaron. Nadie me iba a invitar por mi linda cara. Por ello, entendamos el tema de los *influencers* y la creación de contenido como un trabajo. ¿Que puede ser satisfactorio y lucrativo? Por supuesto, pero entonces hay que hacerlo de forma profesional y, si es a lo que tú aspiras, te doy tres consejitos:

- ***Encuentra tu voz:*** no imites a nadie, busca el mensaje que quieres dar y cómo quieres darlo. Piensa si quieres ser un comunicador divertido, uno muy serio y documentado o uno más distante y "diva style". Personalmente, estos últimos son los que menos me gustan porque comunican desde una postura de superioridad que a mí me resulta repelente, pero reconozco que pueden ser divertidos y, si logran su objetivo de volverse inalcanzables, pueden incluso convertirse en personajes que otros querrán imitar. Pero también son los que se exponen más al escarnio y a los *haters*, porque son personajes de amor-odio.

- ***Sé profesional:*** piensa que si te quieres dedicar a esto como medio de vida o simplemente hacerlo bien, tienes que hacerlo de forma seria. Primeramente, no des información ambigua. Si vas a hablar de maquillaje, por ejemplo, haz referencia a los productos que conoces y usas, y no hables de algo que "has visto" o "te han dicho". Al comenzar a contactar con agencias de comunicación o relaciones públicas de los temas que te interesen —moda, belleza, restaurantes, hoteles— no pretendas que te inviten o regalen nada así de primera. Pide información y postéala como gesto de buena voluntad y por la intención que tienes de hacer las cosas profesionalmente. Así irás ganando la confianza de las agencias y la de tus seguidores. Ahora, si quieres hacer esto sólo para que te regalen cosas, ya empezaste mal. Los RP, que no son tontos, se dan cuenta de inmediato y lo único que conseguirás es exponerte y cerrarte puertas.
- ***Ten mentalidad de servicio:*** los *influencers* que promueven productos por compromiso se notan a diez kilómetros. Tienes que creer en lo que promueves, tiene que gustarte. Y si no es el caso, intenta dar un punto de vista lo más objetivo y honesto posible de eso que estás promoviendo a fin de dar a tus seguidores un servicio informativo. Si promueves algo que te gusta, en lo que crees y te parece interesante, hazles saber a tus seguidores por qué razones te gusta y te atrae. Dota a tus posts de un punto de vista editorial y serán más atractivos y serios.

c) Haters y otras costumbres despreciables de las redes: los *haters* y *trolls* son el pan de cada día. Los había antes, los hay ahora y, desgraciadamente, los seguirá habiendo. No quiero dedicarles demasiado tiempo a estas personas porque no creo que lo merezcan. Sin embargo, a lo que sí debo exhortarte es a que tú no te conviertas en uno. Es muy fácil y a veces lo haces sin darte cuenta. Si comentas una publicación ajena con ánimo de burlarte, de sobajar, humillar y reírte de alguien, entonces eres un *hater*. Y atención: no tienen que ser insultos evidentes, pueden ser palabras mal empleadas u opiniones sin fundamento que también transmiten odio. Hay que tener cuidado con esto, porque las depresiones y suicidios se han incrementado en el mundo por cosas como éstas.

La gente que publica insultos y comentarios racistas, machistas u homófobos ocultos tras un perfil anónimo sólo muestran cobardía y una autoestima inexistente. Son como eran antaño los montoneros, que insultaban o agredían, protegidos por una turba de personas que hacían lo mismo, y así la culpa y la maldad se repartía entre más individuos; pero cuando alguien preguntaba quién había sido, nadie daba la cara. No te vuelvas uno de ellos. No es *cool* y, por supuesto, es lo más lejano a tener estilo que existe en el mundo.

Ahora, también los invito a dejar de postear cosas que no le importan a nadie:

- ***Unboxing.*** ¿En serio? ¿Abrir un paquete frente a la cámara? ¿Para qué? Se ha convertido en un fenómeno omnipresente en redes, pero a veces parece más una exhibición de estatus que un contenido realmente útil. Desde el "Miren todo lo que me regalan" hasta "El nuevo iPhone trae un cablecito y una calcomanía...", muchas de estas revelaciones no aportan nada que no esté ya descrito en la caja. Claro, hay un componente de emoción en descubrir un producto, pero ¿realmente necesitamos verlo en tiempo real una y otra vez?
- ***Tus borracheras.*** Es lo menos *cool*. Y seguro esa publicación se volverá en tu contra en cualquier momento.
- ***Videos de animales en malas condiciones.*** Quizá la intención sea buena, pero el resultado no. El hecho, más que concientizar, se vuelve un acto morboso desagradable.
- ***Videos sobre la desgracia ajena.*** Esto habla peor de quien postea que de quien aparece en el post.
- ***Posts donde agredas o insultes*** *otras posturas políticas, religiosas y sociales que no son la tuya.*
- ***No adoctrines.*** Opina, pero no pretendas que posees la verdad absoluta de algo... mucho menos si no la tienes.

CONDUCTA EN LUGARES PÚBLICOS

Una persona muestra su estilo en prácticamente todo lo que hace. Mira cómo se bajan del coche las estrellas que llegan a una gala, a una *red carpet*. Observa a algunas mujeres u hombres caminar en la calle con seguridad, con aplomo, con firmeza. Dan ganas de mirarlos por horas. Fíjate en esas chicas que leen en una cafetería, a los grupos de amigos que toman una copa en una mesa al aire libre. Escúchalos reír y charlar. Sus movimientos, sus gestos y expresiones dicen sin necesidad de describir quiénes son. No tienen por qué necesariamente ser guapos, pero definitivamente son atractivos.

Ahora, mira la gente que habla a gritos, que utiliza el celular como altavoz y escucha lo mismo música o mensajes de voz a todo volumen, o que tiene conversaciones de las que se entera todo el mundo por el famoso tema del manos libres del que ya te hablé antes. Observa a los que viajan en el metro o autobús y se despatarran en el asiento y no dejan sentar a nadie al lado suyo o, peor, los que ponen bolsas o mochilas en los asientos vacíos sin importar que el vagón vaya lleno. Pon atención en las mesas vecinas a la tuya en un restaurante y nota a la gente que habla como si se hubiera tragado el megáfono, llama a gritos al mesero y además lo trata con desprecio. Mira también esa gente que va por la calle burlándose de otras... y que no se han visto en un espejo. ¿Te das cuenta de que unos son agradables y los otros justo lo contrario? ¿En qué equipo te gustaría jugar a ti? Estoy seguro de que en el primero, así que lee con atención lo siguiente.

Para empezar, piensa en la calle como tu escenario, como tu pasarela, como el sitio donde mostrarás quién y cómo eres. Mi abuela solía decir que fuera de casa es donde demuestras lo que aprendiste dentro de ella, y tenía mucha razón. Todo eso que te han enseñado en casa, la escuela y que has aprendido por tu cuenta se pone en práctica en la sociedad. Y, para mí, los dos principios básicos son la *empatía* y el *respeto* por el de al lado. De ahí parte todo. Simplemente trata a los demás como te gustaría que te trataran a ti, y proyecta una imagen como la que admiras de otros ahí fuera. Éstas son las principales reglas por observar para ser una persona con estilo y glamour en lugares públicos:

- A menos que tu interlocutor tenga un problema auditivo, *no hables a gritos*.
- Si fumas, hazlo en las áreas designadas para ello. No hay que pasarse de listo y *encender un cigarro donde está prohibido*: “Igual y no me cachan”.
- Dirígete con respeto a cualquier persona que te ofrezca un servicio: un mesero, el valet parking, el portero de tu edificio, el guardia de tu oficina o los vendedores de una tienda. *Su trabajo es ayudarte, no tolerarte*.
- Los memes que circulan en línea muchas veces son un gran reflejo de sabiduría popular. Hay uno que me encanta y te recomiendo: “¿Llegó? Salude. ¿Se va? Despídase. ¿Le preguntan algo? Responda. ¿Le hablan? Escuche. ¿Abre? Cierre. ¿Ensucia? Limpie”, y es mucho más largo, pero me parece que son las *reglas más básicas de respeto y convivencia* que existen.
- *Si paseas a tu perro*, recoge las heces y lleva una botella de agua para enjuagar los orines.
- Una vez más —no me cansaré de repetirlo— no uses el altavoz de tu teléfono de forma innecesaria. *Ponte los audífonos*, para eso fueron creados
- Los altavoces portátiles inalámbricos son uno de los grandes inventos contemporáneos, pero a mi forma de ver *no deberían salir de tu casa*. Que te acompañen en la cocina, el baño o el estudio... incluso en tu jardín. Pero llevarlos en la bicicleta, la moto o, peor, en la mochila si vas caminando por la calle, es lo menos *cool* que existe.
- ¿Te bañas en perfume? Es cero *cool*. El aroma excesivo de una fragancia es muy molesto y más aún en lugares cerrados, como un restaurante, el cine o una tienda. *Perfúmate como decía Mademoiselle Chanel*: sólo en los lugares donde quieres que te besen.
- Si eres mamá y llevas el carrito de tu bebé, tienes prioridad de paso, acceso y muy probablemente siempre hay alguien que te ayude si lo necesitas. No obstante, también tienes que poner de tu parte y circular con

cuidado a pesar de tener la preferencia. A mí a cada rato me pasan las rueditas de las carriolas por los pies o me pegan por la calle y ni siquiera me ofrecen una disculpa. *Sé una madre* cool, no lo opuesto.

- *Aséate*. Suena a obviedad, sin embargo, nos topamos con gente desaseada constantemente. Si trabajas con otras personas u ofreces un servicio, báñate. Si vas al médico, a que te den un masaje, al salón de belleza o la peluquería, báñate. Si sudas en exceso o tienes un humor fuerte, usa desodorante y báñate.
- Lava tu ropa. *Usar ropa sucia es igual a estar sucio*. Además, la ropa sucia es notoria y da una pésima imagen de quien la lleva.

COMPORTAMIENTO LABORAL

Se han escrito tomos enteros sobre etiqueta laboral, vestirte como líder y esas cosas. Yo trataré de resumírtelo en unas cuantas líneas, más enfocadas en el tema que nos atañe: el estilo. En *El libro del estilo*, mi segunda obra de ensayo de moda, hablaba de la importancia de ser uno mismo y de cómo trasladar tu persona a las diferentes circunstancias de tu vida. Tú no tienes que ser una persona en tu casa, otra en la calle, una más en el trabajo y otra de vacaciones. No: eres la misma persona, sólo que te mueves en diferentes circunstancias, y simplemente tienes que saber cómo adaptarte a ellas.

En tu ámbito laboral, además de comportarte de manera profesional, tienes que saberte llevar como persona; es decir, mostrar un lado humano, porque eso te hará más cercano, más empático con tu entorno. Además, es fundamental saber *vestir* tu profesión, sin que esto te empañe como individuo. Éstos son los tips que te recomiendo:

- Adopta las reglas de etiqueta de tu trabajo, *pero muestra quién eres tú* en los "espacios libres". Por ejemplo, si tienes que llevar traje o vestimenta formal, dale un toque más vivo a tu maquillaje, joyería y accesorios.

- Si tienes una filosofía de vida que se refleja en tu vestimenta, tienes que saber *conjugarla de forma moderada con tu imagen profesional*. Por ejemplo, si eres muy sexy y tienes una personalidad seductora, no la obvies en la oficina, y ten cuidado con los escotes, largos de faldas y prendas excesivamente ajustadas. Lo mismo para los hombres con cuerpo de gimnasio: no usen ropa que parece que va a reventar en cualquier momento. Si eres punk, *dark*, hippie o cualquier otra corriente con una forma de vestir muy marcada, lo mejor es dejarla fuera del trabajo, o simplemente juega con un guiño discreto que hable sin estridencia de tu forma de pensar.
- *Respeto, respeto, respeto*. Dirígete a tus superiores con respeto, pero también a las personas que forman parte de tu equipo, porque así se demuestra grandeza y humildad. Sonríe lo más que puedas, pero sin empalagar. Sé amable, pero no servil. Si debes ser estricto, hazlo con firmeza, pero sin arrogancia.
- *Si no tienes confianza con la gente*, cuida tus bromas. Pueden ser tomadas a mal.
- Si tu lugar de trabajo es *más liberal en los temas de vestimenta*, sé igualmente cauto con lo que te pongas para ir a trabajar. No uses prendas demasiado estridentes o provocativas. ¿Eres fashionista? Fantástico, sólo ten cuidado en no exagerar; recuerda que estás en tu trabajo, no en una fiesta.
- No hagas cosas de las que puedas arrepentirte: beber de más en una reunión, dejarte llevar en una discusión, insultar o tener un comportamiento agresivo con tus compañeros. Esto deja *una mala imagen muy difícil de borrar*.
- ¿Romance en la oficina? No hay problema, sólo sé discreto. *Es recomendable mantener tus relaciones personales fuera del trabajo*, recuérdalo.
- ¿Brillos, pedrería, lentejuelas, plumas, estampados excesivos en la oficina? Sí, por qué no. *Sólo hay que llevarlos en toques, en detalles*. Dan a tu guardarropa alegría y te hacen lucir chic.

DE VISITA

Antaño existían muchísimas reglas a este respecto, porque nuestra sociedad solía ser mucho más formal y reglamentada en temas sociales. Hoy las cosas se han relajado mucho más, pero eso no quiere decir que no existan reglas cuando visitamos una casa que no es la nuestra.

- Suena obvio, pero *saluda y despídete* correctamente de tus anfitriones, ya sean amigos tuyos o familiares.
- Nunca hagas visitas sorpresa a nadie: avisa siempre. Pones en aprietos a una persona que *no esté preparada para recibirte*.
- Si es la primera vez que visitas una casa, sé respetuoso. No toques nada ni te metas en áreas donde tu anfitrión no te ha dado acceso. Si la persona que te invita quiere que veas una habitación, te dará un recorrido por la casa o te invitará a que lo hagas tú. Sé discreto con los comentarios que hagas acerca de tus impresiones de su espacio: lo mismo si es un lugar ostentoso y lleno de lujos como si es modesto e incluso descuidado. *Piensa que tu anfitrión está abriendo para ti un espacio íntimo* y tú debes ser respetuoso con ello.
- En caso de que no sea la primera vez que visitas esa casa y por mucha confianza que tengas con tu anfitrión, no abuses. Avisa siempre si necesitas moverte del lugar donde te han dejado —ya sea al baño o a otra habitación— y evita tomar algo *sin pedirlo antes*. La confianza es importante, pero también es bueno mantener ciertos límites.
- A una invitación a comer, a cenar o a un festejo, *nunca llegues con las manos vacías*, aunque el anfitrión te haya dicho "no es necesario que traigas nada", porque esto se dice siempre por cortesía, pero es parte del juego social. Siempre lleva una botella de vino, galletas, chocolates o flores, que siempre son bienvenidos.
- Respeta los códigos de vestimenta que tu anfitrión te solicite, en caso de que lo haga. *Si la ocasión es formal, viste acorde con ello*. Pero siempre que

vayas de visita a un sitio, trata de ir correctamente vestido. Esto habla bien de ti.

- Jamás lleves invitados extra si se trata de una ocasión especial o íntima, y menos si los lugares son asignados. *Siempre consulta a tu anfitrión antes de llevar a alguien*, especialmente cuando la invitación es personal.
- Si vas a una cena en la que todos los comensales tenían asignado llevar uno de los tiempos de la comida —ensalada, quesos, embutidos, algún platillo cocinado o postre— *jamás pidas llevarte "lo que sobra"* de lo que tú llevaste. Es de pésimo gusto. Espera siempre que el anfitrión te lo ofrezca.
- *Siempre come y bebe moderadamente*. Hacer lo contrario es muy poco *cool*.

Y si eres tú quien recibe visitas...

- Que tu casa esté limpia y visible, especialmente los baños y donde piensas recibir a tus visitantes. *Si hay áreas que no quieras enseñar*, mantén las puertas cerradas.
- Si recibes *visitas imprevistas*, trata de ser lo más cortés posible, por muy incómodo que puedas sentirte.
- Si eres de esos individuos "new age" que le piden a la gente que se quite los zapatos para entrar a su casa... *no lo hagas*, a menos que les tengas muchísima confianza o ya conozcan esta costumbre tuya. Es de mala educación exponer a tus invitados a una situación que puede ser incómoda: descalzar a la gente implica quitarles parte de su atuendo. Además, piensa que pueden sentirse terriblemente incómodos si tienen una media o calcetín roto, o los pies en mal estado.
- Siempre *ofrece, como mínimo, algo de beber a tus visitas*. Y si es horario de comida, ofrece también alguna cosa para picar.
- Cuando recibes personas para comer, cenar o un festejo y te traen un presente para el ágape —algo de comer o beber— ábrelo y *ofrécelo de inmediato*. Si lo guardas dará la impresión de que su regalo no te agradó.

- Trata de siempre estar preparado en caso de que lleguen invitados inesperados: *nunca falta algún insensible* que se le ocurre traer uno o más invitados a tu evento sin avisarte.
- *No ofrezcas los restantes de la cena* a tus comensales a menos que les tengas mucha confianza. Hay gente que, más que un detalle cortés, lo puede tomar como un insulto.

CONVIVENCIA CON NIÑOS

Éste es un tema que puede resultar controvertido, pero es importante hablar de ello. La educación infantil ha evolucionado mucho en las últimas décadas y me congratulo por ello. Los niños hoy día se perciben como lo que son: personas a nuestro cargo que requieren de amor, guía y orientación. No obstante, en un intento de darles libertad de "ser", a veces algunos padres convierten a sus hijos en tiranos, anarquistas e incapaces de convivir en sociedad. Soy un enemigo absoluto de los golpes, porque mi generación creció con ellos. Sin embargo, creo vehementemente en la dirección, orientación y corrección amorosa y respetuosa de los niños, para que en un futuro puedan funcionar bien en la sociedad. Por supuesto que no voy a opinar sobre la educación que los padres quieran dar a sus hijos; sin embargo, como padres hay que entender que, desde pequeños, los niños tienen que entender lo que es el respeto. Una vez haciendo fila para sacar el pasaporte, una niña estaba empeñada en patearme las espinillas. La esquivé una, dos, tres veces. No quería tocarla, pero hubo un momento en que tuve que extender mi brazo para mantenerla alejada de mí. Su madre, que hasta entonces había hecho caso omiso de ella, vino por la niña que, de inmediato, buscó a otra persona para patear. La mujer, lejos de disculparse, sólo me dijo: "Ay, se ve que no le gustan los niños, ¿verdad?", y yo, airado, le respondí: "No, los niños me encantan. La suya no". La mujer no dijo más y fue a buscar a su pequeña que ya estaba pateando a alguien más.

Y en esta ocasión la cosa acabó bien, pero en otras incluso ha alcanzado límites desagradables: un padre estuvo a punto de golpearme cuando, amablemente, le pedí si podía bajar el volumen de la tablet de su hija, que ella miraba con el volumen más alto posible. Su respuesta fue: "Es una niña", y yo le dije: "Ella sí, usted no", y el hombre se puso agresivo diciendo que nadie le iba a decir cómo educar a sus hijos. Y es verdad: nadie puede decírselo, pero el mundo no tiene la culpa de cómo decides educar —o maleducar— a tus hijos. Si dejas que griten, corran, chillen, peguen, escupan o cualquier otra actividad reprobable, no sólo te lo hacen a ti: se lo hacen al resto de las personas porque creen que es correcto.

En efecto, los niños muchas veces no saben lo que hacen, pero sus padres sí y está en ellos evitar que incomoden a la gente de alrededor, ya sea en un restaurante, un parque, un avión o en un espacio público. Mis consejos para una buena convivencia serían:

- No festejes los gritos o chillidos de un niño en un espacio público donde incomoden al resto de la gente. A menos que el llanto sea por causas naturales y entendibles, gritar y chillar sin razón no es *cool*. Ni en un niño.
- Si les das el teléfono o la tablet en un restaurante, avión o transporte público, que lo usen en volumen bajo.
- Si tu niño es ruidoso por naturaleza y por más que lo corriges hace lo que le da la gana, sé empático con tus vecinos de mesa o la gente que tengas alrededor y discúlpate por adelantado por la molestia: verás cómo la gente lo entiende y se vuelve más tolerante.
- Hay lugares y lugares: correr, gritar, trepar y demás es natural y necesario en un niño, pero tiene que saber dónde puede hacerlo y dónde no. Él no lo sabe, tú sí.
- Si bien es verdad que hay gente hipersensible, piensa que cuando alguien te pide orden o silencio es porque ya tiene la paciencia colmada. Ten empatía y entiende que los demás no tienen obligación de aguantar niños que no son suyos. Escucha, no te enojes y haz lo posible por solucionarlo.

- Y si eres el que está del otro lado, ten paciencia, mucha paciencia. Y educación: si pides silencio o que se tome alguna medida con respecto a un niño ajeno, hazlo con respeto y con calma. Piensa que muchas veces también los padres se ven sobrepasados por la situación. Y si los padres creen que sus hijos son libres de alterar el orden por el hecho de ser niños —o porque a ellos nadie les va a decir qué hacer con su prole— lo mejor es poner tierra de por medio, marcharte de ahí, pedir un cambio de mesa o de asiento.

CONDUCTA EN SITUACIONES SOCIALES ESPECÍFICAS

En todos los momentos de nuestra vida social debemos estar regidos por el civismo y el respeto a los otros con los que compartimos el mundo. Sin embargo, ensimismados como somos los individuos, a veces se nos olvida y creemos que somos los dueños del universo. Todas estas reglas de las que te he hablado —y hablaré— serían innecesarias si recordáramos constantemente que compartimos el espacio vital con otros seres. Pero no hay que sentirse mal por ello, es hasta cierto punto natural que nuestro instinto nos empuje a mirar primero por nosotros mismos. Por eso, a modo de recordatorio de que vivimos en sociedad, van aquí unas reglitas de cómo comportarnos en algunas situaciones comunes en nuestro día a día, en las que estamos siendo inciviles... y quizá ni cuenta nos habíamos dado.

- En una situación donde no conoces a nadie, *antes que nada, hay que ser discreto*. Si hay mucha gente —una comida numerosa, una fiesta— saluda a todos en general, y si se trata de un grupo pequeño saluda de mano a los que estén a tu alcance y preséntate. Sé amable, sonriente y convive con los demás, pero sin ser excesivo. Tan malo es quedarte en silencio como querer volverte el alma de la fiesta nada más llegar. Si a donde has llegado es un restaurante, siempre ofrécete a pagar lo que consumas. Y si la reunión es en una casa particular, no bebas ni comas de más.

- Si te invitan a un cocktail o un evento donde hay meseros que ofrecen bebida y bocadillos, *no los ataques como si tuvieras una semana sin comer o beber*. Una copa o dos, un bocadillo de cuanto en cuanto... y ya está. No seas de los que toman una servilleta y se hacen una montaña de bocadillos en la mano. Es muy poco *cool*. Además, pierdes de vista para lo que estos eventos se han creado: para conocer gente interesante.
- El tema de los funerales ha cambiado con los años y, a menos que se trate de uno muy tradicional, la gente ya no se viste enteramente de negro. Pero siempre, al ir a uno, hay que vestir con discreción y de ser posible con colores oscuros. Si no eres muy allegado al difunto —vas por cortesía o porque se trata del ser querido de alguien cercano a ti— saluda a la persona por la que has ido y a su familia cercana, ofrece el pésame y ubícate en un lugar apartado del salón, para dar espacio a los dolientes cercanos. Si el funeral es de alguien muy cercano a ti, recibe a todo mundo con cortesía y, a pesar de que no sea tu mejor momento, *ten tolerancia con las personas poco discretas*, que nunca faltan: "¿Y cómo murió? ¿Sufrió mucho? ¡Ay, pobre!, pero ya está en un lugar mejor...".
- Viajar en avión. Sobre este apartado tendría que escribirse un manual que estuviera en el bolsillo de todos los asientos de la nave. Como en los últimos años viajar en avión se ha convertido en una situación tan frecuente, tengo la impresión de que nos ha tomado desprevenidos para *tener ciertas reglas de urbanidad*. Una vez más, tendrían que ser obvias, pero no es así. Helas aquí.

a) Sé paciente desde que pisas el aeropuerto hasta que llegas al avión. Es difícil, especialmente si vas con poco tiempo. Sabes que hay filas por hacer: para documentar, pasar por seguridad y subir al avión. Piensa que hay gente que probablemente tenga menos experiencia que tú viajando, y que puede atorarse y entorpecer el proceso del paso por seguridad o el abordaje. Respira: recuerda que tú fuiste primerizo alguna vez.

b) *Ayuda, si te es posible, a la gente mayor, con niños o que es notorio que nunca ha tomado un avión.*

c) *Si eres de los que tratan de engañar a la aerolínea subiendo varias bolsitas como parte de tu equipaje de mano —yo lo he hecho alguna vez—, trata de usar sólo tu espacio para guardarlas. Recuerda que los otros pasajeros también tienen derecho a llevar equipaje.*

d) *Ten la cortesía de ir aseado cuando tomas un vuelo. Báñate y usa desodorante. No es justo incomodar a tus vecinos de asiento con tus aromas indeseables. Si sudas excesivamente, vienes de otro vuelo largo o de plano no tuviste tiempo de ducharte, métete a un baño y lávate lo más que puedas. Es pura cortesía. Y, por otro lado, no te bañes en perfume, porque es igualmente desagradable que oler a sucio. Si te vas a perfumar, hazlo con discreción o trata de usar aromas suaves.*

e) *Viajar en turista hoy día es casi como ir en una jaula con espacio apenas suficiente para moverte. Si ya es incómodo en sí mismo, imagínate lo terrible que debe ser para otros pasajeros si encima invades su espacio vital. No subas los pies en el asiento de enfrente ni lo golpees; no te abras de piernas e invadas el espacio de al lado, no te llenes de cosas (mantas, cojines, chaquetas) que molesten a tu vecino de asiento. Yo he visto gente que, para estirarse, saca los pies por en medio del espacio de los asientos de enfrente. Imagina lo desagradable que tiene que ser para una persona tener un pie a su costado. Y a veces maloliente. Te dan ganas de tirarte por la salida de emergencia.*

f) *Habla en voz baja durante un vuelo. Si viajas acompañado, procura que tus conversaciones sean discretas, porque, así como tú quieres charlar, hay personas que quieren descansar.*

g) *¿Charlar con desconocidos? Sí, por qué no. Pero ten la sensibilidad para darte cuenta de si el interlocutor realmente quiere charlar o sólo te está respondiendo por compromiso.*

h) *Si viajas con niños, intenta, en la medida de lo posible, no molestar a tus vecinos. Ya lo dije antes: la gente entiende que un bebé llore, pero si se trata de un niño mayor que grita, corre, invade y hace lo que le da la gana, entonces sí que se vuelve una molestia. Quizás eres una madre o padre que trata de reforzar positivamente a los niños, que les das una educación liberal en la que pueden hacer lo que les apetece, bien por ti: no discuto esto. Pero empatiza con tu alrededor. ¿Un tip? Una amiga mía llevaba tapones para los oídos para darles a sus vecinos de asiento, porque su hijo hablaba todo el tiempo. Esto, como mínimo, muestra tu intención de no ser una molestia... y la gente lo agradece.*

i) Y en el caso contrario, si viajas cerca de una familia con niños, sé paciente. Muchas veces las familias están más angustiadas de lo que te imaginas. Trata de ser comprensivo y empático.

j) Al momento de desembarcar, espera tu turno. Es verdad: uno ya quiere salir del avión y llegar a su destino, pero hacerte bolas en el pasillo del avión únicamente retrasa más el proceso.

SHOW OFF: DIVAS, REINAS Y DEMASES....

Hemos llegado a la recta final de este capítulo con un tema que me parece súper actual. En el tiempo que nos ha tocado vivir, hemos visto cómo se exacerban las emociones y actitudes de las personas. Así como hemos hablado ya de cómo mucha gente se deprime y se siente minimizada por el acoso, lo mismo en las redes que en la vida cotidiana, existen los que están en el otro extremo: los populares, los que sienten estar en una posición superior a los demás y que, por ello, hacen menos a la gente. No quisiera generalizar en este aspecto, porque no toda la gente en posiciones ventajosas —social, económica, laboral— se aprovecha de ello para dañar. La cosa no es tan simple.

Antaño, la gente insidiosa, chismosa y arrogante era sólo eso. Ahora les ha dado por decir que son reinas, divas o que son *muy perras*, dicho en *slang* popular. Y esto aplica para hombres y mujeres y, las más de las veces, sin que tenga que ver su orientación sexual. Si bien es cierto que hace algunos años esta cosa de ser "perra" era slang de la comunidad gay, hoy se ha extendido al resto de los individuos. Si no estás familiarizado con lo que significa, te lo explico. "Perrear" —que ahora también se llama así en español al *twerking*— significa insultar a alguien de forma ácida e ingeniosa. La "perrez" o el insulto debe tener sentido del humor e ingenio para que resulte gracioso, incluso para la persona que insultas, si no es así, se convierte sólo en un insulto y entonces sí puede volverse ofensivo. En el famoso programa *RuPaul Drag Race* hay un momento en que las concursantes se perrean entre ellas (en inglés se dice *reading* o *roasting*) y es notorio cuando los insultos son realmente graciosos y paródicos, o cuando se quedan sólo en grosería.

Esta modalidad la han adoptado hoy día también mujeres —y algunos hombres— como parte de una construcción de personaje, de volverse "reinas", o "divas" y "divos". Se juega al papel de ser "lo más", la más guapa, con más estilo, con más dinero, que viste mejor, que tiene mejor cuerpo, que camina con más salero... y claro, la que en principio "perrea" con más ingenio. Las redes están infestadas de estos personajes, que admito pueden ser muy divertidos en ocasiones. No obstante, siempre me pongo a pensar que, para resaltar a alguien siempre hay que señalar a alguien peor, y es aquí donde la ecuación me molesta. El ser "más" que alguien implica hacer menos a otro y entonces el encanto de estas divas de pacotilla se me disuelve como el azúcar en el café.

Les voy a hablar un poco de mi experiencia, primero como niño y luego como gay buleado. Durante años tuve que oír insultos y risas por cualquier cosa: por ser gordito, por llevar gafas, por tener modales delicados, por no estar interesado en las mismas cosas que otros niños. Siendo pequeño, tenía dos elecciones posibles: aguantar, ignorar y desear que todo acabara pronto. La otra era hacer frente a los bravucones, mandarlos al demonio y, si era necesario, llegar a los puños con ellos; pero esto nunca sucedió porque no lo tenía en mi sistema, nunca he sido violento. Entonces, me tocaba tragar... con todo lo que eso conllevaba. Ya mayor, aprendí a aguzar mi ingenio y a responder a los agresores. Me di cuenta de que, en la mayoría de las ocasiones, un bravucón recula en el momento en que lo confrontas. Luego, cuando salí del clóset —cosa que sucedió al mismo tiempo que comencé a estudiar teatro— aprendí a afinar aún más el ingenio gracias a mis amigos gay con más experiencia que yo. Así aprendí a "perrear". Con mis otros amigos teníamos unos duelos de insultos ingeniosísimos que podían tener a media escuela muerta de risa. Hoy, con el paso del tiempo, puedo decirte que no me siento particularmente orgulloso de ello. Si bien a este aprendizaje debo el haber afinado mi ingenio y sentido del humor —que me ha servido mucho en la escritura— también creo que he herido los sentimientos de muchas personas. Así es: buscando un arma para defenderme de las agresiones, terminé utilizando la misma que habían usado para herirme a mí: la burla y la humillación. Y podría haber estado disfrazada de broma, pero "entre broma y broma, la verdad se asoma", no podemos negarlo. Y claro, las bromas iban encaminadas a las carencias, defectos o faltas de una persona: se hacía escarnio de la estatura, color de piel, características físicas como olores, acné, obesidad, largo de brazos, tamaño de pie... y la lista es infinita. Sí: causaba mucha risa cuando el atacado no eras tú. ¡Ay, qué gracioso! Pero cuando la "perrez" iba dirigida a ti, entonces sentías esa punzada en el corazón y el estómago, ese dolorcito que te causaba el que te recordaran algo que te dolía, que no podías remediar, que no podías ocultar. Y si te enojabas, perdías, porque el "perro" o "perra" había ganado la partida. Sin embargo, si te recomponías y respondías con un insulto aún mejor que el suyo, los aplausos y la victoria proclamada por la masa eran tuyas. Entonces, te reías porque habías sacado ese dardo de tu estómago y lo devolvías a quien te lo había lanzado. Y el juego podía alargarse tanto como el ingenio estuviera de tu parte. Pero al final... ¿qué quedaba? Una victoria más agria que dulce. Un sentimiento de vacío que imagino deben tener los soldados que ganan una batalla.

Hoy, por fortuna, vivimos una época en la que se pugna por mayor respeto y tolerancia. Pero con todo, gente ignorante existirá siempre y no faltarán agresores. El punto es cómo reaccionemos nosotros ante ellos. Si respondes con la misma moneda, te pones en su lugar. ¿Y sabes qué? El espíritu violento se queda dentro de ti y muy pronto también abusarás de alguien más débil que tú. Ejercitar el buen rollo, la positividad y la *no* agresión hará maravillas con tu personalidad, con tu estilo. ¿Sabes por qué? Porque esto es embellecimiento interior, que al final se refleja en tu exterior. Y lo he dicho siempre: la belleza exterior es sólo una carcasa, un puro disfraz si no está sostenida por la que está dentro.

EN RESPUESTA A LOS BULLYS, "PERROS" Y "PERRAS"

- Si la persona que te agrede es un desconocido o alguien con quien no tienes confianza, *demanda respeto de inmediato*. No lo demores porque entonces le darás la oportunidad de que vuelva a hacerlo. Con elegancia, con estilo, puedes decirle: "No me gustan las bromas pesadas", "Yo no me llevo así contigo" o simplemente: "Te pido que me respetes". Así de simple. Un buen entendedor, lo pescará de inmediato. Si la persona insiste, toma cartas en el asunto: repórtalo si el problema es laboral-escolar o simplemente ignóralo. Recuerda que sólo ofende el que puede, no el que quiere.
- En cambio, si la persona que te "perrea" es alguien conocido, un amigo o familiar, entonces hazle saber en confianza que te ha molestado lo que te ha dicho, e igualmente hazlo de inmediato. *No esperes a que vengan otras bromitas pesadas*: más vale una colorada que muchas descoloridas.
- ¿Qué tanto es tantito? Con el tema del humor, no hay reglas. *Tú tienes el sentido del humor que tienes: muy grande o ninguno*, y tus amigos y conocidos deben entenderlo. Quizá seas de los que aguantan bromas pesadas, perreos y jamás te sientes ni ofendido o aludido. Y te gusta devolverlas y lo haces con gracia. Muy bien por ti. Por otro lado, quizá seas una persona extremadamente sensible o insegura o bien pases por una etapa en tu

vida en que no tengas mucho ánimo para tonterías. Entonces las bromas pesadas te caen fatal. No te sientas mal por ello: cada persona es como es y se siente como se siente, y hay que aprender a respetar ese hecho... y a demandar respeto para ti cuando es necesario. Nunca te sientas mal por defenderte o hacerle ver a alguien que lastimó tus sentimientos.

- Ahora, si tú eres el "perro" o "perra" debo decirte algo: en efecto, es una actitud divertida, uno se lo pasa muy bien en reuniones con amigos y muy probablemente tengas fama de terrible, del alma de la fiesta. Tus ingenios funcionan muy bien en TikTok, en Instagram o en la red que esté más de moda ahora. Hay gente que te sigue, te comparte, te comenta. Pero la verdad es que, al final del día, la gente con esta fama *acaba quedándose sola y aislada*. Sucede como todo: tu "perrez" comienza a decaer y al rato sólo eres una persona venenosa y malintencionada. Cada vez más personas comienzan a sacarte la vuelta y a la larga terminas excluido de esos círculos donde alguna vez te veneraron. Te lo digo por experiencia: yo fui de esta forma una temporada —como armadura— y al final te ganas una fama bastante desagradable. Por fortuna, me di cuenta de ello a tiempo y lo detuve. Sin embargo, muchos conocidos de mi época "perra" siguen en la misma sintonía, y la verdad es que están bastante solos y hasta amargados. De modo que pon atención, porque por muy divertido que sea ser "perro", su futuro no es prometedor.

CONCLUSIÓN

Una de mis tías que siempre tuvo un estilazo de muerte, tenía un montón de dichos que siempre me parecieron clavados para algunas circunstancias de la vida. Cuando veía a una persona bien vestida cometer una falta —como hacer ruido al comer o sorber la sopa, por ejemplo— siempre decía: "Lástima de ropita". Wow. Qué bien ejemplifica ese fallo de una persona que se preocupa sólo por su exterior y no por su interior y conducta. Por eso les decía al principio de este capítulo que con nuestras acciones y comportamiento se demuestra el estilo. Y no es únicamente cómo bebes elegantemente una copa, bajas del coche o extiendes la mano para saludar. No: va mucho más allá, es también cómo te expresas de las personas, cómo tratas a los desconocidos, si cuando entras al Starbucks les das el paso a las personas que van a salir, si eres paciente en el tráfico y no bajas las ventanillas para gritar insultos a la gente. Todo esto habla de tu estilo, de tu saber estar, de tu forma elegante de moverte por el mundo. No es fácil, lo sé. Pero al poner atención y entender los principios básicos de convivencia, respeto y tolerancia, seguro que te será más sencillo. Que jamás digan de ti: “Lástima de ropita”.

Envejece con gracia... o como te dé la gana

capítulo 10

A lo largo de toda mi vida he estado rodeado de personas maduras que me han dejado una huella indeleble. La primera de ellas fue mi abuela Concha, con su cabello blanco impecablemente peinado y sus trajes sastres. Luego estaba Eugenia, mi abuela materna, con su melena negra y sus caftanes. Luego vino mi tía Nena, una de las primeras mujeres ejecutivas en México, que era un ejemplo de saber estar y de discreción. Luego, ya en mi carrera periodística tuve la oportunidad de conocer a mujeres tan fascinantes como la publirrelacionista Silvia Pendás, con su cabellera plata y sus labios perfectamente maquillados: ella fue ejemplo no sólo de elegancia sino de profesionalidad: no he conocido otra PR como ella. Por otro lado, traté —lo que se podía tratar con ella— a Pita Amor, la legendaria poetisa que vivía en la calle Bucareli en el centro de la ciudad. Yo estudiaba actuación en la escuela de Miguel Córcega y me topaba con ella constantemente. La recuerdo con su maquillaje extremo y su flor en la cabeza. A veces me vendía poemas; otras, charlaba conmigo de cualquier cosa y también en alguna ocasión me lanzó bastonazos mientras me insultaba. Era una caja de sorpresas. En el lado masculino conocí a gente tan excepcional como el periodista Pablo de Ovando o el diseñador Manuel Méndez, ambos ejemplos de gracia, de humor y de ser individuos plenos y felices consigo mismos. Toda esta gente excepcional aportó un poco o un mucho a mi personalidad y de cada uno aprendí algo: incluso a correr rápido de los bastonazos de Pita. Y ahora que me siento con ustedes a hablar de la madurez, me doy cuenta de lo que tenían en común todas estas personas tan disímbolas: estilo.

En el pasado siglo XX, gracias a los avances de la ciencia, el promedio de vida de los individuos aumentó considerablemente. El Instituto Nacional de las Personas Adultas Mayores de México (INAPAM) asegura que hoy día hay más personas mayores de sesenta años que menores de cuatro. Además, calculan que para el año 2050 las mujeres de sesenta años en adelante representarán el 23.3% de la población (y los hombres 19.5%) y en el resto del mundo las cosas no son tan diferentes. Pero también es importante apuntar que las personas maduras de antaño eran muy distintas a las actuales. Generación tras generación la percepción de la gente madura ha ido cambiando y, por fortuna, el concepto mismo de vejez se ha modificado considerablemente. Cuando yo era niño, en mi casa se solía pensar que una persona de más de cincuenta años ya había hecho todo lo que tenía que hacer en este mundo y podía dedicarse a la vida contemplativa, más aún si era mujer. Una madre que ya había criado a sus hijos —ya mayores— ahora ellos se hacían cargo de ella. Hoy esto nos suena antiguo, extraño, porque tenemos en casa los ejemplos de nuestras madres e incluso abuelas que están más activas y productivas que nunca. Y padres y abuelos, ya ni se diga. Además, al vivir en un momento histórico donde se pelea por los derechos de las minorías, la discriminación por edad o "edadismo" se ha puesto también en el punto de mira. La gente de más de cincuenta años no sólo está en plenitud de sus facultades físicas, sino que está también en un gran momento a nivel personal para sentirse y verse extraordinaria.

¿SER MAYOR... O SENTIRSE MAYOR? ÉSA ES LA CUESTIÓN

¿No te pasa en ocasiones que ciertos acontecimientos o situaciones de la vida te confrontan con el sentimiento de adultez? Por ejemplo, cuando alguien te invita a irte de copas un miércoles y una vocecita dentro de ti te dice: "Qué flojera" y preferirías estar en tu sofá viendo Netflix o, mejor aún, en tu cama durmiendo. Entonces dices, un poco en broma y un poco en serio:

"Ya estoy muy mayor para esto". Te pasa también cuando de plano no entiendes el reguetón, a Karol G o el TikTok. A mí me pasó por primera vez cuando, con un grupo de amigos de la universidad, estábamos en una discoteca a la que solíamos ir y que, en algún momento y sin darnos cuenta, se convirtió en refugio de preadolescentes. Esa noche, después de un trago o dos, mis amigos y yo nos vimos pegados contra una pared mirando aquel espectáculo de casi niños bebiendo a lo loco y bailando ritmos que ya ninguno de nosotros conocíamos. Uno de mis amigos dijo: "Bueno, esperamos a que sea la una y nos vamos, ¿no?". Entonces, le dije: "¿Y por qué esperar hasta la una para ser felices? ¡Vámonos ahora mismo!", y salimos los cuatro del lugar para irnos a cenar a un lugar tranquilo, donde entonces sí nos divertimos. A partir de entonces, la vida me fue mandando recordatorios de que el tiempo no pasa en balde. La primera vez, cuando me lastimé la espalda cargando una caja a mis treinta años; luego cuando me di cuenta, buscando una calle en un mapa de París, de que ya no veía de cerca y que necesitaba lentes para leer —ese día lloré y todo–, o cuando los amigos de mis sobrinos me dijeron no tener la menor idea de quién era Olivia Newton-John. Sí, todas estas circunstancias me han hecho notar el paso del tiempo, pero no me han hecho sentir viejo... porque creo que *el sentimiento de vejez* como tal es un estado mental. Sí, tu cuerpo va madurando, tu mente también —por fortuna— y el tiempo deteriora o reduce tus capacidades físicas: eso es un hecho. Sin embargo, permitir que tu mente y forma de ver la vida se deteriore, es responsabilidad tuya.

Me desconcierta mucho escuchar que jóvenes de treinta años se sientan viejos. Muchos *influencers* y creadores de contenido que conocí la década pasada, hoy se definen como "viejos". Hay una razón: las nuevas generaciones empiezan a manifestarse desde mucho antes y en el mundo de las redes hay menores de edad que ya son celebridades. Entiendo la presión, entiendo el sistema. Pero ¿sentirte viejo a los treinta? ¿Entonces qué nos dejan a los mayores? ¿Somos momias?

Según una encuesta realizada en cuarenta y dos países, incluido México, realizada por la agencia de investigación de mercado WIN internacional, la gente deja de sentirse joven en promedio a los cuarenta y cuatro años y comienza a sentirse vieja a los cincuenta y cinco. Por otro lado, en muchas universidades se estudia el fenómeno de lo que puede considerarse una disociación de edad: la edad cronológica y la edad subjetiva. La primera es la que tenemos y la segunda es la que sentimos tener. Parece que cada vez más y más personas experimentan un gap entre ambas... y esto me parece maravilloso. Yo he tenido la gran fortuna —o desgracia, depende por dónde se mire— de nunca ser consciente de mi edad. Pero no se trata de ese sentimiento universal de querer ser grande cuando eres niño o de volver a tener veinte a los sesenta. No. Creo que esta conciencia que tiene mucha gente sobre la edad es algo que nunca he podido sentir. Curiosamente, desde que cumplí treinta años, algunos conocidos comenzaron a señalar algunas de las prendas que yo usaba como si fueran de "jovencito". Por supuesto que siempre hice caso omiso a las críticas y, hasta la fecha, sigo poniéndome lo que se me antoja, pero esta cuestión de vestirme acorde con mi edad siempre es algo en lo que trato de poner atención porque, al no sentirme de la edad que tengo, a veces mi juicio puede nublarse un poco. Hay cosas que tomo en cuenta a la hora de escoger lo que me pongo: que me favorezca, principalmente, y busco evitar sentirme ridículo o fuera de lugar. Siempre he tomado "prestadas" prendas del vestuario femenino y lo digo lleno de orgullo. Hoy no sólo es válido sino hasta necesario, pero años atrás no era bien visto. Pero me importaba bastante poco porque en las prendas femeninas encontré elementos que me dieron esa diferenciación que buscaba, ese toque diverso. Hoy, a pesar de que sigo tomando piezas del guardarropa femenino, lo hago con más cautela, porque asumo que ya no tengo la edad para ciertas prendas o siluetas que, si bien en otro momento se me veían bien, hoy ya no resultarían favorecedoras. Al vestir soy yo quien decide hasta dónde llegar y qué líneas cruzar. ¿Que en ocasiones puedo verme gay? Probablemente, pero ni hablar, porque es lo que soy. No tengo nada que esconder ni justificar y eso lo muestro con mi ropa. Y sí, elijo con cautela porque me gusta sentirme seguro con lo que uso y no quiero verme ridículo o fuera de lugar. Con la ropa que escojo para vestirme mando un mensaje, digo quién soy. Trato de que las prendas me representen como individuo, que sean "yo", porque de esta forma, por más extravagante que sea lo que elija, nunca se verá como un disfraz, no me veré como otra persona... ni con una edad que no es la mía.

LA EVOLUCIÓN DE TU ESTILO

La base del estilo, a cualquier edad, es el autoconocimiento. Sin embargo, conforme cumplimos años, además de conocernos bien, tenemos que mantener la mente abierta para saber reconocer los cambios en nosotros mismos y en nuestra circunstancia, porque de esta forma nuestro estilo podrá cambiar de forma natural. Una cosa que hay que tener muy presente es que el estilo va evolucionando con el tiempo: el tuyo y el de la moda y, si consigues que esta evolución sea paralela, seguramente te verás espectacular en cada etapa de tu vida. Aunque seas una persona que haya conquistado un estilo único, sigas teniendo la misma talla que a los veinte años y tu actitud sea la más jovial del mundo, no puedes seguir vistiendo igual que cuando eras jovencito, porque entonces estarás disfrazado: *vistes como el que eras y no como el que eres*. Además, no evolucionar en nuestro estilo tiene un efecto contraproducente: no te verás igual que cuando eras joven, sino que parecerás mayor de la edad que tienes. Terrible, ¿no crees? Por eso te enumero unas reglitas que pueden serte de gran utilidad para que consigas una buena y consecuente evolución de tu estilo.

1. Cubre, descubre y transforma. Decirte que el cuerpo cambia con la edad no es noticia. A veces sucede por partes, otras veces es más democrático y el cambio te pega por entero. Podría decirte un montón de cosas para hacerte sentir mejor y distraer tu atención de la joda que es la transformación física por la edad; sin embargo, me parece más importante que tomemos el toro por los cuernos y que, si la vida nos da limones, hagamos la mejor limonada del mundo. Sí, el cuerpo cambia, es ley de vida. Pero lo verdaderamente importante es nuestra actitud ante ese cambio. Primeramente, hay que aceptarlo, porque de esa forma tendremos una relación sana con los efectos del paso de tiempo en nosotros. Cuando no lo aceptamos es cuando vienen los problemas: excesos de cirugías plásticas (y que conste que no estoy en contra de ellas, sino de su abuso), vestirnos, maquillarnos y actuar como una persona que ya no somos, lo cual lejos de hacernos ver más jóvenes, tiene el efecto contrario y no solo nos hace vernos mayores, sino hasta ridículos. Más adelante te hablo del concepto de ridiculez, porque relacionado con el estilo, es un tema que nos importa bastante.

Lo que debemos hacer es convertir a la ropa en nuestra mejor aliada. Es importante que sepamos elegir las prendas de vestir que disimulen o cubran las partes que no queremos mostrar y, por el contrario, obviar o mostrar las que sigan estupendas. En un legendario capítulo de *Sex and the City*, Carrie le dice a Samantha, cuando quiere vestirla con un atuendo muy atrevido: “Una dama de mi edad tiene que empezar a cubrirse”, y ésta es una verdad como un templo. Ya no estamos en la época de ponernos microshorts, minifaldas o *tank tops* sin temor alguno: hoy tenemos que poner atención en que lo que mostremos... lo que valga la pena ser mostrado.

Usa prendas que cubran más piel que antes, alarga las faldas, juega con los largos de los pantalones, eleva si es necesario los escotes de las blusas y utiliza mangas cortas o tres cuartos en lugar de ir con los brazos descubiertos. Esto tiene una finalidad: disimular la piel de los antebrazos o de las piernas que han perdido tensión. En el caso de los hombres, lo que hay que cuidar más es el ajuste de las prendas; si ha habido crecimiento abdominal, de vientre o del resto del cuerpo, no hay que seguir usando las mismas prendas que cuando se tenía una figura más firme. Recuerda: no utilices las prendas como faja, porque causa justo el efecto contrario y sólo resalta lo que quieres ocultar. En estos casos, lo mejor es apostar por prendas más holgadas, que jueguen y disimulen más las curvas poco gráciles de la figura.

Pero, por otro lado, también es importante que de la misma manera que cubres, también "descubras" y muestres otras partes de tu cuerpo para que de alguna manera distraigan la atención de las que quieres disimular. Fíjate, por ejemplo, en Carolina Herrera. La extraordinariamente guapa diseñadora es un ejemplo ideal de estilo maduro, y así como cubre sus brazos con mangas largas o tres cuartos, siempre muestra un poco de escote. Esto me parece súper sexy y elegante. Otra forma interesante de descubrir tu figura con elegancia y de forma *cool* es a través de transparencias. Puedes llevar un top básico o incluso un *body* y encima una camisa o blusa transparente. Si extrañas las faldas cortas, puedes usarlas si llevas una falda transparente encima, o bien si pones una sobrefalda abierta que juegue con la ilusión de las capas: ésta es una gran forma de enseñar... sin enseñar.

2. Aventura con el color. El color es una forma extraordinaria de mantener la alegría de la juventud en nuestros atuendos. Así como para muchos aspectos de tu estilo no es importante que estés enterado de las tendencias de la moda, en el caso del color sí lo es. Incluso si has sido una persona cuyo estilo ha sido bastante neutral o de colores muy definidos —que ya sabías que te favorecían— es importante que en tu madurez te aventures a usar nuevos matices. Toma ese estilo de prenda que te queda, que te gusta... y dale color. Por ejemplo, si eres una persona que sabías que el azul te quedaba de maravilla, ¿por qué no probarlo en nuevos tonos? Turquesa, celeste, cobalto... O bien, si te gustan los colores básicos, la inclusión de un tono fuerte como el rojo, un color de gema —turquesa, esmeralda, rubí, amatista— o incluso uno fosforescente le dará a tu atuendo un punch y a ti un aire moderno y más jovial.

3. Si has sido clásico... El estilo clásico me encanta, es sencillo, casi minimalista, elegante y siempre conveniente. Sin embargo, según mi forma de verlo, éste es un estilo que se lleva mejor con la juventud. Si ha sido éste tu estilo toda la vida y llegas a la edad madura, es un buen momento de darle un toque que, sin quitarle lo sobrio, lo vuelva más alegre. Por ejemplo, juega con la joyería: puedes conservar las joyas que has usado toda la vida, pero añade una pieza importante como un anillo, un brazalete, aretes o un broche —mis favoritos— a tu atuendo. Es muy parecido al efecto que se logra con el color, sin embargo, con la joyería el toque es más glamouroso. También están los zapatos, bolsas, pañuelos y gafas de ver o de sol. Si te has inclinado siempre por un estilo más discreto y tus atuendos son siempre pulcros y sencillos, es tiempo de que apuestes por piezas fuera de tu zona de confort para darle a tu atuendo más vida, más luminosidad. Pero ¿cómo escogerlos? Es muy sencillo:

- Toma uno de los accesorios que usas y piensa cómo *volverlo más contundente*: por ejemplo, si llevas gafas, cámbialas por unas más grandes o de color más encendido. Por el contrario, si siempre has usado gafas grandes, entonces ve al efecto contrario. Lo que buscamos es algo inesperado, algo que no era común en ti y que pueda resultar sorprendente.
- Con los zapatos es igualmente divertido jugar: cambia tus mocasines negros por unos en color metálico o cubiertos con lentejuelas o brillo. Si has usado zapatos de tacón más simples, trata de jugar ahora con la forma y *busca diseños con un toque más extravagante*. Y con las bolsas lo mismo: juega con nuevas formas y texturas que hasta ahora ni tú ni quien te rodea había identificado en ti.
- En el caso de los hombres la fórmula es parecida: cambia el negro por azul marino o el café por color miel, o incluso por colores más vivos, como el rojo, que siempre van a verse espectaculares con trajes más clásicos.

4. Si siempre te ha gustado el drama... cambia de estrategia. Hay chicas que desde sus primeros años saben lo que quieren... y muchas de ellas no quieren lo que las demás. Algunos chicos también, y me cuento entre ellos. Siendo muy niño, mientras mis hermanos querían juguetes, yo quería unos lentes de sol de aviador de Ray-Ban. Había una chica en mi salón de sexto de primaria, Belén, que a sus cortos años llevaba unas uñas postizas largas y color violeta. A mí me tenía fascinado. Ella era muy ella... no usaba uniforme y alguna vez llegó a clase con pestañas postizas. La maestra la dejaba ser y nunca dijo nada de sus excesos. Tiempo más tarde supe que Belén había repetido tantas veces de año que, con tal de que estudiara, sus padres habían convencido a la escuela de que la dejaran vestir como quisiera, y funcionó, porque ese año ella se graduó con todos nosotros. Alguna vez volví a verla años más tarde con dos hijos, unas botas de tacones tan altos que la hacían tambalearse y el cabello color amarillo. No rubio: amarillo. Definitivamente, le gustaba el drama. Yo soy muy partidario del drama, de hacer girar cabezas a tu paso para bien y para mal. A lo largo de mi vida he tenido lo mismo elogios que vituperios, y ambos bien merecidos. Sin embargo, las cosas que me ponía a los veinte no son las mismas de los cuarenta... ni las de ahora. Llega un momento en que hay que escoger bien tu dramatismo, porque si no lo usas con inteligencia puede volverse en tu contra. Por ejemplo, pintarte los labios de morado tiene un efecto muy diferente a los quince años que a los sesenta, porque del "look *dark*" puedes pasar fácilmente al "look muerta", y no de buena forma. Conforme pasan los años, tenemos que buscar nuevas formas de expresarnos que se acerquen más a la persona que somos actualmente. Te doy algunos tips...

- Si eres de las que *se teñían el cabello por diversión*, por cambiar, por no ser siempre la misma... nada te impide seguir haciéndolo. No te tiñas el cabello de un color tradicional para hacerle creer al mundo que no tienes canas —nadie va a creer eso de cualquier manera—, sino que juega con el color y ponte una gama variada de rubios, castaños o rojos en la cabellera que se vean armónicos, divertidos... y *ficticios*. Que se vea que estás jugando y no que estás queriendo engañar al mundo con un color castañito o borgoña para decir "sigo siendo joven". Esto lo dirás de otra manera, no queriendo que tu cabello parezca "natural".

- En el caso de los chicos podemos aplicar las mismas reglas, aunque claro, hay otros lineamientos. En primer lugar, debo decir que si has sido *hip* toda tu vida y eso de teñirte el cabello no es ajeno a ti, entonces sigue haciéndolo con el mismo humor que antes, pero con una elección mejor del color. Hoy día llevar el cabello gris o platino está de súper moda... incluso si es tu tono natural. Puedes jugar con algunas mechas en tonos variados de gris para darle textura y movimiento al cabello, o si eres como Elton John, pues póntelo naranja o del color que te pida el cuerpo. ¿Qué es lo que no deberías hacer? Pintarte el cabello de negro ala de cuervo o de castaño oscuro... porque es terrible por donde quiera que lo mires; lejos de hacerte ver más joven, te hace ver mayor incluso de la edad que verdaderamente tienes. Horror de horrores. Además, endurece los rasgos de la cara y se ve terriblemente falso, y no de buena forma. ¿Consejo? Lleva siempre un buen corte y, si te animas, opta por un color de cabello que tenga un toque de fantasía. Esto es provocador.
- Con respecto al maquillaje, hay que tener en cuenta que las pieles maduras ya no aguantan maquillajes demasiado pesados; por lo tanto, querer usar bases muy cubrientes y densas no te favorecen en lo más mínimo. Hay que usar texturas más ligeras y siempre tener la piel bien hidratada. Eso sí, si quieres *jugar con un elemento de tu rostro como punto focal*, adelante. Maquilla bien tus labios de un color potente, pero siempre de un matiz que favorezca tu tono natural de piel (te hablé de ellos en un capítulo anterior) y con los ojos sucede lo mismo. Pero opta por un solo punto focal: si lo haces en los labios, los ojos van discretos y viceversa. Ahora, si eres de las que quieren un azul intenso en el párpado o un rojo con *glitter* en los labios... adelante: significa que tu no juegas con ninguna regla más que con las tuyas. Y me parece fantástico. ¿Los señores pueden maquillarse? Por supuesto. Polvo, una base ligera para disimular las manchas es fabuloso. ¿Delineador? ¿Máscara de pestañas? Para mí ya sería

demasiado, pero si es tu rollo, adelante. Sólo hay que estar seguro, muy seguro del mensaje que quieres mandar y lo que quieres expresar.

- En cuanto a la elección de prendas de vestir, te reitero lo que dije antes: echa mano del color, de estampados, de texturas, pero siempre en prendas cuyo corte se adapte a tu cuerpo de hoy. *Puedes seguir usando esas piezas dramáticas que te gustan*, pero intenta que el drama sea contemporáneo. No uses prendas que ya tuvieron su momento. A menos que sean muy especiales, trata de buscar nuevas. Siempre hallarás cosas, ya verás.

5. Tu sello distintivo... llévalo al siguiente nivel. Volvernos mayores es, de alguna manera, quintaesenciarnos, es decir, volvernos una versión más depurada de nosotros mismos. Pero, así como te dije que hay cosas que tienen que cambiar y evolucionar, hay otras que simplemente tienen que volverse mejores, más tuyas. Si toda la vida te has distinguido por algo, si tienes un toque de personalidad y estilo muy tuyo, por el que te reconocen y recuerdan, entonces eso es algo que no deberías perder y, además, exaltar con el tiempo. Por ejemplo, si toda tu vida te has pintado los labios de rojo, de adolescente, mayor y madura, es algo que deberías conservar, porque ese gesto tuyo ha ido más allá de modas, reglas y temporadas: se ha vuelto tu rúbrica. Si toda tu vida te has distinguido por usar un color determinado, un accesorio como gafas de sol, oftálmicas, mascadas o pañuelos, joyería o un tipo determinado de zapatos, entonces juega con ello y elabora, crea y ve más allá con ese elemento tan tuyo. Yo, por ejemplo, lo hago con los broches. Mi colección es enorme y puedo decirte que hasta en las ocasiones más informales trato de ponerme uno, ya sea en la solapa de la chaqueta o en el suéter o camiseta si es verano y no llevo prenda de abrigo. Tengo un amigo que como toda la vida ha tenido que usar corbata por exigencias de su compañía, lleva las más disparatadas y extravagantes posibles, es su sello. De modo que si tú eres una persona que utiliza blazers siempre, por ejemplo, ¿por qué no llevarlos en colores inusitados o estampados? Si lo tuyo es el color, experimenta mezclando nuevos tonos y consigue combinaciones que sean novedosas. En cada caso tú eres el experto. ¿Qué es eso que la gente te elogia, eso que no te quitas y con lo que te reconocen? Ése es tu sello. No lo pierdas.

6. Diferencia entre vestir joven y vestir juvenil. Ambos términos parecerían sinónimos, pero no lo son. *Vestir joven* es una persona que tiene una mentalidad contemporánea a la hora de elegir sus prendas; se trata de alguien consciente de las tendencias, de lo que se lleva, pero que sabe casarlo con lo que le conviene y desea usar. Se trata de una persona que tiene la mente puesta en el momento que vive y que no es ajena a los movimientos y la vida de la sociedad. Por otra parte, *vestir juvenil* es una persona que está imitando la forma en la que se visten los jóvenes... cuando ya no es joven. Vestir joven es un enorme acierto, porque esto siempre hará que te veas como una persona moderna. Sin embargo, vestir juvenil es más arriesgado porque en muchas ocasiones, especialmente si ya no tienes el físico para ello, podrás verte disfrazado... o hasta ridículo, y mira que detesto la palabra. Esto puede suceder cuando una madre quiere vestirse como su hija, o un profesor como sus alumnos. Claro que hay excepciones: hay madres —o padres— jóvenes, con gran figura y con una gran actitud que pueden defender lo que se pongan, aunque sea lo mismo que usan sus hijos. El problema *no es querer vestir como los jóvenes*, sino forzar la marcha para parecer algo que ya no somos. No es un acto honesto, sino desesperado, que lo único que muestra es que no estamos a gusto con nosotros mismos y tampoco estamos conformes con nuestra edad.

7. Lo que te quita la edad... que te lo devuelva la ropa. Esto tendría que estar escrito en piedra en los clósets de las personas que ya rebasan el medio siglo... y a veces antes. Cuando nuestra piel vaya perdiendo lozanía, nuestro cuerpo firmeza y nuestra postura ya no sea la de un veinteañero, entonces hay que echar mano de la ropa para disimular nuestras nuevas carencias y darle a nuestra figura un efecto *lifting*, como el de la cosmética. Sigue estas reglitas:

- *Evita prendas muy holgadas y sin forma*. A menos que vayas a la playa y te pongas un caftán o un blusón, no uses ropa extremadamente suelta, y menos si quieres ocultar unos kilos de más. Lo ideal es usar prendas de nuestra talla, no que constriñan ni que escondan nuestro cuerpo bajo capas de tela. ¿Un vestido de noche? Eso ya es otra historia: ahí pude permitirse.
- *Apuesta por prendas estructuradas*. Usa sacos, pantalones, camisas y blusas que tengan un buen corte y estructura. El mejor aliado es el blazer o la chaqueta, porque puede llevarse desde una situación muy informal hasta una de gala. Y además debe tener un buen corte: hombros bien definidos, el largo que más te favorezca y una buena caída. Lo mismo con los pantalones y las blusas o camisas: que la prenda te dé la firmeza y estructura que la edad se ha llevado.
- Si ya te pusiste gris, *no te pongas gris*. Aquí vuelvo a dar la lata con el color. A una piel madura y de cabellos grises (o teñidos, da lo mismo) no le vienen bien los grises o los colores pardos. Evita todos esos tonos que están "en camino de", como los grises o beiges jaspeados, los marrones terrosos, los azules grisáceos, el topo, o cualquier tono que parezca deslavado, revolcado... triste, vamos. Opta por tonos firmes. Si vas por un gris que sea perla u Oxford —evita el carbón—, blanco, negro, rojo o cualquier color firme, decidido. Incluso si eliges un beige, que sea un beige intenso.

8. Lo ridículo. Lo dije antes y lo repito: la palabrita sola me da rabia. Sin embargo, el concepto existe y en el mundo hay muchas cosas ridículas y, por desgracia, personas también. Generalmente, el ridículo es algo a lo que tememos y que, cuando caemos en ello, es de forma involuntaria y nos causa una enorme mortificación. Si bien se puede ser ridículo en cualquier etapa de la vida, serlo cuando somos mayores nos causa más desasosiego. ¿Cuándo nos exponemos al ridículo en el vestir? Al elegir incorrectamente lo que usamos, así de sencillo. Puede ser tan ridículo usar una prenda que nos resalta la barriga, que nos transparenta la ropa interior, que sea de una talla que no es la nuestra, para otra edad... o para otro género. Y aunque esto parezca la declaración menos inclusiva del mundo, permítanme explicarme: una persona puede usar lo que le venga en gana, ya antes te dije que yo mismo acudo a accesorios y ocasionalmente a alguna prenda como un suéter o camiseta femenina con frecuencia. Una mujer puede ir por ahí con unos shorts de boxeador y bra, y un hombre con un vestido de lentejuelas. Se vale siempre y cuando estén cien por ciento seguros de ello y, si lo defienden y lo llevan con gusto y aplomo, seguro se verán espectaculares. Ahí está Cher, Elton John, Jennifer Lopez, Lenny Kravitz, Harry Styles o hasta Tom Jones para demostrarlo. Sin embargo, si estas mismas personas *no están cómodas y no se sienten seguras* con lo que llevan puesto, es muy probable que se sientan ridículas y que el mundo las perciba de esa forma. Ser ridículo depende únicamente de ti: si lo que llevas puesto se siente ajeno, fuera de lugar e incómodo, así te hará sentir, sin lugar a dudas. Si eres una persona con una seguridad tambaleante, cuida doblemente lo que usas y haz del acto de vestirte algo más consciente. Si, por otro lado, has sido una persona atrevida y segura, muy probablemente hayas hecho el ridículo alguna vez con algún atuendo... y no te ha importado. Los experimentos ocasionalmente pueden salir mal y lo sabes. ¿Mi consejo para evitar el ridículo? Sé cauto cuando no estés seguro de lo que usas. Y si, por otro lado, quieres hacer el ridículo a propósito... te aplaudo, porque se necesitan agallas. Y si no se tienen a la edad madura, ¿entonces cuándo?

9. Cuidado con el vintage. Si en tu armario hay prendas de los años ochenta o noventa que llevabas a la "disco" y que ahora han vuelto a estar "in", aunque te queden perfectas, no te las pongas: parecerá que nunca dejaste de usarlas y la moda te volvió a sorprender. Mi regla personal es que, si ya usaste una tendencia en la vida, no es necesario que la repitas, a menos que esté muy transformada y retrabajada.

NO AL NO-ENVEJECER

Ya hablamos del concepto del *well-aging* vs. el *anti-aging*. Pero siendo completamente honestos, al volvernos mayores una de nuestras preocupaciones más grandes es que la edad vaya dejando su huella en nuestras facciones. Desde temprana edad nos comienza a preocupar la aparición de arrugas, las patas de gallo, las bolsas en los ojos, las manchas y la pérdida de firmeza en la piel. Sin embargo, lo curioso es que nos preocupe por una cuestión estética más que por una de salud. Y es entendible porque, siendo honestos, la salud es algo que de jóvenes damos por sentado. No pensamos que las arrugas prematuras, las bolsas y otros signos en la piel pueden ser producto de mala alimentación o de no cuidar la piel frente a las agresiones medioambientales. Las personas que comienzan a cuidarse la piel desde etapas muy tempranas van madurando de forma suave y suelen lucir muy bien en cada etapa de la vida. Sin embargo, quienes comienzan a cuidarse cuando su piel ya muestra signos muy notorios de envejecimiento, esperan que la cosmética obre milagros... que no ocurren. La cosmética, por muy sofisticada y cara que pueda ser, no es mágica:

son productos preventivos, paliativos y puede resarcir algunos daños de la piel, pero retroceder el paso del tiempo hasta ahora no lo han conseguido.

Durante años, la industria cosmética nos ha metido en la cabeza la idea del "antienvejecimiento" como si hubiera que luchar contra él, como si fuera algo malo. ¿Malo? ¿Un proceso natural del individuo? Entonces, poco a poco, hemos ido asumiendo como lógico ese horror a la arruga, a las líneas de expresión —que son lo más natural del mundo—, ya que son la muestra de que nuestro rostro tiene movimiento y expresividad. Pero antes de continuar les aclaro que para nada estoy en contra de la industria cosmética: yo soy un fervoroso y apasionado usuario de ella desde mi adolescencia y, gracias a ello, creo tener una piel en muy buenas condiciones para mi edad. Lo que me ha resultado chocante ha sido ese mensaje del envejecimiento como algo contra lo que debemos luchar. Yo soy de la idea de que es algo que tenemos que ir aceptando, entendiendo y *atendiendo.* Hay que cuidar la piel en cada etapa de nuestra vida para nutrirla, hidratarla y protegerla a fin de que esté en buenas condiciones en cualquier edad que tengamos.

Hoy día, la gente que ha aprendido a quererse y aceptarse en cada etapa de su vida ya no necesita dejar de envejecer, sino aceptar las etapas de su vida, pero verse bien en todas ellas.

Y FINALMENTE... ¿ENVEJECER CON GRACIA?

Cuando comencé a trabajar en la moda, escuchaba constantemente este término refiriéndose a cuanta mujer u hombre hacían lo posible por no parecer de su edad y se sometían a cirugías plásticas, tintes y vestuarios que querían evidenciar a toda costa que seguían conservando sus figuras. "Deberían saber envejecer con gracia", decía alguien, casi siempre a sus espaldas. Ahora que yo tengo la edad de aquellos a quienes los maledicentes criticaron, me pregunto: ¿alguien también dirá lo mismo de mí? Quizá quien vea que me sigue gustando la moda, el color, que tomo decisiones atrevidas como usar bolsas o joyería no necesariamente masculinas o que incluso me platino el cabello ocasionalmente como los adolescentes, seguramente dirán que yo no estoy envejeciendo con gracia alguna. Y me congratulo por ello.

Según el Diccionario de la RAE, *gracia* es la cualidad o conjunto de cualidades que hacen agradable a la persona o cosa que las tiene. Yo me pregunto entonces: si vemos a Iris Apfel, ¿vemos a una mujer desagradable? ¿A Cher? ¿A Elton John? No lo creo. Podrán gustarte o no, pero no podríamos describirlos nunca como desagradables. Ellos y muchas otras personas que ya rebasamos los cincuenta años hemos decidido madurar y evolucionar nuestro estilo bajo nuestras propias reglas. Y una de ellas ha sido hacer caso omiso de lo que diga la gente.

Cuando cumplí treinta años —salir de los "tes" para entrar a los "tas"— comencé a desarrollar una especie de detector de "propiedad", de sentirme propiamente vestido, arreglado, puesto. Todo esto de acuerdo con lo que yo decidí que era propio para mí: me propuse evitar en la medida de lo posible cosas que no me hicieran sentir bien conmigo mismo. Primero comencé con las relaciones personales, luego con las sentimentales —cosa bastante difícil— y, al final, llegué hasta la forma en que me presentaba a mí mismo en la sociedad. Suena más sencillo de lo que realmente es: la intención fue dejar de usar ropa o tener actitudes que me expusieran a sentirme fuera de lugar. Y fíjate que digo *sentirme* y no *verme*, porque esto último es una apreciación externa que no depende de mí: está fuera de nuestro alcance controlar la imagen que la gente pueda hacerse de nosotros. Debo decir que el "propiómetro" que me había autoimpuesto funcionaba bastante bien y por una temporada me veía políticamente correcto. Entonces, descubrí que lo que fallaba en toda esta ecuación era que *yo nunca había sido políticamente correcto* y, ahora que lo era, me estaba aburriendo como una ostra. Lo que hice fue comenzar a balancear los logros de verme "propio" —a mis ojos— con nuevos experimentos de estilo, como agregar accesorios, prendas o detalles que se salieran de lo común para darle un poco más de alegría a mis atuendos. Entonces, encontré mi propia medida: mi límite. Había veces que me lo saltaba con toda intencionalidad para lograr un efecto más provocador, pero para el día a día el balance me iba de maravilla. Hasta la fecha sigo usando esta misma fórmula: mezclar lo políticamente correcto con lo políticamente incorrecto. Y creo que es una fórmula que puede funcionar para cualquiera.

Si eres una persona mayor que tiene claro lo de envejecer con dignidad, entonces echa mano del "propiómetro" y lleva tu arreglo personal al terreno que tu sentido de la mesura te lo permita. Utiliza prendas que te brinden comodidad y que no te den la sensación de estar fuera de lugar. Procura no sentirte ridículo porque, si es así, lo proyectarás. Y en efecto, esto de buscar la vejez digna es muy válido y significaría básicamente ir dejando atrás conductas que la sociedad dice que no son para gente de tu edad. Pero tratando de ser justo para quien elija este camino de madurez, debo decir que la sociedad está muy avanzada y hoy día una persona mayor no es esa que está sentada en una mecedora acariciando a un gato y con un suéter lleno de lamparones de comida. Hoy día ya hay ropa, cortes de cabello e infinitas posibilidades para las personas que comienzan a llamarse "senior". Claro que lo primero que me viene a la cabeza es las chicas de *And Just Like That*, antaño *Sex and the City*, que son mujeres que abrazan la edad con mucho estilo. Por supuesto que detrás de ellas hay todo un departamento de vestuario y marketing encargado de ello, pero como inspiración vienen de maravilla, porque en la serie hay toda clase de mujeres —y hombres— que muestran muchas formas de vestir en la edad madura: desde las más clásicas hasta las más extravagantes.

Sin embargo, y como habrán podido deducir, yo me inclino más hacia envejecer sin gracia... o por lo menos sin la que dicta la sociedad. Y creo que hay mucha gente que estará de acuerdo conmigo. Puedo mencionarte montones de artistas que juegan bajo sus propias reglas. Si tienen una buena figura la muestran, porque se han esforzado mucho en tenerla y conservarla, como Jennifer Lopez o David Beckham, por ejemplo, que no sólo resultan atractivos a las personas de su edad, sino a los más jóvenes. De ahí que haya nacido el término MILF o DILF (*mum/dad I'd like to fuck*), concepto que es absolutamente contemporáneo, porque cuando yo era niño, las personas de más de cincuenta años no tenían nada que ver con las de ahora: entonces ya eran "viejitos" cansados, dejados y grises y ahora son personas que no sólo están en la flor de la vida y llenos de posibilidades; también son atractivas, sexys, con vidas plenas, felices y con miras a seguir viviendo bien. A lo que voy es a esto: las reglas las pones tú, eres tú quien decide cómo quiere continuar el camino; de forma tranquila y moderada o con ganas de seguir expresándote con tus prendas de vestir, con tu cabello, maquillaje y olor... con las actividades que decidas hacer, sin importar que alguien diga "eso es para jovencitos". Nos toca demostrar que las cosas son también para nosotros, porque tenemos la manera de hacerlas nuestras, y que seguro es muy diferente a como las hacen en otras edades. Y lo mismo con la ropa: hay muchas jovencitas que ya quisieran verse tan bien como Jane Fonda en vestido de noche. ¿Mi consejo? Envejece como te dé la gana, pero no te dejes limitar por nada; utiliza tu propia medida de dignidad, de propiedad, como te dije atrás. Mientras tú te sientas bien y seguro en lo que llevas y lo que haces, seguro lo proyectarás y serás una persona mayor con un estilazo.

El arte de regalar: de la gloria a la tragedia

capítulo 11

Lamento infinitamente comenzar este capítulo con una frase chabacana, pero es absolutamente cierta: regalar es un arte, o bien una habilidad que requiere de sentido común, análisis y hasta imaginación. A mí me fascina recibir regalos (¿a quién no?), pero admito que también me fascina darlos, es todo un reto mental, especialmente si no conozco bien a la persona a quien voy a regalarle algo. El proceso me sumerge en un análisis que es casi un ejercicio psicológico. ¿Quién es esta persona, a qué se dedica, cuáles son sus hobbies, sus gustos musicales, sus colores favoritos?, en una palabra: su estilo.

La primera vez que asistí a los desfiles de *Ready to wear* en Nueva York, llamado entonces *Seven on sixth* (haciendo alusión a los primeros siete diseñadores que presentaron sus colecciones en la sexta avenida), fue en 1997. Ese viaje fue iluminador en muchos sentidos, primero porque fue mi primer contacto con el mundo real de la moda, los desfiles, los eventos, las fiestas y su gente. Entonces, toda esta parafernalia contemporánea de asistir a los desfiles con looks imposibles o vestido del diseñador al que ibas a ver no existía. El uniforme oficial de los desfiles era el negro y salvo contadas excepciones —Anna Wintour, por ejemplo— poca gente usaba color. La fuerza estaba entonces en los accesorios: las bolsas, los zapatos y las gafas de sol que incluso se usaban en lugares cerrados.

En esa ocasión caí de paracaidista en la habitación de mi querida Sarah Bustani, que me alojó durante toda la semana de la moda. Otros colegas llegaron después y casi todos tenían amigos u hoteles modestos donde hospedarse: en esa época en México los medios de comunicación no pagaban los gastos de un reportero para ir a ver desfiles. De modo que, cubriendo el vuelo de mi bolsillo, colándome en una habitación de hotel y comiendo sándwiches todos los días —o lo que pescaba en algún cocktail— tuve mi primera semana de la moda.

Invitaciones a desfiles tenía pocas, poquísimas. Había conseguido algunas gracias a las marcas que tenían representación en México, y a la llegada de mis amigos mexicanos descubrimos que, con un poco de astucia, era posible colarte a los desfiles. Hicimos todas las trampas imaginables: entrar cinco con una sola invitación que nos íbamos pasando por algún sitio fuera de la mirada de los guardias, decir que estábamos en la lista o incluso dando nombres falsos. Todo se valía con tal de formar parte del gran espectáculo de la moda. Hoy eso sería prácticamente imposible. En fin... el caso es que el primer evento para el que sí tenía invitación era, nada menos, que un "Breakfast at Tiffany's". Con un traje gris carbón y una camisa un tono más clara —era la época del minimalismo y monocromatismo— me presenté en la joyería de Fifth Avenue. Aquello era un sueño: literalmente, podías sentarte en coquetísimas mesitas puestas estratégicamente en toda la primera planta y desayunar rodeado de diamantes, perlas y piedras preciosas. Con mi café y croissant en mano miraba todo aquello con embeleso. De pronto, una mujer de lo más peculiar me preguntó si podía sentarse conmigo. "Por supuesto", le dije. Era una señora madura, con el pelo muy corto, flores en la cabeza, pálida y con el rubor en las mejillas aplicado en forma de círculo, como en la Alemania de los años treinta. Yo la observaba fascinado. "¿Te gustan mis flores?", me preguntó nomás sentarse. Se trataba de la directora de una revista alternativa llamada *The Egg*. Charlamos un rato y entonces me preguntó a qué desfiles y fiestas estaba invitado. Sin pudor le dije que era nuevo en la materia y que iría sólo a unos cuantos. Entonces, de la nada, me dijo que sacara mi libreta y anotara. Me dio varios tips de fiestas, *showrooms* y hasta desfiles a los que podía ir diciendo que ella me había enviado. Esa misma tarde me sugirió ir a la recepción que Eleanor Lambert daba a la prensa con motivo del inicio de la semana de la moda. Sí, la mismísima *Eleanor Lambert*. No podía creerlo. Esta mujer, leyenda de la moda en Nueva York y prácticamente la creadora del Fashion Week, daba una recepción y me acababan de colar. No podía faltar, era muy joven y entonces no tenía mucha vergüenza.

Ustedes se preguntarán, ¿y qué tiene que ver toda esta historia con el tema de regalar? Pues voy a ello. Nervioso y excitado, me presenté en su departamento puntualísimo… quizá demasiado, porque apenas había gente. Al llegar, un camarero me ofreció una copa y, en un instante, la mismísima Lambert se acercó a saludarme. Le dije quién era, quién me había invitado y ella me recibió como si la invitación hubiera venido de ella misma. Esta octogenaria, con un estilazo, fue y vino un rato entre los pocos invitados que había y luego volvió conmigo.

"México, ¿eh? —me dijo—. Yo conocí a Gloria Guinness. Una extraordinaria mujer, mexicana también."

En nuestra charla, de todo y nada, elogié un broche impresionante estilo bizantino que llevaba puesto sobre una chaqueta gris de tweed de Oscar de la Renta. La mujer se veía exquisita sin tratar de serlo: la mejor forma de ser *cool*, sin duda. "Es un regalo muy especial. ¿Sabe usted que dar un buen regalo es algo muy difícil?" Y en unos cuantos minutos me dio toda una cátedra de cómo regalar. Si un regalo no ha sido elegido con intención, sensibilidad y acierto, puede incluso llegar a ser un insulto. El broche que me había encantado se lo había regalado Halston, nada menos. Para ella era valioso no sólo por venir de un amigo querido, sino porque el regalo había sido elegido pensando en ella: él sabía que adoraría la pieza, porque la conocía a la perfección. Y así como había recibido regalos inolvidables, también le habían dado objetos trágicos. "He mandado a la basura muchas cosas tan pronto las desenvuelvo. Algunas porque incluso las he encontrado groseras: alguien se atrevió a enviarme una bata, sin siquiera conocerme." Yo estaba embrujado por esta mujer, porque en minutos compartió conmigo una sabiduría que aún conservo. Ya entrado en confianza, le pregunté: "¿Cuál sería su secreto para dar un buen regalo?". Y Eleanor me respondió: "Siempre regala lo que la persona quiere tener, no lo que tú quieres que tenga".

En ese momento más invitados comenzaron a llegar: la plana grande de la moda internacional y la Lambert tuvo que ir a atenderlos. Yo me acabé la copa, comí unos cuantos canapés y me marché de su departamento con una gran sonrisa: no podía tener mejor inicio de un Fashion Week que aquél.

Desde entonces, siempre he tomado en cuenta la máxima de la Lambert, que sin duda es la verdadera razón de dar un regalo: pensar en el otro y no en ti, y hacer del regalar un acto de generosidad, no de egoísmo.

LAS REGLAS DE UN BUEN REGALO

Seguramente has escuchado muchas veces frases como estas: "Ay, es que es muy difícil regalarte", "Nunca te he visto ponerte lo que te doy" o "¿Qué le regalo si no le hace falta nada?", y todo esto tiene una causa: una falta grave de observación. Es verdad, es más fácil regalar a la gente cercana a nosotros, porque conocemos más sus gustos. Sin embargo, incluso con ellos, las elecciones no siempre son acertadas.

El regalo ideal debe tener tres características fundamentales: ser sorprendente, acertado y oportuno. ¿Qué significa esto? Que la persona no espere lo que va a recibir, luego que le guste y, finalmente, que le resulte de utilidad. Aunque esto pueda sonar como un reto, no hay nada de lo que preocuparse: hacer buenos regalos no es tan difícil como parece: sólo hay que considerar tres factores importantes: *observación*, *investigación* y *tiempo*. ¿Qué quiere decir esto? Que primero hay que "tener en la mira al sujeto" y ver cuáles son sus actividades, necesidades y gustos del momento. En qué anda, si está pasando por una fase en la que viste determinados colores en su guardarropa, si está muy metido en una tendencia de moda, si le gusta un estilo de música, un grupo o cantante, si está interesado en aventurarse en la gastronomía, si practica o quiere practicar un nuevo deporte, o muestra interés en ciertos géneros literarios.

Luego, investiga un poco: las prendas y accesorios que tiene y, lo más importante, que quisiera tener. Evita al máximo preguntar directamente, porque si estás intentando sorprenderle, puedes estropearle la experiencia. Puedes incluso mandar "detectives", a amigos que, con toda discreción, hagan el trabajo por ti. Luego, tómate tiempo para tratar de elegir el regalo más adecuado. Comprar un regalo de última hora —a menos que estés cien por ciento seguro de él— tiene un alto porcentaje de error. Los regalos, especialmente aquellos que das a personas que te importan mucho, tienen que ser bien planeados.

Ahora, vamos a los tipos de regalos, que se determinan por tres factores:

Ocasión. Los regalos son parte de un festejo, de una ocasión especial que merece ser recordada o de una acción que a la que se le atribuye un premio. Por supuesto, los regalos más comunes son los de cumpleaños, pero, dentro de ellos, hay algunos que requieren más atención: los que corresponden a las décadas. Quizás hasta los veinte años esto puede dar un poco lo mismo; sin embargo, a partir de los treinta años, celebrar la llegada a una nueva década es algo grande, especialmente conforme nos hacemos mayores. En estos casos, los regalos deben tener un significado importante, algo que tenga un simbolismo especial y, si estuviera dentro de tu presupuesto, un mayor valor. En estos casos y depende de la persona a regalar, siempre viene bien una joya, un reloj o un artículo de lujo clásico que dure por mucho tiempo, como una bolsa de mano, una pluma fina o un artículo de marroquinería, por ejemplo. Se pueden regalar también viajes o incluso comidas en restaurantes especiales, sólo recuerda: son experiencias para el festejado, no para ti. Escoge esto teniendo siempre esto en mente.

Están luego los regalos por aniversarios; en este caso, si se trata de un aniversario de bodas o de noviazgo, aplicarían unas reglas semejantes: aquí son especiales las fechas que son múltiplos de cinco. ¿La razón? Nadie la sabe con exactitud; por eso, hace algunos años, se lo pregunté al diseñador Jesús del Pozo, y me contestó algo que tiene toda la lógica del mundo: "Cumplir años es algo consecuente, quieras o no, vas llegando a donde tengas que llegar en tu vida. Sin embargo, en un matrimonio o relación de dos personas, hay más trabajo, más esfuerzo. Por eso hay que festejar en grande más seguido, porque es más difícil sumar años a la relación". Por ello, en cada múltiplo de cinco años hay que hacer un regalo especial, algo que recuerde la fecha. Lo mismo que te dije antes: alguna joya, un accesorio especial o quizás un viaje para dos a un destino especial, se puede repetir la luna de miel tantas veces como se desee. ¿Quién dijo que sólo había que tener una?

Están luego los regalos por fechas especiales: Día de la Madre, del Padre, del Niño, San Valentín, Navidad o festejos especiales de cada país o región, como el día de Reyes en gran parte de los países de habla hispana, el Año Nuevo chino, el Diwali, que es el Año Nuevo indio... En todos estos casos, es importante regalar acorde con la costumbre del festejo, pero una vez más, aplicando los principios de cómo elegir un buen regalo. En Navidad es bastante fácil y genérico, pero en San Valentín, por ejemplo, los regalos se relacionan con el amor, ya sea de pareja o fraternal. En el primer caso, es válido regalar algo más personal, ya que tenemos un conocimiento más profundo de la persona a la que regalamos: perfumes, ropa, incluso regalos más sexys como lencería, ropa interior o hasta juguetes sexuales. En el caso de obsequiar a amigos, regalos simbólicos como flores, chocolates o dulces siempre son un acierto, aunque si la relación con tus amigos es profunda e importante, puedes agasajarlos con un regalo un poco más grande y generoso. En casos como el día de Reyes, por ejemplo, es casi como la Navidad. Aunque en América Latina es más bien una fiesta para los niños, en España es un festejo que incluso llega a ser más importante que la Navidad en términos de regalar. En el caso de fiestas particulares de regiones o países hay que apegarse a las tradiciones... pero sin olvidar darle nuestro toque personal, para regalar con más estilo. Por ejemplo, en el Año Nuevo chino

—que cada vez se festeja más en todo el mundo— siempre se considera auspicioso regalar oro u objetos que remitan a él. En Asia suelen regalarse piñas o mandarinas, porque dan buena suerte y recuerdan el color dorado. Además, el color rojo es fundamental. En una fiesta de Año Nuevo a la que asistí cuando viví en Hong Kong, hice unos broches de fieltro de piñas bordados con piedras doradas para mis amigos y estaban fascinados, porque automáticamente consideraron el regalo como un amuleto de buena suerte.

Edad. Aunque quizá menos importante que el anterior aspecto, no deja de ser trascendente. Es fundamental tomar en cuenta la edad de la persona a la que estamos regalando, porque permite hacer regalos más o menos apropiados. En el caso de los niños, hay que tener especial cuidado en los regalos que damos, sobre todo si no son nuestros hijos. En este caso, es conveniente consultar a los padres qué es lo más adecuado, porque conocerán mejor las necesidades de los chicos y, además, nos dirán hasta dónde podemos llegar. Por ejemplo, podemos darles algo tecnológico —los niños cada vez están más cercanos a los teléfonos celulares, smart watchs o tablets—, pero son sus padres quienes deben decidir el momento en que sus hijos puedan tener acceso a ellos. Regalar un teléfono o una tablet a un niño sin consultar puede causar un conflicto importante. Sucede lo mismo con mascotas o regalos que puedan ser exponencialmente peligrosos, como patinetas, bicicletas o regalos que puedan ensuciar en exceso, como pinturas, plastilinas o comestibles. Seamos siempre prudentes al regalar a infantes.

Luego, regalar a adolescentes también tiene su arte, aunque, por lo general, ellos son bastante comunicativos al respecto de lo que desean y les gusta. Ahora, cuando se trata de hacer un buen regalo, algo que implique un valor económico importante, hay que estar seguros de que el receptor tenga la edad o madurez suficientes para apreciar lo que recibe. Para la gente más mayor también hay que tener cuidado especial. Conforme pasan los años, las personas recibimos más o menos regalos y nos vamos acostumbrando. Por ello, tratemos de ser inteligentes, imaginativos y creativos cuando regalemos a nuestros padres o abuelos, para que el regalo siga teniendo significado y cumpla su función: alegrar nuestras vidas.

Parentesco. Esto es puro sentido común, como ya lo dije atrás con respecto a los niños: regalar a los nuestros es más fácil que hacerlo a gente que conocemos menos. Además, siempre es más común y válido invertir un poco más en los regalos que hacemos a nuestros allegados. Y ahí está luego la complicación: regalar a los que conocemos menos. Por eso, ahora te expongo las formas de regalar, con arte y estilo, a los que conocemos menos... o en circunstancias específicas.

LOS DIFERENTES TIPOS DE REGALOS

Regalar es una actividad frecuente y hasta cotidiana. Pero hacerlo bien y con certeza es un arte. Sin embargo, en este caso, a diferencia de un artista que nació con un don especial, conseguir volverse un buen "regalador" es algo que puede ejercitarse y conquistarse con tiempo y paciencia. Todo es cuestión de ir adquiriendo experiencia. Te doy una lista de los tipos de regalos más comunes... y cómo salir airoso de cada situación.

1. Regalos por compromiso

Se trata del tipo de regalo que no hacemos necesariamente por gusto, sino por una necesidad o una obligación social o moral. Por ejemplo, regalos a nuestro jefe, a empleados, a una persona que conoces poco y te invita a su cumpleaños, a los maestros de tus hijos, a un compañero de trabajo, a alguien que te ayuda con algún trámite difícil o a resolver un problema importante, o bien que te hace un favor que merezca más que un simple "gracias". En este caso, hay que tomar en cuenta dos situaciones: primero, lo mucho o poco que conozcamos a la persona, porque en esa medida podemos darle algo más apropiado. En el caso de superiores, empleados públicos o personas en cargos delicados —que nos hayan ayudado con un trámite administrativo— hay que ser discretos con el regalo: flores, una caja de chocolates o una buena botella de vino puede ser una gran solución. Regalar algo demasiado caro o personal no es de buen gusto, porque puede malinterpretarse: en caso de un superior puede pensarse que estás tratando de quedar bien o puede ser visto como un soborno.

Segundo, en casos de personas que conozcas poco, trata de regalar cosas menos personales y con las que sea difícil errar, como las descritas en el párrafo anterior. No regales artículos decorativos como marcos, floreros, cuadros, porque no tienes idea de los gustos de tu obsequiado, y tu regalo puede acabar en la basura. Claro que siempre te puede tocar una persona vegana, abstemia o alérgica, de modo que tu regalo puede no ser necesariamente bienvenido. Sin embargo, siempre será mejor jugártela que llegar con las manos vacías, porque es de pésima educación.

2. Regalos comprometedores

Éstos son los típicos regalos inapropiados con los que intencionalmente quieres obtener algo a cambio. Admítelo, todos hemos hecho alguno así alguna vez. Hacer un regalo caro a nuestro jefe para que nos dé un ascenso, a nuestra pareja para que nos dé uno aún más caro a nosotros. Y claro, los hay en otros niveles como hacerlos a directores de escuelas, empresas o instituciones siempre con la clara intención de que queremos algo a cambio. Pero puede darse el caso de que seas una persona muy generosa y te guste dar buenos regalos; sin embargo, en este caso, piensa bien antes de hacer un regalo que pueda tener una doble lectura.

Es mejor ser cauto con este tipo de regalos, porque pueden poner en un aprieto a quien los recibe. En primer lugar, los haces sentir obligados a corresponder al mismo nivel o a darte algo a cambio, cosa de lo que en ocasiones no son capaces. Recuerdo que alguna vez, cuando buscaba departamento, encontré uno que me fascinó. ¡Era tan bonito!, perfecto, bien ubicado, luminoso y dentro de mi presupuesto. Y claro que, para algo tan maravilloso, tenía competidores, había otras tres personas interesadas. De modo que, queriéndome hacer el listo, le mandé un perfume a la casera para ganar puntos y que me dieran a mí el departamento. Pero la casera me llamó para decirme que el regalo no era necesario y que no estaba en sus manos decidir a quién elegirían como inquilino. Todo pasó, mortifiqué a la pobre mujer, no me dieron el departamento... y perdí lo que gasté en el perfume.

Pero también está la otra cara de la moneda: los que piden regalos a cambio de favores. Estas personas, en lo personal, me parecen despreciables, pero existen, y más de lo que imaginamos. Ahora, si te conviene lo que va a darte a cambio y es un win-win, adelante, aunque esto definitivamente no es un regalo: es un intercambio comercial.

3. Regalos a desconocidos

Éstos son los más difíciles de dar, pero como te lo explicaba antes, aplica la regla de los regalos neutrales, ésos con los que el porcentaje de fallo es bajo; por lo general se trata de regalos perecederos o fácilmente reciclables: velas, vino, chocolates, flores, galletas.

4. Regalos a un anfitrión

Cuando llegues a comer o cenar a casa de alguien, jamás lo hagas con las manos vacías. Jamás, es de pésima educación. Aunque el anfitrión te diga: "No traigas nada, hay de todo", o "Sólo es necesaria tu presencia", no hagas caso, aunque haya confianza y sean familiares o mejores amigos. Existen reglas de cortesía que no deben pasarse nunca por alto. Lo más correcto es preguntar: "¿Qué te llevo?", y que el anfitrión te lo sugiera. Eso es una gran ayuda. Pero si no, lleva algo que pueda combinar con cualquier tipo de gastronomía: vino es lo más adecuado. Pero importante: si llevas vino blanco o champagne llévalos fríos, para que puedan consumirse en el momento; esto además hará sentir al anfitrión que eres un invitado considerado y detallista. Otra opción siempre es un postre, aunque si otro comensal tiene la misma idea, de pronto hay diez pasteles en una cena. Es un riesgo, pero si tienes familiaridad con tu anfitrión, puedes sugerirle que te apetece llevar algo dulce y así ya lo tomará en consideración. Flores es otra gran opción siempre, y nunca falla.

Igualmente, cuando vas a quedarte en casa de una persona como invitado por varios días, siempre llega con un regalo. En este caso —como seguramente ya conoces su casa— un regalo para el hogar siempre es lo más indicado.

5. Regalos de agradecimiento

Uno no siempre da regalos de agradecimiento cuando te hacen un favor realmente especial. A veces, el sentimiento es más sencillo y de corazón. Por ejemplo, dar gracias al vecino que regó tus macetas mientras estabas fuera, o al amigo que cuidó a tu gato o tu perro en las vacaciones. Agradecer a un profesor después de un buen curso, a un empleado cuando ha hecho muy bien su trabajo o a la mesera del restaurante que te atiende de maravilla y no espera nada a cambio. En este caso, podemos dar regalos pequeños, significativos, pensados. Una pieza de artesanía pequeña, una pulserita de la suerte, una vela —como verás, soy muy amante de ellas—, un llavero original o incluso una tarjeta regalo de algo que sepas va a gustarle a todos: una de Starbucks o de alguna cafetería de tu zona. Se trata de un detalle, de una manera gentil de decir "gracias".

6. Regalos de turismo

"¡Ay, tráeme un recuerdito de tu viaje!", te dicen amigos o compañeros de trabajo cuando vas de viaje, especialmente si el destino es exótico. ¿Y qué es lo primero que hace todo mundo? Ir a la primera tienda para turistas o al mercado de artesanías y comprar un montón de chucherías de tres por un dólar. Mal. Todo mal. Éste es el tipo de regalitos que se ve barato, corriente, nadie agradece y acaba en la basura u olvidado en un cajón. Además, te hace ver tacaño. No digo que vayas a una tienda de antigüedades y traigas cabezas de Buda del siglo XVIII para todo mundo. No se trata de eso. Una vez más, se trata de observación y de buen ojo. Si buscas bien, en todas las ciudades hay boutiques pequeñas de diseñadores o marcas locales que tienen objetos más originales, divertidos y que no cuestan mucho más de lo que pagarías en la tiendita para turistas. En Bangkok, por ejemplo, el diseño joven está muy de moda y puedes encontrar cientos de opciones divertidas para regalar, cualquiera que sea tu presupuesto. Incluso si vas a un mercado de artesanías o cachivaches como los muchos que existen en Asia, seguro que, buscando bien, encontrarás algo diferente y menos aburrido. Cuando estuve viviendo en Asia, tuve la oportunidad de visitar Hanoi, en Vietnam, que es famosa por su seda. Por supuesto que todas mis amigas me encargaron bufandas. En el mercado y los puestecillos de la calle había un montón, iguales entre sí en cada lugar que iba. Además, si aquello era seda yo era Marilyn Monroe. Pero en medio de la ciudad, hay tiendas de toda la vida a las que los turistas no entran fácilmente porque parecen caras, pero resulta que no lo son. Es ahí donde encuentras verdaderas bellezas a precios muy correctos. ¿Mi consejo? Cuando viajes, date tu tiempo y no compres en el primer sitio que veas. Trata de hacer *scouting* y luego compra. Aunque tengas una hora para comprar, usa la mitad para buscar, la segunda para comprar.

7. Regalos a una familia entera

Cuando se trata de regalar a una familia entera, ya sea porque vas de visita o a quedarte como huésped, lo ideal siempre es regalar algo más genérico: un artículo de decoración o algo que todos los miembros de la familia puedan disfrutar: repostería y dulces es la opción más infalible, aunque yo en ocasiones he regalado juegos de mesa y han sido bastante bien recibidos.

8. Intercambios de regalos

Pensados para festejos navideños, día de san Valentín o alguna otra ocasión muy puntual, son una verdadera pesadilla. Generalmente se pone un límite económico que encorseta bastante las posibilidades. Además, como el presupuesto suele ser bajo, al final todo el mundo termina regalándose chucherías que acaban en la basura. En algún momento me tocaron los intercambios de CD o DVD, pero a menos que dijeras lo que querías, casi siempre te regalaban cosas que no te gustaban. Sucede lo mismo con los intercambios de libros, porque regalar un libro a ciegas es como maquillarte en un cuarto sin luz: el resultado es desastroso. ¿Cómo puede alguien que te conoce a medias saber lo que te gusta leer?

Desde hace algunos años en navidad, en mi familia hemos tratado de dar la vuelta al famoso intercambio de regalos y lo hemos convertido en un juego al que llamamos "Crazy Santa". Todos los comensales traemos uno o dos regalos que denominamos "pongo" (el típico regalo horroroso que alguien te da y que dices ¿dónde lo pongo?), lo envolvemos y ponemos en la mesa. Con unos dados, los pares toman regalo y los nones se saltan. Se hace la ronda hasta que no quedan regalos en la mesa. Claro, hay quien tiene varios regalos y quien no tiene ninguno, ése es el encanto del juego. Luego, todo mundo abre los regalos, hay risas por los verdaderos horrores que van apareciendo y enseguida se hace otra ronda de dados: quien saca par puede robar el regalo de alguien y quien saca non, le quita el regalo a uno para dárselo a otro. Al final, todo mundo termina llevándose un regalo que más o menos le gusta y le sirve. Claro: la basura de una persona es el tesoro de otra. ¿No les parece una gran forma de darle la vuelta al odioso tema de los intercambios? Y, además, de deshacerte de regalos indeseados.

9. Regalos de confianza

Un día, en el festejo de cumpleaños de una amiga mía, al abrir sus regalos se topó con una sorpresa muy desagradable: un frasco de crema que ya tenía unos cuantos dedazos. Asquito puro. Sí, le habían dado un regalo usado porque con toda seguridad quien se la había regalado no la había comprado así. Pudo haber sido un error, un descuido o simplemente indolencia, pero, evidentemente, la persona que se la dio quedó fatal. Pero atención, no está mal regalar cosas usadas o viejas de ninguna manera, simplemente hay que avisarlo y tener mucha confianza a quien las ofreces. Cuando era periodista recibía muchos regalos de cosmética; algunos los usaba y no me gustaban o no me caían bien y los regalaba a mi familia o amigos, pero nunca devolví la crema o el perfume a la caja y lo quise hacer pasar como nuevo.

Regalar cosas usadas y viejas es un acto muy íntimo y de gran confianza y no puedes ofrecerlo a todo mundo, porque si la gente no te conoce bien lo puede tomar como una ofensa. Yo he regalado y recibido muchos productos usados, ropa y demás sin ningún problema, pero tiene que venir de alguien a quien conozca bien. Repito, es una cuestión de confianza.

10. Lo que nunca *deberías* regalar

Existe una serie de cosas que, si bien no es prohibido regalar, hay que hacerlo con un conocimiento absoluto de la persona y sus circunstancias; de otro modo, puedes meterte en un lío con tu regalo o, mucho peor, incluso llegar a ofender a la persona a quien tratas de halagar. A saber...

Ropa interior: esto es algo extremadamente personal y, a veces, ni siquiera tu pareja sabe hacerlo. En serio. Mis calzoncillos los escojo yo y nadie más. Sin embargo, existe la fantasía "sexy" de regalar a tu pareja algo que *a ti* te gustaría que usara. Pero recuerda la máxima de un buen regalo: regala lo que la otra persona quiere tener, no lo que a ti te gustaría que tuviera. Como juego puede funcionar a veces y seguramente hay muchas mujeres que se encargan de comprar la ropa interior de sus chicos pero, repito, esto es algo muy personal. Y regalar ropa interior a una persona a la que conoces poco es un insulto.

Perfume: a menos que sepas qué fragancia le gusta a la persona a quien vas a regalarle, no es un regalo recomendable. Sucede igual que con la ropa interior. Sólo cuando conoces muy bien a una persona puedes arriesgarte a regalar perfumes. Y aun así, hay un porcentaje importante de error. Puedes cubrirte pidiendo una muestra del perfume para que lo huela antes de abrirlo, así si no es de su agrado, puede cambiarlo.

Libros: regalar un libro es de las cosas más complicadas que existen, aunque parezca fácil. Uno tiene más posibilidades de éxito si está muy familiarizado con los temas que le interesan a la persona a regalar. En mi caso, la gente suele regalarme libros de moda y fallan poco, aunque suelen regalarme muchos que ya tengo. Pero regalar obras de ficción... tarea complicada. Aquí tiene que haber mucha observación, investigación... y tiempo para encontrar el libro adecuado. Y siempre pide un ticket de regalo para que puedan cambiarlo.

Ropa: regalar ropa sin estar seguro de las tallas de la persona a regalar es una verdadera ruleta rusa. Si la ropa no le queda bien, el "regalado" siente la frustración de tener algo que no puede usar, y si le queda muy justa o suelta puede hacerle sentir mal con respecto a su propio cuerpo.

Animales: jamás regales una mascota a menos que estés cien por ciento seguro que es esperada, deseada y que será bien recibida. Nunca des un animalito a un niño a menos de que los padres estén conformes. Por personas que no entienden la importancia que tiene la vida de un animal es que hay tanto maltrato y abandono. Las mascotas no son juguetes ni pasatiempos, son seres vivos, de modo que actuemos en consecuencia cuando decidamos regalar una.

OTROS DETALLES DE DAR... Y RECIBIR

Hoy día, regalar es quizás un acto más informal de lo que era antaño. Hay menos ceremonia y menos misterio. Es verdad que está bien ir a lo seguro, pero también se estropea una de las cosas más bonitas que tiene un regalo, que es la sorpresa. Sin embargo, si te sientes incapaz de hacer todo el ejercicio anterior, se vale preguntar a la gente qué quiere que le regales. No es lo ideal, pero te evitarás problemas y a tu "regalado" decepciones. Salvo de los lugares donde suelo comer, no soy muy fan de las tarjetas de regalo porque me parecen un poco impersonales. Sin embargo, al igual que regalar dinero en efectivo, es algo con lo que nunca fallarás. Ahora, algo que me preguntan constantemente, es acerca de cuánto debe una persona invertir en un regalo, y la respuesta es muy sencilla: lo que quieras y lo que puedas. Una persona generosa no es la que da mucho, sino la que da lo más que puede. Por lo tanto, acorde con tus posibilidades, la ocasión y la persona a la que regalas es lo que debes invertir en tu compra.

Ahora, nos ponemos en el otro lado, el de recibir un regalo. Tenemos que ser, antes que nada, agradecidos. Los regalos no son una obligación. Jamás. Se trata de una forma de halagarte, festejarte, hacerte sentir bien en una ocasión especial. Por lo tanto, si el regalo te encanta, brinca, salta y besa a quien te lo ha dado y grita "¡Gracias!" con todas tus ganas. Pero igualmente, si lo que recibes no te gusta, no te queda, ya lo tienes, no es lo que esperabas o incluso te ofende, sonríe y agradece. Siempre. La educación y el estilo van por delante. Ya más adelante verás si lo cambias, lo revendes o lo reciclas. Ésa ya es otra historia. Y que no se pierda la bonita costumbre de regalar, la satisfacción de encontrar algo significativo para alguien que es importante para nosotros.

COMPRANDO EL REGALO PERFECTO

Los regalos perfectos —existen, créeme— se encuentran, primero, conociendo muy bien a quien va a recibirlos, y, segundo, con tiempo. Yo compro mis regalos con meses de anticipación, porque me van saliendo al paso en los viajes, las ventas especiales, online o en época de rebajas. Por ejemplo, mi madre es amante de la joyería grandilocuente y los perfumes fuertes, por lo tanto cada vez que encuentro algo que sé que podría gustarle, lo compro y se lo guardo para una ocasión especial. Rara vez compro regalos cerca de la fecha en que tengo que darlos.

Pero el regalo mejor recibido es el que la persona necesita y desea. Incluso aunque no lo sepa (lo sabrá cuando vea lo que le has regalado). He aquí mi lista de buenas posibilidades y sugerencias para buenos regalos.

- **Regalos prácticos:** son los que el usuario empleará frecuentemente en su vida cotidiana y, cada vez que lo mire, vendrás a su mente. Se trata de piezas de uso cotidiano como un termo, infusionador de té, un soporte para el teléfono en el coche, un estuche para plumas, cuadernos, un estuche profesional de manicure, un llavero de donde se puedan sacar las llaves fácilmente, una bolsa de viaje empacable... Puede que éstas parezcan tonterías, y seguramente lo son para mucha gente, excepto para quien *las necesita*. Si resuelves un problema de la persona a quien le regalas estas cosas, entonces has acertado con tu obsequio.
- **Regalos inútiles...** pero fabulosos: se trata de regalos innecesarios pero que la persona que los recibe adora. En este renglón están los libros de arte de lujo, artículos de decoración o de mesa de diseño, como soportes para poner los cubiertos usados en la mesa, servilleteros, saleros, lámparas, bandejas para vaciar bolsillos o cajitas para guardar... ¿nada? Si conoces bien a tu "regalado", este tipo de cosas suelen dar mucha alegría.
- **Regalos costosos:** no se dan siempre ni a todo mundo. Se trata de obsequios más bien personales o de agradecimiento que damos de tanto en tanto. En este caso, debe haber un conocimiento claro de la persona para saber que el regalo va a ser bien recibido y valorado. En el caso de ropa, bolsas, zapatos, joyas o accesorios de lujo, asegúrate de tener la posibilidad de devolución o de cambio, especialmente cuando se trata de prendas con talla. Si se trata de un regalo muy anhelado por la persona y cuyo deseo ha compartido contigo, entonces hay menos posibilidad de error.
- **Regalos especiales:** se trata de piezas muy específicas, a veces únicas, que suelen tener un valor simbólico para quien

las recibe, pero también regalarlas es un acto muy especial, porque es casi un ritual. Este tipo de regalos son objetos familiares (fotos, accesorios, plumas, relojes, etcétera), joyería u objetos de lujo (una bolsa o zapatos clásicos de una marca importante) que conllevan un mensaje en sí mismos: pueden darse por aniversarios, cumpleaños, compromisos o simplemente por el placer de que la otra persona tenga algo que le resultará de gran valor emocional, más que material.

- **Regalos acordados:** son con los que nunca hay pierde, aunque carecen del factor sorpresa. Tú quedas con alguien para que te regale algo específico y ya está. Funciona de maravilla, porque te quitas el lío de pensar en el regalo y el receptor recibe exactamente lo que desea. Si quieres darle un poco de "chispa", entonces haz una lista con tres o cuatro sugerencias, así por lo menos no sabrás exactamente qué vas a recibir. Es una carta a Santa Claus en toda regla.
- **Regalos grupales:** a mí personalmente me fascinan, porque en lugar de recibir muchas cosillas —a veces inútiles, seamos honestos— un grupo de amigos o familiares se ponen de acuerdo para darte un buen regalo entre todos, algo más de tu gusto y que sería demasiado caro para una sola persona.

Conclusiones

capítulo 12

En mis casi veinte años viviendo fuera de México, mi tierra, he tenido la fortuna de conocer y empaparme de otras culturas, formas de vivir y pensar. Por circunstancias personales, he vivido en Barcelona, Hong Kong, Singapur, Zúrich... y en Barcelona de nuevo. Si bien es cierto que puede tener un aura glamourosa —créanme, no lo es tanto—, una vez que pasa la excitación del descubrimiento de las primeras semanas, cuando todo es nuevo y emocionante, nace dentro de ti una resaca muy difícil de describir. Comienzas a extrañar tus cosas, pero es algo que va mucho más allá de tu casa, comida, trabajo, familia y amigos. Al principio no lo entiendes y corres al primer restaurante mexicano que encuentras o te bajas una *playlist* de mariachis. Pero, aunque esto sane momentáneamente, no es suficiente. Luego vas sintiendo un vacío que no se llena con cualquier cosa, y lo único que te queda es refugiarte en ti mismo. ¿Sabes por qué? Porque lo único que te queda de todo eso que has dejado atrás, eres tú mismo. Entonces, viene la decisión crucial que hará que tu nueva aventura tome un rumbo u otro: ¿me vuelvo un ensimismado, amargo, nostálgico perpetuo o bien, decido retomarme, recordar quién soy y dejarme fluir en una nueva circunstancia? Y por fortuna, aunque me pudo costar a veces, siempre opté por la segunda alternativa.

Es verdad, hablamos mucho del hogar, de su importancia en nuestras vidas y de cómo nos da sustento y seguridad. Sin embargo, no es el lugar físico en el que habitamos, sino lo que vivimos en él. Y eso se puede llevar siempre contigo, a dondequiera que vayas. Ahora que se puso tan de moda una vez más la historia de *El mago de Oz* gracias a *Wicked*; hay una versión anterior a este musical llamada *The Wiz*, que hiciera en cine la legendaria Diana Ross. El musical me fascina y tiene canciones que a la fecha me hacen llorar. En fin... al final del musical, Dorothy pide a Glinda, la bruja buena del norte, que la ayude a volver a su hogar. Ella le dice: "*Home is a place we all must find, child. It's not just a place where you eat or sleep. Home is knowing. Knowing your mind, knowing your heart... knowing your courage. If we know ourselves, we're always home, anywhere*".*

Este texto me llega profundamente porque, siendo un forastero, un fuereño, he tenido que aprender a encontrar mi hogar en dondequiera que esté. Y esto sólo sucede cuando te conoces a ti mismo. ¿Te das cuenta de que esto es algo de lo que hablo constantemente en este libro? Hay una razón: si tú sabes quién eres, ¿quién lo sabe entonces? Y es aquí donde permitimos que alguien más nos defina, que dejemos que nos digan qué hacer, cómo vestir, cómo comportarnos. Es verdad que cuando somos muy jóvenes necesitamos ayuda externa para descubrirnos; sin embargo, llega un momento en que debes tener las agallas de preguntarte: ¿quién soy, qué quiero, a dónde voy? Entonces, comienza el viaje más excepcional que emprenderás nunca: el de conocerte. Y te advierto que no es fácil ni se resuelve de un día para otro, pero será de las experiencias más placenteras, divertidas y enriquecedoras de tu vida.

De acuerdo con esto, podrás entender que es imposible tener estilo, ser glamouroso y chic sin saber quién eres, porque, aunque seas guapa o guapo, tengas mucho dinero para comprar la última moda y puedas verte bien con lo que llevas puesto, si no hay un sustento detrás de ello, no serás más que un maniquí sin esencia ni alma. ¿Sigues a mucha gente en tus redes sociales? ¿Qué es lo que más te gusta de ellos? ¿Quiénes son los que llegan

* "El hogar es un lugar que todos debemos hallar, niña. No es sólo donde comes o duermes. El hogar es conocimiento. Conocer tu mente, conocer tu corazón, conocer tu valentía. Si nos conocemos a nosotros mismos, siempre estaremos en nuestro hogar, en cualquier lugar."

a cansarte más rápidamente? Por mi lado, sigo a mucha gente, pero de la misma manera dejo de seguir a mucha otra por una causa fundamental: después de un tiempo me aburren. Sigo a fashionistas, a creadores de contenido, a chicas guapas y chicos buenorros (lo admito); sin embargo, después de ver que más o menos publican lo mismo, comienzo a perder el interés. A ver, están muy bien estas personas que se filman en ropa interior y se van vistiendo poco a poco con efectos de edición —repetitivos, cabe decir— para terminar armándose unos atuenditos bastante previsibles; o los que van a los desfiles de moda de su ciudad o de compras y te muestran lo que llevan puesto o lo que han adquirido. Sí, todo esto está muy bien, pero lo que me dice es que esta gente conoce a la perfección cómo funcionan las redes y su uso, pero nada más. En un ochenta por ciento de los casos no veo creatividad, sino técnica, habilidad, maña incluso. Por eso, decido quedarme entonces con el veinte por ciento de ellos que muestran creatividad, una propuesta interesante y atractiva. Me encantan los posts de *streetwear*, porque es ahí donde en algunos individuos encuentro originalidad, búsqueda. Contenido, en lo más estricto del concepto: ¿qué es lo que llena algo, lo que lo hace pleno? Su contenido. Pero, claro, uno puede llenar una caja con joyas y piedras preciosas o con basura. Está muy bien mostrar tanta perfección... pero después de mirar constantemente ojos muy bien maquillados, abdominales perfectos o el tacón más fabuloso de la temporada, ¿cuántos rostros perfectos, pectorales de hierro o accesorios de moda más podemos ver? Entonces es aquí donde viene mi *unfollow*. Me llama más la atención un guapo que sea simpático, una chica bella que esté concientizada con el medio ambiente y una persona que se pone un accesorio de moda a su manera, que lo combina diferente y le da una nueva vida. Me gusta que detrás de la gente "bonita" haya algo más: esencia, alma, *un buen contenido*. Esto es lo que quiero para ti: que seas una persona cuyo estilo cuente con un sustento, cuyo glamour sea una consecuencia de tener estilo y no algo prestado o copiado de alguien más.

MIS REFLEXIONES FINALES, A MODO DE SUGERENCIAS...

No me gusta dar consejos a menos que me los pidan: es una regla fundamental que he aprendido para respetar a cada individuo. Yo soy muy abierto a escuchar consejos —depende de quien vengan, claro está— pero cuando alguien comienza una frase diciéndome: "Lo que tú tienes que hacer", automáticamente mi mente se evade y se va al último desfile de Valentino. Odio que me digan lo que tengo que hacer, pero adoro las sugerencias cuando vienen de gente que me importa. Asumo que si estás leyendo este libro y has llegado hasta aquí, es que estás abierto a que te haga algunas sugerencias o te dé unos cuantos consejos. Toma lo que creas que te acomoda, lo que sientas necesario, y lo demás tíralo al olvido. Como tiene que ser. Si de lo que has leído a lo largo de estas páginas sientes que has descubierto cosas nuevas de ti, has mejorado o transformado algo que no te gustaba y te sientes bien contigo mismo, entonces sentiré que he cumplido con mi objetivo. Helas aquí...

¿Mejor o diferente?

En lo que se refiere a estilo, yo no hablaría de mejorar, sino de descubrir y desarrollar el tuyo. Tú eres la persona que eres y no hay nada malo en ti, esto es lo primero que debes aceptar. ¿Que necesitas cambiar? Me parece fantástico, porque esto habla de evolucionar, de no estancarte. Pero me parece más justo para tu propio proceso de estilo decir que necesitas algo *diferente* que algo *mejor*. Los cambios son excelentes (es el ADN mismo de la moda), te llevan hacia nuevas direcciones, hasta diferentes sitios. ¿Que no todos los lugares a los que llegamos con nuestro estilo son "buenos" o "mejores"? Pues ni modo, de todo se aprende, y de los errores más aún. Lo importante es que te muevas hacia imágenes, experimentos y osadías, pero buscando llegar a lugares nuevos, diferentes... no necesariamente mejores.

¿Qué quiero decir con todo esto? Que te atrevas a salir de tu zona de confort, te informes sobre la moda y tendencias y te atrevas con ellas. Estoy seguro de que llegarás a un lugar diferente que te hará sentir muy bien contigo. ¿Mejor? Si así lo quieres llamar tú, adelante....

Más aceptación que tolerancia

El respeto a lo que los demás hagan o digan, mientras no sea nocivo para un tercero, me parece fundamental. Hemos avanzado lo suficiente como raza —aunque a veces parezca que no— como para entender que hay otras formas de ser, de pensar y de vestir. Hoy día, cuando tantas voces y fuerzas se han levantado para reconocer los derechos de las minorías, como los grupos raciales, el colectivo LGTB+, los adultos mayores, las etnias, las personas de diferentes religiones, ¿por qué no intentamos abrazar las diferencias del mundo y aceptarlas como parte de un todo del que nosotros también formamos parte? La palabra *tolerar* con respecto a otras razas, religiones u orientaciones sexuales no me parece suficiente. Según una de las descripciones de la RAE, tolerancia significa "Permitir algo que no se tiene por lícito, sin aprobarlo expresamente. Resistir, soportar", lo cual me lleva a la reflexión: ¿quiénes somos nosotros para dar permiso o soportar a alguien más? ¿Ser de otra raza, clase social u orientación sexual necesita tu autorización? Yo creo que no, y sucede en ambas vías: así como tú no tienes que disculparte ni pedir permiso para ser quien eres, tampoco tienes el derecho de impedir al otro que sea él mismo; en especial cuando muchas de estas formas de ser o circunstancias de un individuo no son elegidas: uno nace como nace, es como es. Por tanto, practiquemos más la aceptación; ya lo dijeron los Beatles: "*Let it be*". Y bueno, si algo ya de plano es muy superior a tus fuerzas y creencias, entonces la tolerancia basta.

Seamos generosos —y modestos— con la belleza

Yo creo firmemente que la belleza es un derecho universal. Y no hablo de ésa con la que naces, que te toca por suerte, como dijo Ingrid Bergman; es algo que tienes y ya está, quizá la única responsabilidad que tenemos es cuidarla y mantenerla. De la belleza que hablo es de esa que se crea, que se trabaja, que se consigue con el autoconocimiento, el ingenio y la intuición. Esa que viene de un nuevo corte de cabello que resalta más tus ángulos faciales, de ese color de labios que ilumina tu expresión, de esa camisa estampada que te hace ver alegre y radiante o ese traje que te hace ver como un verdadero *gentleman*. Creo que es nuestro deber como individuos hacer más bello nuestro entorno, el lugar donde nos movemos. Démosle al mundo nuestro estilo, nuestro buen rollo, nuestra actitud y volvámonos parte de un paisaje urbano increíble. Y creo que es más importante saber reconocer la belleza en los otros. Eso también es generosidad. La envidia es horrorosa, y aunque a veces no podamos controlarla, intentemos traducirla hacia algo más positivo, como admiración y sorpresa, que pueden enseñarnos bastante. Lejos de odiar a la bonita o al guapo, analicemos qué es lo que los hace como son... y usémoslo de estímulo y hasta de inspiración. Y si, por otro lado, el que despierta las miradas sorprendidas y envidiosas eres tú, practica la modestia y agradece ser el centro de atención de alguien más, pero no lo uses para sobajar a quien te envidia, sino para reafirmarte como individuo. Y agradece, siempre agradece, aunque sea sólo para tu interior. Ya les dije antes que París es mi *happy place*. Pero tengo muchos otros lugares que también me dan grandes alegrías. ¿Sabes cuáles son? Aquéllos donde la gente es capaz de mirarte por la calle y decirte —a mí o a cualquiera— "Wow, qué bien te ves" o "¡Qué estilo!", o que sin temor alguno elogien tus zapatos, tu bolsa, tu saco o tu joyería y que hasta te pregunten dónde los has comprado. Esto me ha llegado a suceder en lugares como Hong Kong, en Bangkok, Roma y en Estados Unidos, pero mayormente en Nueva York. Hace un par de años estaba en la oficina de correos aledaña a la estación de autobuses en Manhattan; la zona no es de las más agradables, porque en sus alrededores suele haber gente que vende drogas y más que la consumen. Estaba comprando estampillas para mandar unas postales, una actividad que me fascina hacer cuando viajo, y un hombre de apariencia modesta se acercó a mí y me dijo si podía hacerme una pregunta. Lo primero que pensé fue que me pediría dinero. Pero para mi sorpresa, me preguntó dónde había comprado mi gabardina. Yo sentí un poco de apuro de decirle la marca, pero no quise mentirle, porque era una prenda muy conspicua: se trataba de una gabardina estampada con dibujos de diseños históricos de Karl Lagerfeld que me había comprado especialmente para ir a ver su exposición en el Met, de modo que le dije al hombre la marca. Él fue a buscar un papel y me pidió que se lo anotara. Me preguntó igualmente si creía que se la enviarían a Nueva York. "Seguro que sí", le dije, y el hombre, verdaderamente agradecido, me dio un apretón de manos y me dijo: "*The next time you'll come back to New York, and you see a very stylish black man, it's going to be me*".* La verdad es que esta historia me emociona cada vez que la recuerdo, porque tiene muchos matices. Primeramente, que no debemos dejarnos guiar por las apariencias y, luego, el poder y alcance que puede tener la ropa. No sé si el hombre se compró la gabardina o no —no me lo he vuelto a encontrar—, pero lo que me queda claro es que la belleza, la estética, mueve y conmueve a cualquier persona con la sensibilidad para ello. Me queda claro que este señor que conocí de forma aleatoria quedó seducido por algo que consideró bello, y que es más honesto que mucha gente que, aunque le guste algo en otra persona, no se atreve a decírselo por pena o, peor, por celos. Por eso, reforcemos nuestra seguridad para decir honestamente a una persona que se ve bien; esto no te hace menos ni te desluce. Y de igual manera, acepta un cumplido con modestia, nunca con arrogancia, porque eso es lo que genuinamente hace una persona con estilo.

* "Cuando regreses a Nueva York y veas a un hombre negro súper estiloso, seré yo".

La moda no está peleada con la inteligencia

Desde muy jovencito, uno de los grandes prejuicios con los que me he topado en mi carrera es la idea de que las personas interesadas por su imagen y la moda son gente frívola y vacía. Y aunque no puedo negar que exista mucha gente así, esto no es privativo de este segmento: yo conozco muchos abogados, médicos, políticos, por supuesto, y hasta empresarios que suelen ser más cabeza hueca que la gente que trabaja en o le interesa la moda. Yo siempre he dicho que la moda puede ser frívola para algunos de sus consumidores, pero para mí es tan seria como la medicina, porque es la industria de la que he vivido toda mi vida; además, todas las profesiones pueden tener un punto superficial si no se toman en serio.

La verdad es que el hecho de que te preocupes por tu imagen y que quieras ofrecer al mundo una versión depurada de ti mismo no tiene absolutamente nada que ver con tu coeficiente intelectual, inteligencia o cultura. Por eso no soporto a los actores, intelectuales o cualquier persona que por sentirse "más allá de la moda" y demasiado inteligentes para preocuparse por lo que visten, les faltan al respeto a sus anfitriones o, peor aún, a su público y colegas al despreciar una ocasión para la que se requiere cierto código de vestimenta.

Dejémonos de tonterías: tener una bolsa de Vuitton, una chaqueta de Chanel o unos zapatos de Valentino no te hace frívolo. Estar al tanto de las novedades de Zara o de los diseñadores de tu tierra no te sorbe el seso. La imagen es importante, de eso no hay duda, y puede haber personas que no les interese en lo más mínimo, y es absolutamente válido; pero que no te interese no significa que no tenga un valor e importancia para otras personas y, más aún, que sea una herramienta muy valiosa para moverte en sociedad. Por lo tanto, no hay que tener miedo a verse bien, porque esto no te hará tonto o banal, sino que te convertirá en un elemento funcional —y lucidor— de la sociedad.

PALABRAS FINALES

Durante el tiempo de génesis de este libro, ha habido un montón de cambios en el mundo de la moda. Muchos diseñadores han salido de las casas donde estaban; los afortunados han caído en otras y los menos, se han ido a la banca en espera de su siguiente oportunidad. Por ello, me disculpo si alguno de los que menciono a lo largo del libro ha cambiado de trabajo en los últimos meses, pero la verdad es que las direcciones creativas de las grandes casas de moda se han vuelto un verdadero juego de las sillas, y no puedo evitar sentirme nostálgico. Aunque en este negocio la nostalgia sólo te debe servir de referencia para comparar el presente e intuir el futuro, a veces es inevitable recordar cuando las cosas eran un poco más simples: cuando eran unas cuantas casas de moda las que llevaban la batuta de las tendencias, de la época en que había dos temporadas —primavera verano y otoño-invierno— y la ropa llegaba a las tiendas seis meses después de que la veías en un desfile. En mis varias mudanzas aún han aparecido algunos de mis cuadernos con apuntes de los desfiles a los que iba en París o Nueva York, tratando de ser lo más claro posible en lo que veía y dejar poco a la ambigüedad para el momento en que me tocara escribir sobre ello. También hacía dibujitos de los zapatos, las bolsas o los peinados para tener más nítidas las referencias y tomaba nota del *soundtrack* y en ocasiones corría hasta la cabina de sonido para preguntar qué disco era aquel que estaban tocando. Claro, si hubiera tenido cámara en el teléfono, Shazam... internet, vamos, quizá mi vida como periodista hubiera sido más sencilla, pero eso sí: no más divertida. Recuerdo que al volver a México siempre tenía cara del gato que se comió al ratón: yo sabía algo que nadie más conocía. Claro que mis colegas me preguntaban: "¡Qué viste, qué viste!", y yo soltaba algunas perlitas, para no parecer mezquino, pero el grueso de lo que había vivido lo guardaba para publicarlo. Pero, por favor, no crean que soy de esos ñoños que se la pasan añorando el pasado. Para nada. En esto me identifico con el gran Karl Lagerfeld, que decía: "¿Para qué escribir mi biografía si la estoy viviendo?".

Creo que la moda hoy está en un momento súper interesante y me congratulo de poder vivirlo. Sí, muy pocas cosas son como antes, y qué bueno, porque seguir viendo siempre las mismas cosas sería una aburrición inconmensurable. Escucho constantemente gente que dice cosas como "Valentino ya no se parece a lo que hacía Valentino" o "Si Balenciaga reviviera se hubiera muerto de nuevo al ver lo que están haciendo en su nombre". La moda no puede ser la misma, porque no es su naturaleza, y tiene que evolucionar con los tiempos, las circunstancias sociopolíticas y los cambios de mentalidad de los individuos. Sí, Chanel, Saint Laurent, Dior y Balenciaga fueron rebeldes que definieron su tiempo, y ahora, nuevas mentes están tratando de definir el nuestro. Hacer prendas para Balenciaga, por ejemplo, no significa volver a hacer lo que él ya hizo, sino que bajo su espíritu creativo se creen nuevas propuestas, que la marca encuentre un nuevo lenguaje. Y tengo la impresión de que, de alguna manera u otra, cada casa de moda lo está haciendo. Podrá gustarnos más o menos, pero está sucediendo. Además, con la proliferación de diseñadores, marcas alternativas y la idea de sostenibilidad, el panorama es novedoso, emocionante. Hoy existen formas infinitas para expresarnos porque tenemos de todo a la mano: tendencias al por mayor, miles de marcas, compras en vivo u online, mucho *fast fashion* y un boom como nunca antes de moda de segunda mano. Como te he dicho, puedes ir, como si estuvieras en el supermercado, eligiendo lo que más te apetezca para cocinar tu propia receta de estilo y llegar mucho más allá: colorear por fuera de las líneas lo que hasta hoy te habían dicho que era chic, elegante o glamouroso.

Estoy seguro de que el estilo es mucho más que prendas de vestir y colores de maquillaje. Juntos lo hemos visto: estilo es un todo que habla de la persona que eres, cómo piensas, vives, te mueves y hablas con los demás. Luego, viene la parte más lúdica, que es justamente vestir todo esto. Me queda claro que ahora cuando vayas a tu clóset o de compras, la forma en que mires la ropa será muy diferente, porque la verás como una parte fundamental de tu vida, uno de tus rasgos de personalidad, eso que puede definirte. Y no puedo negar que vivimos tiempos revueltos, de cambios políticos y sociales importantes que seguro impactarán en nuestro ánimo. Pero sólo te pido que recuerdes algo: desde que el mundo es mundo han existido conflictos y revueltas sociales, y si algo es cierto es que, de los tiempos inciertos, han nacido corrientes creativas muy importantes que incluso han redefinido la historia del mundo. Y al igual que el arte, la moda se ha abierto paso de entre el caos para dar esperanza y alegría a los individuos en momentos inciertos. No olvides esto: tu estilo es poder, y el poder sirve siempre para ayudarnos a recordar quiénes somos y mantenernos fieles a nosotros mismos. Termino con una cita de Karl (¿de quién más?), que dice: "No te vistas para matar, vístete para sobrevivir".

Esta obra se imprimió y encuadernó
en el mes de agosto de 2025,
en los talleres de Impregráfica Digital, S.A. de C.V.
Av. Coyoacán 100-D, Col. Del Valle Norte,
C.P. 03103, Benito Juárez, Ciudad de México.